Mythos Businessplan

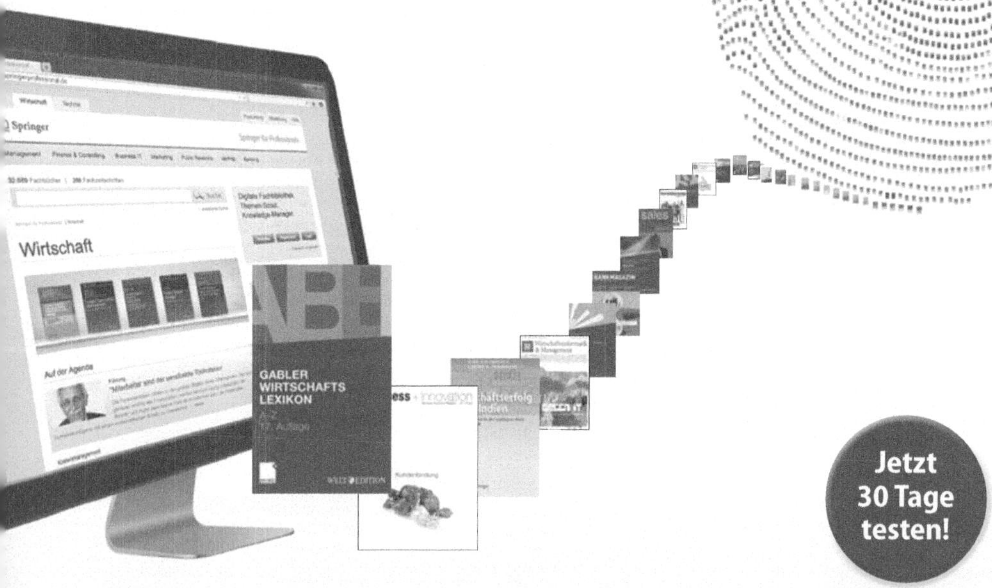

Stefanie Kunze • Arne Offermanns

Mythos Businessplan

Vom blinden Glauben an ein
einzelnes Instrument und
möglichen Alternativen

Mit einem Vorwort von Prof. Dr. Günter Faltin

 Springer Gabler

Stefanie Kunze
Berlin
Deutschland

Arne Offermanns
Hamburg
Deutschland

ISBN 978-3-658-09910-7   ISBN 978-3-658-09911-4 (eBook)
DOI 10.1007/978-3-658-09911-4

Die Deutsche Nationalbibliothek verzeichnet diese Publikation in der Deutschen Nationalbibliografie; detaillierte bibliografische Daten sind im Internet über http://dnb.d-nb.de abrufbar.

Springer Gabler
© Springer Fachmedien Wiesbaden 2016

Gedruckt auf säurefreiem und chlorfrei gebleichtem Papier

Springer Fachmedien Wiesbaden GmbH ist Teil der Fachverlagsgruppe Springer Science+ Business Media (www.springer.com)

Vorwort der Autoren

Nachdem Dr. Stefanie Kunze (geb. Lahn) im Jahr 2014 ihre Dissertation an der Freien Universität Berlin vorgelegt hatte, schlug ihr Doktorvater Prof. Dr. Faltin im Anschluss an die Disputation vor, daraus ein Praxisbuch zu machen. Das vorliegende Buch ist das Ergebnis.

Basierend auf der 2015 bei Springer Gabler erschienenen Publikation „Der Businessplan in Theorie und Praxis" war es unser Ziel, das Thema in gut lesbarer Form aufzubereiten und so einem breiten Publikum zu erschließen. Dazu haben wir den ursprünglichen Text sprachlich überarbeitet und um einige neue Aspekte ergänzt. Auf einzelne Verweise auf die zugrunde liegende Publikation haben wir weitgehend verzichtet, um den Lesefluss nicht unnötig zu unterbrechen. Zu Gunsten der einfacheren Lesbarkeit wird außerdem sowohl für die männliche wie die weibliche Form die männliche Form verwendet.

Die gemeinschaftliche Arbeit an diesem Projekt und die gegenseitige Inspiration in vielen Iterationsschleifen hat uns als Autoren viel Spaß gemacht. Das „Berliner Programm zur Förderung der Chancengleichheit von Frauen in Forschung und Lehre" hat Dr. Stefanie Kunze die Ausarbeitung der Dissertation ermöglicht und damit die Grundlage für unser Buch gelegt. Wir möchten uns bei Prof. Dr. Faltin für die Anregung und beim Springer-Verlag für die gute Zusammenarbeit herzlich bedanken.

Dr. Stefanie Kunze
Arne Offermanns

Vorwort von Professor Dr. Günter Faltin

Fördern wir die richtigen Unternehmensgründungen? Fördern wir Unternehmensgründungen richtig? Motivieren wir die potenziellen Entrepreneure in unserem Land, ihre Kreativität zu entfalten? – Am Beispiel des Businessplans zeigen Stefanie Kunze und Arne Offermanns, dass in der deutschen Gründungsförderung einiges im Argen liegt. Im festen Glauben an dieses Instrument gerät oft das Entscheidende aus dem Blick: ein wirklich funktionierendes Geschäftskonzept zu entwickeln. Realistische Planung sollte sich an die ständig sich ändernden Marktbedingungen anpassen, statt am Inhalt des Businessplans festzuhalten. Gutes Entrepreneurial Design mit Blick auf den *proof of concept* ist realitätstüchtiger als der beste Businessplan.

Vor dem Hintergrund der Entrepreneurship-Forschung diagnostizieren die Autoren die „blinden Flecken" der Gründungsförderung in Deutschland. Sie belassen es nicht bei der Bestandsaufnahme und Kritik, sondern geben den Lesern Alternativen an die Hand. Es gibt eine Vielzahl an Instrumenten, die für Gründerinnen und Gründer bei der Entwicklung ihres Entrepreneurial Designs hilfreich sind. Gerade wenn man das Gründungspotenzial in Deutschland künftig effizienter nutzen will, müssen auch die persönlichen Voraussetzungen des Entrepreneurs in den Fokus genommen werden. Die Autoren machen überzeugende und inspirierende Vorschläge, welche Implikationen dieser Perspektivenwechsel auf die Weiterentwicklung der deutschen Förderlandschaft haben sollte.

Prof. Dr. Günter Faltin
Stiftung Entrepreneurship

Inhaltsverzeichnis

Über die Autoren

 **Stefanie Kunzes** Interesse am Thema Existenz-
gründung und Entrepreneurship entstand bereits im
Jahr 2000 und geht zurück auf ihre damalige Tätigkeit in der Existenzgründungsabteilung der Berliner Sparkasse. Seitdem beschäftigt sie sich mit den
vielfältigen Facetten dieses Themas. Im Anschluss
an ihre Studiengänge der Betriebswirtschaft und
internationalen Volkswirtschaft hat sie für Unternehmensberatungen und Banken in den USA, Spanien,
Frankreich, Malaysia und Deutschland gearbeitet.
Während dieser Zeit hat sie Wirtschaftsförderinsti-
tute beraten, öffentliche Förderprogramme mitent-
wickelt, (Krisen-)Beratung für bestehende kleine
und mittlere Unternehmen durchgeführt und sich mit Mikrofinanzierung im europäischen Kontext beschäftigt. 2014 promovierte Stefanie Kunze zum Themen-
schwerpunkt Entrepreneurship und Businesspläne an der Freien Universität Berlin.

Seit 2012 ist sie wieder im FirmenCenter Gründung und Nachfolge bei der
Berliner Sparkasse tätig. In ihrer dortigen Tätigkeit, als Gründungsmitglied des
futurepreneur e. V. und Jurorin beim Businessplan-Wettbewerb Berlin-Brandenburg ist sie für potenzielle Gründerinnen und Gründer aktiv. An der HWR Berlin
und weiteren Berliner Universitäten lehrt Stefanie Kunze als Dozentin zum Thema
Gründungsfinanzierung.

 **Arne Offermanns** war ein Jahrzehnt Verkaufs-
sachbearbeiter bei einem der führenden Handels-
unternehmen für Verbindungselemente in Europa,
bevor er 2004 begann, auf dem dritten Bildungs-
weg Germanistik und Anglistik zu studieren. Für
seine Abschlussarbeit erhielt er 2011 den Joseph
Carlebach-Preis der Universität Hamburg. Seit
mehr als zehn Jahren ist er Dozent im Bereich der
Erwachsenenbildung. An der Universität Hamburg
als Workshopleiter und Supervisor tätig, steht Arne
Offermanns kurz vor der Abgabe der Dissertation.

Während des Studiums arbeitete er mehrere Jah-
re bei einer im Bereich der Gründungsförderung aktiven Unternehmensberatung.
Basierend auf seinen Erfahrungen, wie Literatur in gesellschaftlich-sozialen Bereichen praktisch eingesetzt werden kann, arbeitet er parallel an einem Konzept,
um nach der Promotion als Social Entrepreneur tätig zu werden.

Einleitung

Zusammenfassung

Im deutschen Gründungsgeschehen hat sich der Businessplan in den letzten Jahrzehnten zu einem zentralen Instrument entwickelt. Denn: „Um erfolgreich ein Unternehmen zu gründen, bedarf es eines Businessplans!" Wahrheit oder Mythos? Und welche Rolle spielt die Businessplan-Industrie dabei? Diesen Fragen stellen wir uns in diesem Buch. Wir zeigen nicht nur aktuelle Herausforderungen im Gründungsgeschehen auf, sondern machen anhand von Ansätzen aus der neueren Entrepreneurship-Forschung deutlich, dass Gründen auch anders gehen kann. Damit bereiten wir den Weg hin zu einer bedarfsorientierten Gründungsförderung. Nicht nur ein effizienter Mitteleinsatz – sowohl in volkswirtschaftlicher als auch gesellschaftlicher Hinsicht – wäre so möglich. Es könnten auch bisher unerschlossene Potenziale im Gründungsbereich noch besser und gezielter gehoben werden.

In Deutschland werden jährlich mehrere Milliarden Euro in die Förderung von Unternehmensgründungen investiert. Der Staat erhofft sich von dieser Investition Beschäftigungs-, Innovations- und Wachstumseffekte. Theoretisch und empirisch ist belegt, dass solche Effekte vor allem von innovativen, schnell wachsenden Unternehmen erzielt werden. Entsprechend wäre zu erwarten, dass die Akteure der Gründungsförderung ihre Strategie und ihr Handeln insbesondere auf innovative Gründungen hin ausrichten und konzipieren.

In der Praxis zeigt sich aber, dass das Gegenteil der Fall ist: Gerade diejenigen Gründer, die in besonderer Weise dazu geeignet wären, für Beschäftigung und Wirtschaftswachstum zu sorgen, werden durch die beinahe ausschließliche Fokussierung der Akteure und Prozesse in der Gründungsförderung auf ein einzelnes Instrument, den „Businessplan", erheblich benachteiligt, wenn nicht sogar von ihren Angeboten ausgeschlossen. Auf diese Fehlentwicklung wollen wir mit unserem

Buch aufmerksam machen und zugleich Vorschläge machen, wie hier gegenge-
steuert werden kann.

Zu diesem Zweck beleuchten wir den theoretischen Hintergrund des Businessplan-Ansatzes und die Wirkungen, die er durch seine zentrale Rolle im Prozess der
Beantragung von Fördermitteln und -maßnahmen entfaltet. Wir stellen die Frage,
worauf der „Mythos Businessplan" basiert, wer von ihm profitiert und inwieweit
die ihm zugrunde liegenden Annahmen dem Vergleich mit der Realität standhal-
ten. Diskussionen aufgreifend, die aktuell unter den Akteuren und Stakeholdern
der Gründungsförderung geführt werden, stellen wir der gegenwärtigen Praxis Erkenntnisse und Ideen der Entrepreneurship-Forschung gegenüber. Dabei ersetzen
wir den „Mythos Businessplan" nicht einfach durch das Mantra „Geschäftsmodell". Vielmehr verfolgen wir das Ziel, die jeweiligen Stärken der verschiedenen
Ansätze herauszuarbeiten, um aus ihnen Ideen für eine vielfältigere und passge-
nauere Gründungsförderung zu entwickeln. Dazu nehmen wir die verschiedenen
Phasen des Gründungsprozesses ebenso in den Blick wie die Person des Gründers
als treibende Kraft dieses Prozesses.

Unser Buch verstehen wir zunächst als Beitrag zu den aktuellen Debatten rund
um das Gründungsgeschehen in Deutschland. Es richtet sich aber nicht nur an die
institutionellen Akteure in den Gründungszentren und Förderbanken, Industrie-
und Handelskammern oder Ministerien. Es ist in gleicher Weise für Gründungsberater geschrieben, die nach Inspirationen für ihre eigene Tätigkeit suchen, wie
für Lehrende und Studierende an Hochschulen, die an einer konzisen Darstellung
der verschiedenen Modelle und ihrer (möglichen) Rolle in der Praxis interessiert
sind. Und nicht zuletzt wollen wir damit potenziellen Gründerinnen und Gründern, denen der Businessplan ihrer Wahrnehmung nach bei der Entwicklung ihres
Projektes nicht weiterhilft oder -geholfen hat, Erklärungen und Denkanstöße liefern, die sie auf ihrem Weg zur erfolgreichen Umsetzung einer Geschäftsidee einen
Schritt weiterbringen.

1.1   Zum Businessplan drängt, am Businessplan hängt alles

Der deutsche Staat fördert Unternehmensgründungen mit einer kaum überschaubaren Vielfalt an wirtschaftspolitischen Instrumenten. Ende 2015 listete die Förderdatenbank des Bundesministeriums für Wirtschaft und Energie mehr als 200
Programme auf, die sich speziell oder auch an Existenzgründer richteten. Die Ge-
samtsumme der in Form ausgegebener Kredite oder nicht rückzuzahlender Zuschüsse und Stipendien eingesetzten Mittel ist daher nicht exakt zu beziffern. Sie
beläuft sich aber auf mehrere Milliarden Euro im Jahr. Darunter sind Programme
wie der von der KfW, der Förderbank des Bundes, angebotene ERP-Gründerkredit

StartGeld[1] oder der von der Bundesagentur für Arbeit ausgezahlte Gründungszuschuss nur die offensichtlichsten und größten Posten. Von Bund und Ländern
geleistete Bürgschaften unterstützen Gründer zusätzlich bei notwendigen Investitionen. Andere Programme, wie z. B. das Gründercoaching Deutschland, bieten
begleitende Beratung oder zielen, wie der High-Tech Gründerfonds, auf eng ein-
gegrenzte Zielgruppen ab.

Alle genannten Programme haben eines gemeinsam: Wer sie nutzen möchte,
muss einen Businessplan vorweisen können. Diese Voraussetzung gilt für die allermeisten Formen der staatlichen Gründungsförderung und in aller Regel auch
dann, wenn notwendiges Startkapital bei Sparkassen oder Banken eingeworben
werden soll. Eine signifikante Ausnahme bildet das EXIST-Gründerstipendium,
das entworfen wurde, um „technologie- und wissensbasierte Gründungen aus
Hochschulen und Forschungseinrichtungen zu mobilisieren" (Bundesministerium
für Wirtschaft und Energie 2015). Träger dieses Förderprogramms ist das Bundesministerium für Wirtschaft und Energie. Hier ist die Erstellung des Businessplans
nicht die Voraussetzung, sondern das Ziel der Förderung. In deren Verlauf sind
dann aber auch „mindestens zwei Präsentationen zum erreichten Stand der Busi-
nessplanerstellung" verpflichtender Bestandteil des Programms (ebd.).

Schon hier zeigt sich, was im Weiteren noch deutlicher werden wird: Der
Businessplan ist in den letzten Jahrzehnten zu **dem** zentralen Instrument der deutschen Gründungsförderung geworden; er spielt im Kontext fast aller staatlichen
Programme ebenso eine entscheidende Rolle wie für das Handeln der privatwirtschaftlichen Akteure in diesem Bereich. Die Förderung eines Gründungsvorhabens
oder die Einwerbung dazu benötigter Kreditmittel ist ohne Businessplan praktisch
unmöglich (Honig und Karlsson 2004, S. 37). Es ist daher nicht überraschend,
dass sich um den Businessplan herum alle Arten von Dienstleistungen etabliert haben, ja, dass eine regelrechte „Businessplan-Industrie" entstanden ist. Im Rahmen
geförderter Beratungs- und Qualifizierungsleistungen werden die Notwendigkeit
seiner Erstellung und seine Bedeutung im Kontext des Gründungsprozesses immer wieder betont. Der Businessplan ist inzwischen praktisch in den Rang eines
Mythos erhoben worden, dessen unangreifbarer Glaubenssatz lautet: „Ein guter
Businessplan ist die Voraussetzung für ein erfolgreiches Unternehmen." Die Businessplan-Industrie spitzt diesen Glaubenssatz vielfach noch weiter zu: „Ein guter
Businessplan führt zu einem erfolgreichen Unternehmen." Ihre Akteure und die
Rolle, die sie in Bezug auf die Fortschreibung des Mythos Businessplan spielen,
werden wir später noch genauer in den Blick nehmen.

---

[1] Das „European Recovery Program" (ERP) ist historisch aus Restmitteln der „Marshall-
planhilfe" hervorgegangen und heute eines der wichtigsten Instrumente der deutschen Wirtschaftsförderung.

1.2 Doch nicht alles Gold, was glänzt?

Die beschriebene Situation ist insofern erstaunlich, als Sinn und Nutzen von Businessplänen in der wissenschaftlichen Diskussion bereits seit Längerem umstritten sind. Ihr Einsatz hat nach den Erkenntnissen der Forschung nicht nur Vor-, sondern durchaus auch Nachteile (Brinckmann et al. 2010, S. 25), weshalb verschiedene Autoren eine nähere Untersuchung der Bedeutung des Instruments im Gründungsprozess einforderten.[2] Diese Entwicklung hatte jedoch bis vor Kurzem kaum Auswirkungen auf das reale Geschehen in der Gründungsförderung. Die zentrale Position des Businessplans innerhalb der Abläufe der Gründungsförderung wurde trotz der mit ihm verbundenen möglichen Nachteile von den handelnden Akteuren bisher wenig hinterfragt.

Dabei geben schon ihre eigenen Praxiserfahrungen Anlass, an der Universaltauglichkeit des Businessplans zu zweifeln. Denn er ist auch bei der Mehrzahl der Unternehmer und Existenzgründer nicht sonderlich beliebt. Oft kommen sie bei Unternehmensgründung das erste Mal mit ihm in Berührung und betrachten die Erstellung eher als notwendiges Übel zur Akquisition von Ressourcen. Viele Gründer wälzen die damit verbundene Arbeit lieber auf darauf spezialisierte, externe Berater ab, um diese bürokratische Hürde mit möglichst wenig eigenem Aufwand erfolgreich zu nehmen. Nachdem die Förderung bewilligt bzw. die Kapitalakquise gelungen ist, spielt der Businessplan in der Folge meist keine nennenswerte Rolle mehr für sie (Ripsas und Zumholz 2011, S. 440–442). Ein nicht unerheblicher Teil unter ihnen ignoriert das immer wieder gehörte Postulat, der Businessplan sei für eine Unternehmensgründung zwingend notwendig, und verzichtet sogar ganz auf ihn. Die Tatsache, dass viele dieser Unternehmen trotzdem erfolgreich sind, wäre eigentlich zusätzlich geeignet, Zweifel am Mythos Businessplan zu wecken.[3] Doch die Akteure der Gründungsförderung sahen in der gesunden Skepsis ihrer Zielgruppe bisher kaum Anlass, ihre eigene Fokussierung auf dieses Instrument zu hinterfragen. Vielmehr betrachten sie die vorhandenen Vorbehalte meist eher als einen Denkfehler bzw. eine falsche Einstellung der Gründer gegenüber dem Businessplan, die durch verstärkte Werbung, durch Aufklärung und die Schaffung von

---

[2] Siehe hierzu beispielsweise Lange et al. (2007, S. 5–6) und Karlsson (2005, S. 153). Schon deutlich früher kamen Gartner (1988, S. 28) sowie Gibb und Scott (1985, S. 597–598) zu ähnlichen Überlegungen.

[3] Auf die Möglichkeit der erfolgreichen Unternehmensgründung ohne Businessplan verweist besonders deutlich eine Studie von Bhidé (2000). Darin analysiert er „Inc.-500-Unternehmen", also Unternehmen, die auf der jährlich vom Inc. Magazine veröffentlichten Liste der 500 am schnellsten wachsenden Unternehmen der USA stehen. Nur bei 26 % dieser Unternehmen kam ein „Full-blown"-Businessplan im Rahmen der Gründung zum Einsatz.

Anreizen zu seiner Verwendung zu korrigieren wären. Bestenfalls resultierte aus dieser Sichtweise das Bemühen, die Ausarbeitung des Businessplans zu erleichtern. In den letzten Jahren kam von einer dritten Seite her mehr Bewegung in die Debatte. Gemeint sind die Kritiken und Anregungen aus dem Feld der Entrepreneurship-Forschung, die sich, einfach gesprochen, dafür interessiert, „wer" „warum" und „wie" unternehmerisch handelt. Der Begriff des „Entrepreneurships" hat leider keine einfache deutsche Entsprechung. Das folgende Zitat beschreibt aber in prägnanter Form, was damit gemeint ist: **„Entrepreneurship stellt eine kreative und mit Wagemut verbundene Aktivität von Menschen dar."**[4] Der Begriff lässt sich insofern vielleicht am besten in die Wendung „kreatives Unternehmertum" übertragen, wobei der entscheidende Akzent auf dem Wort „kreativ" liegt. Die sich damit beschäftigende Forschungsrichtung nimmt das unternehmerisch handelnde Individuum, den „Entrepreneur", als Ganzes in den Blick und betont das kreative, innovative Moment, das dessen Aktivitäten zugrunde liegt und sie motiviert.

Der zunehmende Widerhall, den diese Denkrichtung in den Diskussionen rund um das Gründungsgeschehen in Deutschland in den letzten Jahren fand, hängt eng mit der Arbeit von Prof. Dr. Günter Faltin zusammen. Er baute als Hochschullehrer nicht nur den Arbeitsbereich Entrepreneurship an der Freien Universität Berlin auf, sondern gründete 1985 basierend auf seinen Überlegungen einen Teeversandhandel, die „Teekampagne", der in kurzer Zeit zum Weltmarktführer im Handel mit Darjeelingtee aufstieg. Im Jahr 2001 rief Faltin die „Stiftung Entrepreneurship" ins Leben und veröffentlichte die Bücher „Kopf schlägt Kapital" und „Wir sind das Kapital" (**Faltin** 2008 **und** 2015). Darin stellt er gängige Sichtweisen auf den Prozess der Unternehmensgründung infrage und rückt vor allem die Bedeutung der **Geschäftsidee** und des aus ihr zu gestaltenden **Geschäftsmodells** in den Mittelpunkt.

Der Erfolg dieser Bücher – insbesondere von „Kopf schlägt Kapital" wurden inzwischen über 100.000 Exemplare in unterschiedlichen Varianten verkauft – hat ohne Zweifel erheblich dazu beigetragen, dass der Begriff des „Geschäftsmodells" in den rund um das Gründungsgeschehen geführten Debatten inzwischen in aller Munde ist. Dabei stehen sich dessen Anhänger einerseits und die Verfechter des Businessplan-Ansatzes andererseits vielfach scheinbar unversöhnlich gegenüber. Dem „Mythos" Businessplan wird das „Mantra" Geschäftsmodell entgegengestellt und der Eindruck erweckt, es bestünden zwischen beiden Ansätzen unauflösbare Widersprüche. Daraus entstehen nur zu oft eher unproduktive Streitgespräche statt weiterführende Vorschläge. Gleichwohl haben in jüngster Zeit immerhin Instru-

---

[4] So die Definition auf der Website des Entrepreneurship Summit 2015 (https://www.entrepreneurship.de/summit/ueber-uns/).

mente wie die „Business Model Canvas", im Prinzip eine grafische Darstellung des Geschäftsmodells, teilweisen Eingang in die Arbeit auch institutioneller Gründungsförderer gefunden.[5]
Wir wollen den Prozess nun einen weiteren Schritt voranbringen. Davon ausgehend, dass beide Ansätze ihre Qualitäten in unterschiedlichen Gründungsphasen bzw. unterschiedlichen Marktumfeldern entfalten, wollen wir die jeweiligen Stärken herausarbeiten und um Vorschläge für eine heterogener gestaltete, breiter aufgestellte Gründungsförderung ergänzen. Dazu ist es zunächst notwendig, uns grundlegend in Erinnerung zu rufen, was die institutionelle Gründungsförderung bewirken soll.

1.3   Was die Gründungsförderung eigentlich wollen soll

Ganz allgemein lässt sich sagen, dass die Neugründung von Unternehmen dazu beiträgt, den marktwirtschaftlichen Wettbewerb zu erhalten und zu fördern, und zudem den regionalen bzw. sektoralen Strukturwandel unterstützen kann. Über diese wichtigen Funktionen hinaus erhofft sich der Staat von der Gründungsförderung aber vor allem folgende Effekte: Wirtschafts- und Beschäftigungswachstum, Steuermehreinnahmen sowie eine erhöhte Attraktivität des jeweiligen Standortes. Durch die nachhaltige Realisierung dieser Effekte sollen sich die zu Förderzwecken eingesetzten Mittel möglichst (schnell) amortisieren. Insbesondere zur Schaffung von Arbeitsplätzen setzt die staatliche Wirtschaftspolitik seit einigen Jahren verstärkt auf Unternehmensgründungen.
Allerdings zeigen die Statistiken, dass ein Großteil der neu geschaffenen Arbeitsplätze auf einen sehr kleinen Teil der neu gegründeten Unternehmen zurückgeht. Als Beschäftigungsmotoren erweisen sich vor allem schnell wachsende Unternehmen, die auf innovativen Geschäftsmodellen und deren gelungener Marktumsetzung beruhen (Stam et al. 2009, S. 91–110; Arend und Zimmermann 2009, S. 57). Die meisten anderen Unternehmensgründungen erzielen über die Person des Gründers hinaus kaum nennenswerte Beschäftigungseffekte (Sternberg et al. 2000, S. 8). Um die vom Staat gewünschten Effekte zu erreichen, müsste also ein besonderes Augenmerk auf die Förderung innovativer Unternehmensgründungen gelegt werden.
Die beinahe ausschließliche Fokussierung der institutionellen Gründungsförderung auf den Businessplan bewirkt jedoch genau das Gegenteil, denn:

---

[5] So z. B. beim Businessplan-Wettbewerb Berlin-Brandenburg. Mehr Informationen hierzu finden sich auf http://www.b-p-w.de.

▶   **Der Businessplan ist zwar für imitative Gründungen geeignet, aber kaum für innovative.**

Dies ist die erste zentrale These, die wir unserem Buch zugrunde legen. Wie wir zeigen werden, entfaltet der Businessplan seine Stärken in stabilen, bekannten Marktumfeldern. Deren positive Wirkungen auf Beschäftigungsentwicklung und Wirtschaftswachstum sind aber in aller Regel gering. Je innovativer das Gründungsvorhaben und je unbekannter und instabiler das anvisierte Marktumfeld, desto mehr stößt der Businessplan-Ansatz an seine konzeptionellen Grenzen. Für Situationen dieser Art bietet vielmehr die Entrepreneurship-Forschung Ansatzpunkte, um passende Geschäftsmodelle (weiter) zu entwickeln und umzusetzen und dabei zugleich die unternehmerischen Risiken begrenzt zu halten. Einige davon werden wir vorstellen. Der „Mythos Businessplan" hat den Blick auf die hier liegenden Möglichkeiten in der Vergangenheit weitgehend verstellt.

1.4   Der „blinde Fleck" der Gründungsförderung

▶   **Die Gründungsförderung hat in ihrem Glauben an die Allmacht des Businessplans einen gefährlichen „blinden Fleck" entwickelt.**

Das ist die zweite zentrale These dieses Buches. Die Gründungsförderung hat dadurch jedoch nicht nur die Situation und die besonderen Herausforderungen innovativer Gründungen aus dem Auge verloren. Vielmehr ist durch die Konzentration auf ein Instrument, das vor allem die **Umsetzung** eines Gründungsvorhabens behandelt, eine entscheidende Phase des Gründungsgeschehens weitgehend aus dem Blick geraten: **die Vorgründungsphase** und damit zugleich die konkrete Ausgestaltung des Geschäftsmodells. Das ist auch in Bezug auf imitative Gründungen ein nicht zu unterschätzendes Problem. Zwar verfügen sie de facto bereits über ein mehr oder weniger ausgereiftes Geschäftsmodell, doch steckt auch hier der Teufel – oder der Erfolg! – oft im Detail.

In dem leichtfertigen Glauben, dass ein überzeugend erscheinender Businessplan Beweis für diese notwendige Feinarbeit ist, verzichtet die Gründungsförderung weitgehend darauf, Gründer in diesem Abschnitt ihres Vorhabens zu unterstützen. Dabei zeigt sich bei genauerer Betrachtung schnell, dass der Businessplan als – noch dazu oft von Dritten für Dritte verfasstes – Ergebnisdokument alles andere als ein zwingender Beweis für durchdachte Planung ist. Wir wollen die Vorgründungsphase und auf sie zugeschnittene Ansätze mehr in den Fokus der Gründungsförderung rücken. Dafür greifen wir erneut auf Erkenntnisse der Entrepreneurship-Forschung zurück.

Auch in Bezug auf die **Nachgründungsphase** ist eine nachteilige Verengung auf den Businessplan-Ansatz festzustellen. Zu einer vollkommen unsinnigen, kontraproduktiven Businessplan-Hörigkeit wächst sich diese – leider gar nicht selten – aus, wenn sich nach Fördermittelerhalt ökonomisch sinnvollere Alternativen zu den ursprünglichen Planungen ergeben, die Förderrichtlinien die dazu notwendige Abweichung vom Businessplan aber nicht erlauben. Vor allem aber kommt es immer wieder vor, dass einige Zeit nach der Gründung unvorhergesehene Entwicklungen die Annahmen und Planungen des ursprünglichen Businessplans hinfällig machen. Was dann? Auf welcher Basis und mithilfe welcher Methode kann dann umgesteuert werden? Oft fordern die Kreditgeber in einem solchen Fall von den Gründern, Maßnahmen zu ergreifen, um wieder in den aufgestellten Planungsrahmen zurückzukehren. Selbst, wenn Gründer zu diesem Zweck eine gute, begleitende Beratung erhalten, ist dieser Ansatz jedoch nicht notwendigerweise richtig. Geänderte Rahmenbedingungen fordern womöglich vielmehr eine Anpassung des Geschäftsmodells in eine Richtung, die den eingereichten Businessplan substanziell verändert oder gar obsolet macht. Hierzu haben auch in die Krise geratene Unternehmen oft noch Ressourcen, die sie zusammen mit den von ihnen gesammelten Erfahrungen kreativ nutzen könnten, um das Blatt zu wenden. Ideen und Methoden der Entrepreneurship-Forschung können dabei unterstützend wirken. Die übermäßige Orientierung am und auf den Businessplan wird in solchen Situationen eher weniger hilfreich sein und womöglich gar zum Scheitern des Unternehmens führen.

Über alle Phasen des Gründungsprozesses hinweg hat die Rolle, die der Businessplan in den Abläufen der Fördermittelvergabe gewonnen hat, eine Auswirkung von ganz grundsätzlicher Bedeutung:

▶   **Der Businessplan „überschattet" mittlerweile die eigentliche, zentrale Triebkraft des Gründungsprozesses – den Gründer.**

Schon früh im Entscheidungsprozess der Fördermittelvergabe „verschwindet" der Gründer vollständig hinter dem Businessplan, der dann als alleinige Bewertungsgrundlage dient. Die einfach zu bewertenden *hard facts* der Finanzplanung des Businessplans verlocken offenbar dazu zu vergessen, dass es in aller Regel die *soft skills* der Gründerpersönlichkeit sind, die letztlich darüber entscheiden, ob aus einer Geschäftsidee ein erfolgreiches Unternehmen wird. In vereinfachender Zuspitzung: Die Gründungsförderung unterstützt zwar Unternehmen, hat aber den Unternehmer, den Entrepreneur, aus dem Blick verloren.

Wir halten dies für einen schwerwiegenden Fehler. Ohne die Gründungsförderung mit Aufgaben zu überlasten, die einen breiteren Politikansatz erfordern – wie ihn Lundström und Stevenson (2005) als „*Entrepreneurship Policy*" beschreiben –, wollen wir die (potenziellen) Gründer mit ihren individuellen Fähigkeiten und Bedürfnissen wieder mehr in den Fokus rücken. Dies beginnt bei der Forderung, dass am Anfang eines Beratungsprozesses eine „Anamnese" der potenziellen Gründer und ihrer Situation zu stehen hätte, in der die einfache Frage zu beantworten wäre: „Was hilft Ihnen denn jetzt am meisten und besten?" – Die Antwort auf diese Frage darf nicht sein: „Na, dann machen wir doch als Erstes mal einen Businessplan, weil ohne den können wir nichts für Sie tun."

Einen entscheidenden Beitrag dazu, dass der beschriebene „blinde Fleck" entstand, vor allem aber weiter tradiert wird, leistet die von uns bereits angesprochene „Businessplan-Industrie". Ihr wenden wir uns im folgenden Kapitel zu.

Literatur

Arend, Jessica, und Volker Zimmermann. 2009. Innovationshemmnisse bei kleinen und mittleren Unternehmen. Hrsg. v. KfW Research (Mittelstands- und Strukturpolitik, 43). http://www.kfw.de/kfw/de/KfW-Konzern/KfW_Research/Economic_Research/Publikationsarchiv/Mittelstan45/Innovation90/Periodikum_InnoHemmnisse_final.pdf. Zugegriffen: 18. März 2013.

Bhidé, Amar. 2000. *The origin and evolution of new businesses*. Oxford: Oxford University Press.

Brinckmann, Jan, Dietmar Grichnik, und Diana Kapsa. 2010. Should entrepreneurs plan or just storm the castle? A meta-analysis on contextual factors impacting the business planning-performance relationship in small firms. *Journal of Business Venturing* 25 (1): 24–40.

Bundesministerium für Wirtschaft und Energie. Hrsg. 2015. EXIST-Gründerstipendium. Unter Mitarbeit von Referat: Öffentlichkeitsarbeit. http://www.foerderdatenbank.de/Foerder-DB/Navigation/Foerderrecherche/suche.html?get=views;document&doc=9639. Zugegriffen: 27. Aug. 2015. (zuletzt aktualisiert am 14.07.2011)

Faltin, Günter. 2008. *Kopf schlägt Kapital. Die ganz andere Art, ein Unternehmen zu gründen*. 1. Aufl. München: Carl Hanser Verlag.

Faltin, Günter. 2015. *Wir sind das Kapital. Erkenne den Entrepreneur in Dir; Aufbruch in eine intelligentere Ökonomie*. 1. Aufl. Hamburg: Murmann.

Gartner, William B. 1988. „Who is an Entrepreneur?" Is the wrong question. *American Journal of Small Business* 12 (4): 11–32.

Gibb, Allan, und Mike Scott. 1985. Strategic awareness, personal commitment and the process of planning in the small business. *Journal of Management Studies* 22 (6): 597–631.

Honig, B., und Thomas Karlsson. 2004. *Institutional forces and the written business plan*. *Journal of Management* 30 (1): 29–48.

Karlsson, Thomas. 2005. Business plans in new ventures. An Institutional Perspective. Dissertation. Jönköping University, Jönköping.

Lange, Julian E., William D. Bygrave, Aleksandar Mollov, Michael Pearlmutter, und Sunil Singh. 2007. Do business plans make no difference in the real world? A study of 117 new ventures. http://www.babson.edu/entrep/fer/2005fer/chapter_xii/paperfr_xii3.html. Zugegriffen: 13. April 2011. (zuletzt aktualisiert am 14.01.2011).

Lundström, Anders, und Lois Stevenson. 2005. *Entrepreneurship policy. Theory and practice.* New York: Springer.

Ripsas, Sven, und Holger Zumholz. 2011. Die Bedeutung von Business Plänen in der Nachgründungsphase. *Corporate Finanze biz* 2 (07): 435–444.

Stam, Erik, Kashifa Suddle, Jolanda Hessels, und Andrévan Stel. 2009. High-growth entrepreneurs, public policies, and economic growth. In *Public policies for fostering entrepreneurship*, Hrsg. Rui Baptista und Joao Leitao, 91–110. Bd. 22. New York: Springer US (International Studies in Entrepreneurship).

Sternberg, Rolf, Claus Otten, und Christine Tamásy. 2000. *Global Entrepreneurship Monitor: Länderbericht Deutschland* 2000. Köln: Universität zu Köln.

Die Businessplan-Industrie

2

Zusammenfassung

Businessplan-Wettbewerbe, Businessplan-Ratgeber, Businessplankurs-Anbieter und Gründungsberater sind die wichtigsten Fürsprecher des Businessplans. Welche Ziele verfolgen sie? Und welche Auswirkungen hat ihre (Lobby-)Arbeit auf das Gründungsgeschehen? Wir geben Antworten auf diese und andere Fragen. Dabei nehmen wir die Akteure der Businessplan-Industrie in Deutschland kritisch unter die Lupe. Im Ergebnis zeigt sich, dass ihr Tun wesentlich für die Entstehung und Verfestigung des Mythos um den Businessplan war und immer noch ist.

Die Erstellung eines formellen Businessplans wird heute von der weit überwiegenden Mehrzahl der Akteure im Gründungsgeschehen als Grundvoraussetzung für erfolgreiches Gründen angesehen. Dabei gibt es, wie wir im vorigen Kapitel angedeutet haben, durchaus begründeten Anlass, an dieser Überzeugung zu zweifeln. Angesichts dessen stellt sich die Frage, wie es dazu kommen konnte, dass der Mythos Businessplan so mächtig wurde und immer weiter fortgeschrieben wird.

Die Antwort ist: Der Businessplan hat einflussreiche Fürsprecher. Um ihn herum hat sich in den letzten Jahrzehnten eine regelrechte Industrie aufgebaut, die seine Verbreitung und Verwendung massiv fördert – nicht zuletzt, weil sie daran gut verdient (Gumpert 2002, S. 30–31). Diese Businessplan-Industrie übt normativen Druck auf Unternehmensgründer aus, Businesspläne zu erstellen, indem sie immer wieder seine Wichtigkeit für die Gründer selbst und für die Akquisition externer Ressourcen betont. Bereits 1996 wiesen Brüderl et al. (1996, S. 161) auf ihr Entstehen hin:

© Springer Fachmedien Wiesbaden 2016
S. Kunze, A. Offermanns, *Mythos Businessplan,*
DOI 10.1007/978-3-658-09911-4_2

Es ist schon fast eine eigenständige Wirtschaftsbranche, die sich – in der Regel nicht unentgeltlich – damit beschäftigt, Betriebsgründern ‚auf die Sprünge zu helfen'. Charakteristisch für die Branche der ‚Gründungshelfer' [...] ist ein buntes Gemisch von privaten, halbstaatlichen und staatlichen Akteuren.

Der Businessplan wurde also bereits damals von selbst ernannten „Gründungshelfern" protegiert. In den zwei Jahrzehnten, die seitdem vergangen sind, ist ihr Einfluss noch gewachsen. Es ist der Businessplan-Industrie gelungen, die Überzeugung von der Notwendigkeit der Erstellung eines Businessplans bei Unternehmensgründung fest in der deutschen Gründungslandschaft zu verankern. Vor allem aber hat sie erreicht, dass der Businessplan zu **dem** zentralen Instrument in den Abläufen und Entscheidungsprozessen der institutionellen Gründungsförderung geworden ist.

Die von uns ins Visier genommene Businessplan-Industrie besteht aus verschiedenen Akteuren und setzt an unterschiedlichen Punkten an, um ihr Produkt zu bewerben. Wichtige Bestandteile und Instrumente dieser Industrie sind insbesondere:

- Businessplan-Wettbewerbe,
- Ratgeber und Bücher zum Thema Businessplan,
- Beratungsangebote im Internet,
- Businessplan-Software,
- (Gründungs-)Berater,
- Businessplan-Kurse, z. B. in der Lehre an Universitäten, aber auch als Angebot von staatlichen, halbstaatlichen oder privatwirtschaftlich organisierten Anbietern.

Im Folgenden gehen wir auf diese Mittel und Akteure näher ein, um ihre jeweiligen Interessen sowie die Rolle zu beleuchten, die sie bei der Verbreitung des Businessplans als dem zentralen Instrument im Kontext der Unternehmensgründung spielen.

2.1 Die Businessplan-Industrie: Wer sie ist und was sie treibt

Wie bereits erwähnt, handelt es sich bei der Businessplan-Industrie um ein „buntes Gemisch von privaten, halbstaatlichen und staatlichen Akteuren" (ebd., S. 161). Mit Ausnahme der privatwirtschaftlichen Gründungsberater gehen wir auf die verschiedenen Akteure nicht näher ein, sondern konzentrieren uns vor allem auf die Mittel, mit denen die Businessplan-Industrie arbeitet. Denn in deren Umsetzung sind die verschiedenen Gruppen in aller Regel eng verflochten, indem beispielsweise staatliche Institutionen oder Unternehmensverbände Aufträge an privatwirtschaftliche Akteure vergeben. Diese Verflechtung bedingt einen Zielkonflikt, auf den wir bereits an dieser Stelle verweisen wollen: Während die staatlichen Akteure vor allem volkswirtschaftliche Ziele verfolgen, geht es den privaten Akteuren letztlich zentral um den aus ihrer Tätigkeit zu erzielenden Gewinn. Haben also erstere ein gesteigertes Interesse an erfolgreichen, möglichst innovativen Gründungen, um Wirtschafts- und Beschäftigungswachstum zu erreichen, so kann es letzteren vergleichsweise egal sein, ob sie durch ihre Praxis innovative oder imitative Gründungen fördern, solange beide mit Businessplänen arbeiten. Ihr Hauptinteresse liegt in der Sicherung und dem Ausbau ihres Marktes sowie dem Absatz ihres Produkts: des Businessplans und der um ihn herum den staatlichen Akteuren und Gründern gleichermaßen angebotenen Beratungsleistungen.

2.1.1 Businessplan-Wettbewerbe

Das werbeträchtigste Mittel und zugkräftigste Pferd im Stall der Businessplan-Industrie sind sicher die sogenannten „Businessplan-Wettbewerbe". Bei diesen Wettbewerben reichen die Teilnehmer – in aller Regel angehende Unternehmensgründer – ihre jeweiligen Businesspläne ein, die dann durch eine Jury beurteilt werden. Die am besten bewerteten Businesspläne werden prämiert. Die potenziellen Gründer verbinden mit einer erfolgreichen Teilnahme an solchen Wettbewerben vor allem die Hoffnung, das Interesse von Investoren zu wecken und sich den Zugang zu Kapital zu erleichtern.

Aus institutioneller Sicht zielen Businessplan-Wettbewerbe allgemein darauf ab, die Anzahl der Unternehmensgründungen und die Wahrscheinlichkeit ihres Gelingens zu steigern. Erfolg versprechende Vorhaben sollen durch die Prämierung besonders gefördert werden, während zugleich versucht wird, wenig aussichtsreich erscheinende Gründungsprojekte möglichst frühzeitig herauszufiltern und zu beenden (Stadtler und Knyphausen-Aufseß 2008). Letzteres liegt keinesfalls nur im Interesse der Unternehmensgründer, sondern ist auch volkswirtschaftlich sinnvoll (Chwolka und Raith 2009, S. 19).

Heutzutage beteiligen sich jährlich mehrere tausend potenzielle Gründer an Businessplan-Wettbewerben. Zu den größten, bekanntesten und am längsten bestehenden gehören der Businessplan-Wettbewerb Berlin-Brandenburg sowie der Businessplan-Wettbewerb Nordbayern. Die ersten Wettbewerbe dieser Art wurden in Deutschland in den 1990er-Jahren auf der Basis amerikanischer Vorbilder durchgeführt. Über die Jahre wurden es immer mehr. Eine Analyse der

Website www.fuer-gruender.de nennt für die Periode 2014/2015 die Zahl von 124 Gründerwettbewerben. Zwar richten sich nicht alle von ihnen ausschließlich an Neugründer (Klein et al. 2015, S. 20).[1] Gleichwohl ist diese Zahl ein guter Anhaltspunkt für die Dynamik, die das Phänomen in den letzten Jahren gewonnen hat. Dies liegt auch an der Attraktivität der Auszeichnungen: Im Rahmen der ausgewerteten Wettbewerbe wurden nach Angaben der Studie Preisgelder in Höhe von insgesamt 2,562 Mio. € sowie 597.000 € in Sachpreisen vergeben. Interessant ist, dass von den insgesamt 673 Preisträgern nicht nur 77 mehrfach ausgezeichnet wurden, sondern dass dies bei 38 von ihnen auch noch in verschiedenen Wettbewerben der Fall war (ebd., S. 5). All dies spricht für die hohe Anziehungskraft, die solche Veranstaltungen entfalten.

Doch es sind nicht allein die zu gewinnenden Preise, die zur Teilnahme motivieren. Nach Aussage der bereits zitierten Analyse ist der offenbar meistgenannte Grund in dieser Hinsicht die Suche nach „Unterstützung bei der Erstellung des Businessplans und Geschäftskonzepts". Hier spiegelt sich die zunehmende Bedeutung der Rahmenprogramme dieser Wettbewerbe. Sie zeigt sich auch in den auf Platz zwei und drei genannten Gründen: „Workshops, Seminare und Vorträge zu Gründerthemen" und „Fachliche Beratung durch Profis". Mithilfe dieser Angebote erzielen Businessplan-Wettbewerbe ganz offenbar die von ihnen gewünschte Breitenwirkung und hohe Teilnehmerzahlen. Für die Gewinner der Wettbewerbe nicht weniger wichtig, aber angesichts der im Verhältnis geringen Anzahl an Ausgezeichneten in der Liste nur auf Platz zehn, ist sicher der folgende Grund: „Steigerung der Bekanntheit durch mediale Aufmerksamkeit" (ebd., S. 9). Dass dieser Faktor nicht zu unterschätzen ist, zeigen beispielsweise die Abschlussberichte des Businessplan-Wettbewerbs Berlin-Brandenburg, die regelmäßig eine Zahl zwischen 400 und 500 Medienberichten angeben (Businessplan-Wettbewerb Berlin-Brandenburg (BPW) 2014).

In allen Wettbewerben dieser Art ist der Businessplan Dreh- und Angelpunkt. Er ist Teilnahmevoraussetzung und seine Beurteilung ist das entscheidende Kriterium für die Prämierung eines Gründungsprojekts. In ihrer spezifischen Ausgestaltung und in den Teilnahmebedingungen variieren diese Wettbewerbe allerdings teilweise erheblich.[2] Es gibt einstufige Wettbewerbe, die sich allein auf den Businessplan beschränken. Andere, mehrstufige Wettbewerbe bieten teils sehr umfang-

---

[1] Nach den Angaben der Autoren richteten sich 40 der untersuchten Wettbewerbe ausschließlich an Vorgründer, 45 hauptsächlich an junge Start-ups, während in 30 Wettbewerben die Teilnahme beiden Gruppen offenstand. Einige Wettbewerbe zielten sogar auf spätere Phasen ab. Dass sich insgesamt eine Zahl von über 124 Wettbewerben ergibt, resultiert aus dem teilweise mehrstufigen Aufbau der ausgewerteten Veranstaltungen.

[2] Für weitere Informationen siehe WEKA MEDIA GmbH & Co. KG (2015) und Klein et al. (2015).

reiche Rahmenprogramme mit flankierenden Unterstützungsleistungen zu Planung, Finanzierung und Netzwerkaufbau (Foo et al. 2005, S. 386). So hat beispielsweise der Businessplan-Wettbewerb Berlin-Brandenburg ein Rahmenprogramm von ca. 130 Veranstaltungen zu relevanten Gründerthemen und kann auf ein Netzwerk von über 350 Beratern zurückgreifen, an die sich die Teilnehmer mit Fragen und der Bitte um Feedback wenden können (Businessplan-Wettbewerb Berlin-Brandenburg (BPW) 2015). Eine Besonderheit dieses Businessplan-Wettbewerbs ist übrigens, dass seit 2013 auch der Ansatz der Business Modell Canvas hier Einzug gehalten hat und in Seminaren vermittelt wird. In einem eigenen Strang des Wettbewerbs werden eingereichte Business Modell Canvas sogar bewertet und prämiert. Hierzu muss die eingereichte Canvas allerdings um zusätzliche schriftliche Erläuterungen ergänzt werden, sodass aus ihr in gewisser Weise die Variante eines Businessplans wird.

Die Beurteilung eines Vorhabens erfolgt, wie zum Beispiel ein Blick in die Richtlinien des Businessplan-Wettbewerbs Berlin-Brandenburg zeigt, meist auf der Basis vergleichsweise starrer Bewertungskriterien. Unter diesen hat insbesondere die Analyse auf Vollständigkeit großes Gewicht. In ihrem Rahmen wird vor allem geprüft, ob die standardisiert vorgegebenen Unterpunkte abgearbeitet wurden und zu jedem Punkt entsprechende Informationen enthalten sind. Die zugrunde liegende Idee und die Validität des Vorhabens spielen im Vergleich dazu lediglich eine untergeordnete Rolle in den vorgegebenen Beurteilungskriterien.

Schon dies lässt eine gewisse Skepsis in Bezug darauf aufkommen, inwieweit Businessplan-Wettbewerbe geeignet sind, ihre eingangs formulierten Ziele zu erreichen. Je enger sie allein auf den Businessplan und dessen Bewertung zugeschnitten sind, desto größer die berechtigten Zweifel. Zwar mag das beschriebene Vorgehen im Hinblick auf die Beurteilung insofern sinnvoll sein, als dadurch eine möglichst große Objektivität und Vergleichbarkeit bei der Bewertung der eingereichten Businesspläne gewährleistet werden. Der Heterogenität und Individualität von Gründungsvorhaben wird damit jedoch kaum Rechnung gezollt. Nicht alle der – über die Jahre immer zahlreicher gewordenen – standardisierten Unterpunkte eines Businessplans sind in gleicher Weise relevant für jedes Vorhaben. Ihre Abarbeitung wäre in solchen Fällen prinzipiell als nachrangig oder gar als schlichte Zeit- und Ressourcenverschwendung zu betrachten. Ein Beispiel hierfür ist das Thema „Nachhaltigkeit", das seit einigen Jahren im Businessplan-Wettbewerb Berlin-Brandenburg in jedem Kapitel der eingereichten Businesspläne bewertet wird. Nun ist Nachhaltigkeit bei der Unternehmensgründung und -führung ohne Zweifel sinnvoll und erstrebenswert und soll daher nicht durch Beispiele für teilweise absurde Ausführungen zum Thema entwertet werden. Dass Nachhaltigkeit aber, wo sie nicht nur im Munde geführt werden soll, von höchst unterschiedlicher Relevanz für verschiedene Unternehmenskonzepte und Geschäftsideen ist, liegt

auf der Hand. Sie daher zur Pflichtangabe im Businessplan und zu einer Standard-
kategorie in der Bewertung zu machen, deutet wiederum darauf hin, dass in Wettbewerben dieser Art nun einmal vor allem **Businesspläne** verglichen und prämiert
werden anstatt Gründungsvorhaben oder Geschäftsmodelle.

So passiert es denn auch schnell, dass ein in der Praxis durchaus Erfolg verspre-
chendes Vorhaben eine schlechte Bewertung erhält, wenn im Businessplan nicht
jeder Einzelpunkt sorgfältig behandelt wurde – unabhängig von dessen jeweiliger
Bedeutung für die Aussichten des Projekts. Dies kann nicht nur zu Fehlern in der
Bewertung der Gründungsvorhaben als solche führen. Vor allem birgt das zur Beurteilung praktizierte Vorgehen eine leicht zu übersehende Gefahr in sich: Es ist
geeignet, eine verzerrte Sicht auf den Gründungsprozess insgesamt und damit eine
falsche Haltung potenzieller Gründer zu befördern, indem die formalisierte Abarbeitung von Fragen mehr Gewicht erhält als das Gründungsprojekt selbst und
dessen spezifische Probleme und Situation. Gründen ist jedoch weniger ein bürokratischer Akt als ein **kreativer.**

Die Untersuchung von Ripsas et al. (2008) zu den Gewinnern zweier deutscher
Businessplan-Wettbewerbe bekräftigt die von uns angemeldeten Zweifel an deren
Fähigkeit, die selbstgesteckten Ziele zu erreichen. Die Autoren stellten fest, dass
der Gewinn eines dieser Wettbewerbe keinen signifikanten, positiven Einfluss auf
die Erfolgswahrscheinlichkeit der prämierten Vorhaben hatte.

Auch die immer wieder geäußerte Annahme, dass die erfolgreiche Teilnahme
an einem Businessplan-Wettbewerb es erleichtere, Kapitalgeber zu gewinnen, bestätigt sich bei näherer Untersuchung insbesondere im Bereich innovativer Gründungen bestenfalls bedingt. Darauf deutet eine Befragung hin, in der zwei Drittel
der angesprochenen Venturecapital-Geber angaben, dass formale Businessplan-
Wettbewerbe für sie keine oder kaum eine Rolle im Rahmen der Suche nach interessanten Beteiligungsmöglichkeiten spielen (Gumpert 2002, S. 165). Dies ist insofern für unseren Gesamtzusammenhang interessant, als Venturecapital vorwiegend
für innovative Gründungen benötigt wird. Es geht aus der Befragung leider nicht
hervor, ob das Ergebnis daraus resultiert, dass innovative Gründungen die standardisierten Fragebögen und Abläufe der Businessplan-Wettbewerbe womöglich
meiden, oder ob der Grund ist, dass für die Entscheidung der Venturecapital-Geber
die Person des Gründers bzw. das Gründerteam mehr im Vordergrund steht. Andere
Studien zeigen jedoch, dass Venturecapital-Geber ihre Entscheidung tatsächlich
stark davon abhängig machen (Greaney 2005, S. 49–50). Dies zeigt auch der oft
gehörte Satz: „Das Team ist wichtiger als die Idee." Venturecapital-Geber betonen
zwar häufig ihr allgemeines Interesse an Businessplänen, tatsächlich scheinen diese jedoch weit weniger ausschlaggebend für ihre Beteiligungsentscheidungen zu
sein, als weithin angenommen wird (Gumpert und Lange 2004).

Die von uns hier angemeldeten Zweifel bedeuten nicht, dass wir Business-plan-Wettbewerbe per se als sinnlos oder gar kontraproduktiv betrachten würden. Insbesondere ein gut gestaltetes Rahmenprogramm kann Unternehmensgründern sicher Möglichkeiten bieten, wichtige Informationen zu sammeln, sich für sie relevantes Wissen anzueignen oder sich mit anderen Gründern und Kapitalgebern zu vernetzen. In ihrer aktuellen Ausprägung und den angelegten Bewertungsmaß-stäben spiegeln Businessplan-Wettbewerbe die Heterogenität des Gründungs-geschehens unserer Meinung nach jedoch nur mangelhaft wider. Dies lässt die, durch verschiedene Studien untermauerte,[3] begründete Vermutung aufkommen, dass Businessplan-Wettbewerbe weniger das fördern, was sie sich auf die Fah-nen schreiben, nämlich die Anzahl erfolgreicher Unternehmensgründungen, als vielmehr etwas deutlich Profaneres: die Erstellung von Businessplänen.

2.1.2   Businessplan-Ratgeber

Ein zweites Standbein der Businessplan-Industrie ist die umfangreiche Literatur zum Thema, mit der sie die aus der zentralen Rolle dieses Instruments erwachsen-den Bedürfnisse bedient. Seit den 1990er-Jahren wurde in Deutschland eine ganze Reihe von Büchern und Ratgebern publiziert, die Know-how zur Erstellung von Businessplänen vermitteln. Im März 2015 ergab eine Recherche im Katalog der Deutschen Nationalbibliothek 633 Treffer für den Suchbegriff „Businessplan", von denen 446 dieses Wort direkt im Titel führten.[4] Dass hier über die Jahre ein interes-santer Markt entstanden ist, verdeutlicht Abb. 2.1. Darin zeigt sich, dass die Anzahl der deutschsprachigen Neuerscheinungen zum Thema von Anfang der 1990er-Jah-re bis 2005 immer weiter angestiegen ist. Seitdem erschien im Durchschnitt jeden Monat ein neues Buch, in dessen Titel das Wort „Businessplan" auftauchte.

Vermutlich ist die Anzahl der Veröffentlichungen, die sich mit der Erstellung von Businessplänen beschäftigen, noch weitaus größer als eben genannt. Denn vie-le Bücher, die sich inhaltlich hauptsächlich auf Businesspläne beziehen, führen im Titel Begriffe wie „Existenzgründung", „Gründung" oder synonyme Wendungen.

---

[3] Siehe hierzu neben den bereits genannten Studien auch Ripsas und Zumholz (2011, S. 443–444). Allgemein besteht in der Frage, inwieweit Businessplan-Wettbewerbe ihre selbstgesteckten Ziele erreichen bzw. erreichen können, unserer Meinung nach weiterer For-schungsbedarf.

[4] Recherche vom 03.03.2015 unter Deutsche Nationalbibliothek. Im ersteren Fall wurden auch Stichwörter etc. bei den Ergebnissen miteinbezogen. Die Deutsche Nationalbibliothek hat die Aufgabe, lückenlos alle deutschen bzw. deutschsprachigen Werke zu sammeln (Deut-sche Nationalbibliothek 2013, 2015).

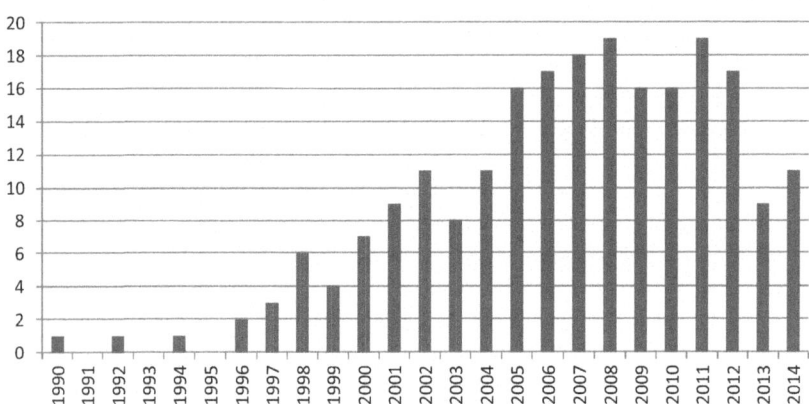

Abb. 2.1 Anzahl deutscher Businessplan-Buchpublikationen. (Quelle: Online-Katalog der Deutschen Nationalbibliothek, Recherche vom 16.03.2015; eigene Darstellung).

Neben Buchpublikationen haben Wirtschaftsfördereinrichtungen, Ministerien und Weiterbildungsträger eine Vielzahl von Anleitungen und Ratgebern herausgegeben, die sich explizit mit dem Businessplan beschäftigen und seine Notwendigkeit im Gründungsprozess betonen. Als prominentes Beispiel sei hier die „GründerZeiten"-Broschüre Nr. 07: „Businessplan", herausgegeben vom BMWi, genannt (Bundesministerium für Wirtschaft und Technologie 2013). Über die genaue Anzahl von Ratgebern und Anleitungen, die zu diesem Thema in Deutschland existieren, kann nur spekuliert werden. Eines haben sie jedoch gemeinsam: Sie alle verweisen immer wieder auf die große Bedeutung des Businessplans für den Erfolg des Gründungsvorhabens. Belege zu Studien, die diese Behauptung bestätigen, finden sich in ihnen jedoch erstaunlicherweise in aller Regel nicht. Inhaltlich wird meist ein standardisierter *One-size-fits-all*-Ansatz geboten. Ein Hinweis, dass buchhalterische Grundkenntnisse für angehende Unternehmer unentbehrlich sind, fehlt dabei in kaum einer der Veröffentlichungen (Weber 2012, S. 10).

Ein anderer Aspekt ist ebenfalls erstaunlich: Viele Ratgeber benennen den Umstand, dass die Überarbeitung des Businessplans mit zunehmendem Abstand zur Gründung immer mehr vernachlässigt wird, explizit als Problem. Doch kaum je wird die Frage gestellt, worin die möglichen Ursachen dafür liegen könnten, geschweige denn, dass sogar weiter reichende Konsequenzen aus dieser Beobachtung gezogen würden. In der Regel folgt auf diese Feststellung lediglich die Aufforderung an zukünftige Unternehmensgründer, selbst anders vorzugehen und den Businessplan ständig zu aktualisieren (Karlsson und Honig 2007, S. 2).

Während die Ratgeber in Buchform meist käuflich erworben werden müssen, werden Broschüren – insbesondere vonseiten der Ministerien und öffentlichen

Wirtschaftsfördereinrichtungen – häufig kostenlos zur Verfügung gestellt. Dennoch sind mit ihrer Erstellung und Bereitstellung natürlich Kosten verbunden, die oftmals durch öffentliche Mittel gedeckt werden. Auch hier hat sich ein Geschäftszweig für die Businessplan-Industrie eröffnet, die immer wieder als Dienstleister für die öffentliche Hand auftritt.

2.1.3   Beratungsangebote im Internet

Als Alternative zu den gedruckten Ratgebern hat in den letzten Jahren das Internet immer mehr an Bedeutung als Informationsquelle gewonnen. So betreibt sowohl der Bund (unter www.existenzgruender.de) als auch jedes Bundesland eigene Internetportale mit Informationen zum Thema „Gründung".[5] Darüber hinaus gibt es unzählige Websites von Wirtschaftsförderinstitutionen und privaten Anbietern. Auch unter diesen betont die überwiegende Mehrheit die Bedeutung der Erstellung eines Businessplans im Gründungsprozess und hält entsprechende Anleitungen vor.

Exemplarisch hierfür ist die o. a. Website des Bundes. Auf ihr werden zehn Gründungsschritte benannt, unter denen an vierter Stelle das Schreiben des Businessplans steht (Bundesministerium für Wirtschaft und Technologie 2013). Eine Darstellung von Ideen der Entrepreneurship-Forschung fehlt jedoch fast völlig. Der Begriff des „Geschäftsmodells" erscheint auf www.existenzgruender.de lediglich in Verbindung mit einer Kurzdarstellung der Business Model Canvas, die als „gute **Ergänzung**" zu einem Businessplan" „bei komplexeren innovativen Geschäftsideen" bezeichnet wird. Der Hinweis findet sich allerdings wiederum nur in einem Unterpunkt zum Thema „Businessplan erstellen".[6]

Dies ist traurig genug, wenn man bedenkt, dass gerade das BMWi angesichts der volkswirtschaftlichen Bedeutung innovativer Geschäftsmodelle das größte Interesse an deren Entwicklung haben sollte und sich auch immer wieder entsprechend äußert. Es trägt dann aber schon beinahe realsatirische Züge, wenn unter Punkt zwei der zehn Gründungsschritte, „Prüfen: Funktioniert die Geschäftsidee?", für den Fall, dass es potenziellen Gründern „an einer zündenden Geschäftsidee fehlt", der Vorschlag gemacht wird zu überlegen, „ob eventuell ein Franchise-Unterneh-

---

[5] Für eine Übersicht zu diesen Websites siehe Bundesministerium für Wirtschaft und Technologie (2012). Allein auf Bundes- und Landesebene gibt es annähernd 50 Info-Portale für unterschiedliche Regionen oder spezielle Zielgruppen. Ihr Fokus liegt nicht immer ausschließlich auf Gründungen, doch sie widmen sich dem Thema zumindest zu einem großen Teil oder haben ausgewiesene Bereiche für Gründer in ihr Angebot integriert.

[6] http://www.existenzgruender.de/DE/Weg-in-die-Selbstaendigkeit/Vorbereitung/Business-plan-erstellen/Business-Model-Canvas/Business-Model-Canvas.html. Hervorhebung von uns.

men in Frage kommt".[7] Statt an dieser Stelle auf mögliche Ansätze zur Entwicklung einer eigenen kreativen, innovativen Geschäftsidee und eines darauf aufbau-
enden Geschäftsmodells hinzuweisen, wie sie die Entrepreneurship-Forschung zu
bieten hätte, schlägt das BMWi also vor, eine imitative Gründung anzustreben.
Die Gewichtung ist also eindeutig und wird durch die Angebote auf Landesebene weiter bestätigt. So beginnen beispielsweise die Ausführungen zum Thema
„Basiswissen Gründung" im Info-Portal des Landes Baden-Württemberg (www.
gruendung-bw.de) mit den folgenden Sätzen:

> Wenn Sie sich entschieden haben, ein eigenes Unternehmen zu gründen, sind vor
> allem zwei Dinge wichtig: eine gute Geschäftsidee und eine solide Planung. Mit einer
> guten Planung können viele Fehler vermieden werden. Rechtsform, Businessplan,
> Finanzierung, Versicherungen, persönliche Absicherung, Marketing, Vertrieb, steuer-
> liche Aspekte – es müssen viele Fragen vor/während einer Gründung bedacht werden.

Auffallend sind hier zwei Aspekte: Erstens wird auch hier wieder Planung bzw. der
Businessplan als Grundvoraussetzung für die Gründung suggeriert, indem er z. B.
zum „Basiswissen" gezählt wird. Zweitens wird zwar die Geschäftsidee angesprochen. Der folgende Satz betont jedoch dann vor allem die Wichtigkeit der Planung,
während über die Geschäftsidee scheinbar nicht weiter nachgedacht werden muss.
Auch hier wird die Geschäftsidee ganz offenbar als gegeben vorausgesetzt; als
möglich bzw. notwendig wird offenbar nur Unterstützung bei der Planung der Umsetzung angesehen.

Ähnlich wird das Verhältnis zwischen Businessplan und Geschäftsidee auf anderen Websites formuliert. Die Seite www.gruenderland.bayern benennt – ähnlich wie
die Website des Bundes – zehn Schritte auf dem Weg zur Unternehmensgründung,
deren zweiter die Geschäftsidee ist. Der erste Satz dazu gibt dafür folgenden Grund:

> Eine erfolgversprechende Geschäftsidee **ist die Basis eines jeden Businessplans**.[8]

Der Zweck einer Geschäftsidee scheint also vor allem darin zu bestehen, einen
Anlass für das Schreiben eines Businessplans zu liefern. Im vierten und sechsten
Schritt zur Unternehmensgründung geht es dann auch endlich um dieses Instrument bzw. seine zentralen Inhalte wie die Finanzplanung. Die Website des Bundes formuliert übrigens ganz ähnlich. Nachdem man auf dem Umweg über die

---

[7] http://www.existenzgruender.de/DE/Weg-in-die-Selbstaendigkeit/Gruendung-im-Ueber-
blick/10-Gruendungsschritte/inhalt.html.
[8] Hervorhebung durch die Autoren.

Reiter „Weg in die Selbstständigkeit → Vorbereitung → Businessplan erstellen → Businessplan – Inhalt und weiterführende Infotipps → Geschäftsidee" endlich zu diesem Thema gekommen ist (wenn man es überhaupt findet), lautet der erste Satz nach der Überschrift: „Das Fundament jedes Businessplans ist eine Erfolg versprechende Geschäftsidee."

Will man angesichts solcher Aussagen nicht in Zynismus verfallen, bleibt als Alternative eigentlich nur noch Schweigen. Wie bizarr sich die Hierarchien in Sätzen dieser Art verkehrt haben, lässt sich wohl am besten verdeutlichen, indem man einen anderen Satz daneben stellt: „Das Fundament jedes Unternehmens ist eine funktionierende Geschäftsidee." Doch unsere kleine Auswahl ist leider repräsentativ: Auf praktisch allen von uns gesichteten Websites spielt der Businessplan eine zentrale Rolle. Er ist nach den Herausgebern die „Basis", „Grundlage" oder das „Fundament" jeder Gründung und es scheint keinesfalls ohne ihn zu gehen. Als Herausgeber zeichnen vielfach die zuständigen Wirtschaftsministerien, teilweise aber auch semi-öffentliche Gesellschaften oder Organisationen. So ist in Sachsen etwa die IHK Dresden verantwortlich oder in Hamburg die „H.E.I. – Hamburger ExistenzgründungsInitiative", die eine Einrichtung der Hamburger Wirtschaft ist.[9]

Neben den öffentlichen Anbietern von Websites gibt es auch noch privatwirtschaftliche. Einige wichtige Beispiele sind www.fuer-gruender.de, www.existenzgruender-jungunternehmer.de, www.gruenderlexikon.de oder www.foerderland.de. Auf diesen Seiten ergibt sich im Prinzip das gleiche Bild – wenn überhaupt wird die Bedeutung des Businessplans hier noch stärker betont. So ist der erste der zehn Schritte zur Unternehmensgründung, die auch www.fuer-gruender.de bereithält, die „Planungsphase". Der entscheidende „Tipp" des Anbieters:

> [L]assen Sie sich Zeit und legen Sie großes Augenmerk auf Ihren Businessplan, der das Fundament ist, wenn Sie eine Firma gründen wollen.

Laut eigenen Angaben hat sich www.fuer-gruender.de mit „Tipps" dieser Art und durch die Vermittlung der dafür notwendigen Berater zu einem der größten und führenden Portale rund um die Themen Existenzgründung und Selbstständigkeit entwickelt. Dabei muss positiv angemerkt werden, dass tatsächlich viele, gut recherchierte Informationen zu diesen Themen zur Verfügung gestellt werden.

Auch die anderen Websites sind in der Regel gut gemacht und in vielerlei Hinsicht informativ. Teilweise ist ihr Angebot etwas weiter gespannt, indem neben di-

---

[9] Letztere wurde 1995 von der Wirtschaftsbehörde der Freien und Hansestadt Hamburg, der Handelskammer Hamburg und der Handwerkskammer Hamburg sowie Verbänden, Innungen, Kreditinstituten und der BürgschaftsGemeinschaft Hamburg GmbH gegründet und soll das Gründungsgeschehen in der Hansestadt fördern.

rekten Hinweisen zur Gründung Informationen und Berichte über aktuelle Trends
und Entwicklungen gegeben werden. In diesem Zusammenhang wenden sich Websites wie www.foerderland.de auch nicht ausschließlich an Gründer, sondern darüber hinaus an Unternehmer im Allgemeinen. Im entscheidenden Punkt gleichen sie
sich jedoch alle: Mehr oder weniger direkt gelangen gründungsinteressierte Nutzer zu der Aufforderung, einen Businessplan zu schreiben, und erhalten Angebote
für meist kostenpflichtige Beratung zu diesem Zweck. Ein Klassiker in diesem
Zusammenhang ist der immer wieder zu findende Verweis auf die Möglichkeit,
Franchise-Unternehmer zu werden, falls Gründern die Kreativität zur Entwicklung
einer eigenen Geschäftsidee fehlt. Es ist wohl zu aufwendig oder zu anspruchsvoll,
potenzielle Entrepreneure bei der Entwicklung einer eigenen, kreativen Geschäftsidee zu unterstützen. Mit dem standardisierten Angebot „Businessplan-Beratung"
ist scheinbar leichter Geld zu verdienen – Qualität und Originalität der Geschäftsidee sind da nachrangig.

Ein Beispiel für eine andere Form von Webangeboten ist www.gruendungs-
werkstatt-deutschland.de: Die Gründungswerkstatt Deutschland bietet den Nutzern kostenlose Unterstützung bei der selbstständigen Vorbereitung und Planung
der eigenen Existenzgründung. Finanziell unterstützt von der KfW Bankengruppe
wird sie durch die HKS Handelskammer Hamburg Service GmbH in Zusammenarbeit mit diversen Regionalpartnern – IHKs, Handwerkskammern und Gründungs-
förderungsinitiativen – betrieben. Wer sich dort als Nutzer registriert, kann online
sein Unternehmenskonzept, also seinen Businessplan, entwickeln. Zu jedem Punkt
der gelieferten Businessplan-Vorlage wird direkte Hilfe angeboten bzw. kann eine
dazugehörige Lerneinheit aufgerufen werden. Bei Bedarf können Online-Tutoren
der jeweiligen Regionalpartner um Rat gefragt werden. Verantwortlich für die Realisierung und den technischen Betrieb der Plattform ist ein privatwirtschaftliches
Unternehmen, das für seine Dienste eine Vergütung erhält.

Alles in allem zeigt sich, dass auch privatwirtschaftlich mit dem Betreiben von
Gründungswebsites Geld verdient werden kann. Sei es durch Werbung, durch die
Vermittlung von Gründungsberatern oder Gründungsdienstleistungen, wie etwa
Seminare, Vorlagen oder Ähnliches, oder durch den Betrieb von Websites im Auftrag bzw. mit Förderung der öffentlichen Hand. Die Informationen ähneln sich und
entsprechen der gängigen (Lehr-)Meinung: Ohne Businessplan ist eine (erfolgreiche) Gründung undenkbar. Alle Websites halten mehr oder weniger ausführliche
Anleitungen zu seiner Erstellung bereit. In der Regel stellen sie auch Tools für die
Finanzplanung zur Verfügung. Sie empfehlen durchgängig, bei der Erstellung spezialisierte Berater hinzuzuziehen, zum Teil vermitteln sie diese auch gleich (z. B.
www.fuer-gruender.de). Alternativen zum Businessplan oder gar Hilfen zur Entwicklung der Geschäftsidee bieten sie kaum an.

2.1.4 Businessplan-Software und -Vorlagen

Die Ratgeberliteratur wird noch ergänzt durch spezialisierte Finanzplanungssoftware, mit der die Finanzplanung erstellt und der Finanzierungsbedarf errechnet werden kann. In diesem Feld gibt es unterschiedlichste Alternativen. Die bekanntesten sind wohl der BMWi-Businessplan, Miniplan, das Finanzplanungstool der Gründungswerkstatt Deutschland, und SmartBusinessPlan (siehe auch Tab. 2.1). Darüber hinaus gibt es unzählige Excel-Vorlagen und teilweise auch Word-Templates. Fast jeder Gründungsberater, Gründungsförderer, jede Website, fast alle irgendwie in das Thema „Gründung" involvierten Personen halten entsprechende Vorlagen in der einen oder anderen Form vor. Die Bandbreite reicht von PDF-Versionen, in die man handschriftlich etwas eintragen kann, über Excel-Vorlagen bis hin zu Web-Applikationen und teils sehr durchdachten und komfortablen Softwaretools. In allen Bereichen gibt es bessere und schlechtere Varianten. Gründer müssen sich grundsätzlich bewusst machen, dass jede Vorlage nur eine Hilfestellung sein kann, die sie dann individuell für sich anpassen müssen. Leider wird das von den Anbietern nicht immer entsprechend kommuniziert, sei es aus mangelndem Bewusstsein für die Notwendigkeit dieses Hinweises oder gar aus marketingtechnischen Gründen.

Interessant ist, dass die meisten Vorlagen, Softwares und Tools kostenlos zur Verfügung gestellt werden. SmartBusinessPlan ist in dieser Hinsicht beinahe eine Ausnahme, wobei auch hier über bestimmte Partner, beispielsweise die Berliner Sparkasse, für 30 Tage eine Vollversion kostenlos bezogen werden kann. Kostenpflichtige Muster oder Tools scheinen im Internet nicht so gut verkäuflich zu sein. Das Geschäftsmodell der Anbieter funktioniert überwiegend darüber, die erstellte Vorlage bzw. die Software und die Dienstleistung um das Produkt herum institutionellen Anbietern bzw. der öffentlichen Hand zu verkaufen, die das Tool dann als kostenlosen Service an Gründer weitergeben. Teilweise handelt es sich dann um eine Grundversion oder eine zeitlich begrenzte Lizenz, die kostenpflichtig verlängert bzw. von der eine ausführlichere, mehr Funktionen umfassende oder verbesserte Version gekauft werden kann. Andere Anbieter nutzen das kostenlose Tool offenbar als Werbemaßnahme für andere ihrer Produkte.

2.1.5 Gründungsberatung

Im Gesamtkontext des deutschen Gründungsgeschehens hat sich ein breiter Markt für Gründungsberatung entwickelt. Wie groß deren Nutzen tatsächlich sein mag, liegt womöglich weitgehend im Auge des Betrachters. Jedenfalls zeigen Studien zu

Tab. 2.1 Beispiele für Businessplan- und Finanzplanungssoftware in der Praxis

Name	Technische Daten	Inhalte und Kosten	Bezugsquelle
BMWi-Businessplan	Online-Tool und App	Unterstützung bei der Erstellung des Text- und des Zahlenteils; kostenfrei	Über www.existenzgruender.de im Bereich Gründungswerkstatt
Miniplan	Kostenlose Software für den PC	Unterstützung bei der Erstellung des Zahlenteils; kostenfrei	Über die regionalen Seiten der Gründungswerkstatt Deutschland (www.gruendungswerkstatt-deutschland.de)
Businessplan-Tool von unternehmenswelt.de	Web-Applikation	Erstellung des Text- und Zahlenteils durch standardisierten Fragenkatalog, viele Textbausteine; kostenfrei	www.unternehmenswelt.de
Businessplan-Tool von gruendungszuschuss.de	Excel-Template	Konkrete Fragen helfen, den Zahlenteil auszufüllen; auf Antrag zu Gründungszuschuss und anderen Förderungen ausgerichtet; kostenpflichtig	www.gruendungszuschuss.de/bplan
SmartBusinessPlan	Web-Applikation	Kombinierte Ausarbeitung des Textes und Finanzplans; kostenpflichtig (über bestimmte Partner kann für 30 Tage eine Vollversion kostenlos bezogen werden)	www.smartbusinessplan.de

dieser Frage, dass Unternehmensgründer trotz Inanspruchnahme von professioneller Unterstützung durch Berater nicht zwangsläufig erfolgreich sind (Cooper und Mehta 2006, S. 10–11). Haunschild und May-Strobl (2009, S. 212–213) kommen zu folgendem, ambivalenten Schluss:

Es wird deutlich, dass die größten Herausforderungen für Neugründer beim Markteintritt – Kundengewinnung und Umsatzerzielung – auch mit intensiver Vorbereitung nicht besser, aber – und das ist positiv für eine eher gründungsferne Gründerpopulation – auch nicht schlechter bewältigt werden als im Allgemeinen zu beobachten.

Die Gründungsberatung hat nach Meinung der Autoren also keinen positiven Einfluss auf Kundengewinnung und Umsatzerzielung. Die Tatsache, dass sie sich darüber hinaus sogar bemüßigt fühlen zu betonen, dass es durch sie aber auch nicht zu einer Verschlechterung kommt, lässt aufhorchen und Zweifel am Erfolgsmodell Gründungsberatung aufkommen. Vielleicht liegt der Fehler doch im System: Denn im Mittelpunkt der Gründungsberatung stehen eben nicht Kundengewinnung und Umsatzerzielung. Sie konzentriert sich inhaltlich mehrheitlich auf betriebswirtschaftliche Themen. Unter diesen ist wieder einmal der Businessplan ein zentrales Element, und nicht selten wird er in der Praxis ganz oder in Teilen, beispielsweise die Finanzplanung, direkt oder indirekt vom Berater erstellt (Ripsas 1998, S. 142).

Dienstleistungen im Kontext der Gründungsberatung werden von vielen privatwirtschaftlichen Akteuren angeboten, darunter Steuer- und Unternehmensberater oder Rechtsanwälte. Bei den meisten von ihnen handelt es sich um Klein- und Kleinstunternehmen.[10] Gerade für sie ist die auf Businesspläne bezogene Beratung eine kaum verzichtbare Einkommensquelle. Vor diesem Hintergrund hat diese Gruppe ein naturgemäßes Interesse an der kontinuierlichen Verbreitung von Businessplänen und der Förderung entsprechender Beratung durch öffentliche Mittel.

Von besonderem Interesse für sie sind Programme wie das aus Mitteln des Europäischen Sozialfonds (ESF) finanzierte und über die KfW zu beantragende „Gründercoaching Deutschland". Dieses im Jahr 2008 erstmals aufgelegte Programm übernahm bis zum 30.04.2015 je nach Gründungsort 50 % oder sogar 75 % der den Gründern in Rechnung gestellten Beratungskosten bis zu einer Gesamthöhe von maximal 3000 € bzw. 4500 €. Bis Ende 2013 wurde bei Gründungen aus der Arbeitslosigkeit heraus sogar ein Anteil von 90 % der Beratungskosten bis zu einem Volumen von maximal 3600 € gefördert. Bisher nahmen im Durchschnitt pro Jahr deutlich mehr als 20.000 Gründer dieses Angebot wahr – ein durchaus interessanter Markt. Seit Mai 2015 gelten nun neue Regelungen: Für Beratungskosten bis zu einer Höchstgrenze von insgesamt 4000 € kann in den neuen Bundesländern (ohne Berlin und Region Leipzig) ein Zuschuss von 75 % beantragt werden, im restlichen Bundesgebiet beträgt der Zuschussanteil 50 %. Die erste der auf den Seiten der KfW aufgeführten Möglichkeiten, diese Zuschüsse zu nutzen, ist – es überrascht nicht mehr – diese: „Ihren Businessplan optimieren" (KfW Bankengruppe 2015).

---

[10] Vielzahl und Heterogenität von Institutionen und Akteuren auf dem Gründungsberatungsmarkt zeigen sich z. B. in Studien wie der von Weber et al. (2008). Die Autoren identifizierten und kontaktierten für ihre Studie 1263 Organisationen in Deutschland, welche speziell Gründungsberatung anbieten. Bei vielen handelte es sich um Klein- und Kleinstorganisationen: 51 % hatten weniger als 10 Mitarbeiter und nur 4 % mehr als 500 Beschäftigte.

2.1.6 Businessplan-Kurse

Das umfangreiche Angebot der Businessplan-Industrie wird abgerundet durch Gründungskurse und -seminare, in denen die Erstellung von Businessplänen gelehrt wird. Die Entrepreneurship-Lehre an den Hochschulen wird von der Beschäftigung damit geradezu dominiert. In der Gründungsausbildung an US-amerikanischen Universitäten ist der Businessplan als etabliertes Element in der Lehre fest verankert (Haase und Lautenschläger 2011, S. 149). Vergleichbare Untersuchungen für Deutschland fehlen, es gibt jedoch deutliche Hinweise darauf, dass sie zu ähnlichen Ergebnissen führen würden. Allein der Umstand, dass das für die Hochschullandschaft konzipierte EXIST-Gründerstipendium auf die Erstellung eines Businessplans abzielt, legt diesen Schluss nahe. Er wird durch die Auswertung der EXIST-III-geförderten Gründungsinitiativen bestätigt,[11] nach der die Ausarbeitung eines Businessplans häufig zentraler Inhalt von Lehrveranstaltungen zum Thema Existenzgründung ist (Kulicke et al. 2010, S. 6). Dies überrascht auch deshalb nicht, weil die Mehrzahl der Gründungslehrstühle an deutschen Universitäten einen betriebswirtschaftlichen Schwerpunkt und insofern eine theoretische Nähe zum Instrument Businessplan aufweist, die wir später noch genauer herausarbeiten werden. Vor diesem Hintergrund stellt sich auch die Frage, ob die in den letzten Jahren zu verzeichnende steigende Anzahl an Gründungslehrstühlen tatsächlich dazu beiträgt, das Interesse der Studierenden an Entrepreneurship zu steigern. Sofern das Angebot an diesen Lehrstühlen überwiegend aus der Durchführung von Businessplan-Kursen besteht, darf daran berechtigterweise gezweifelt werden.

Natürlich gibt es auch außerhalb der Universitäten Seminarangebote für Gründungsinteressierte. In ihnen nehmen der Businessplan und seine Erstellung in aller Regel ebenfalls eine zentrale Rolle ein. Existenzgründerseminare dieser Art werden von öffentlichen und halbstaatlichen Institutionen angeboten, wie z. B. den Industrie- und Handelskammern sowie den regionalen Arbeitsämtern. Daneben bieten auch privatwirtschaftlich organisierte Bildungseinrichtungen und Stiftungen sowie Gründercoaches entsprechende Veranstaltungen an. Ihr Angebot reicht von einfachen Informationsveranstaltungen über Basis- bzw. Grundlagenseminare bis hin zu zielgruppen- und fachspezifischen Seminaren. Schon im Rahmen allgemeiner Informationsveranstaltungen wird meist mit Nachdruck auf den Businessplan hingewiesen. Weiterführende Seminare konzentrieren sich auf dessen Erstellung sowie flankierende betriebswirtschaftliche Themen, wie Buchhaltung, Marketing und Finanzplanung.

---

[11] EXIST ist ein Förderprogramm des BMWi. Seit 1998 werden damit Universitäten bei der Etablierung des Themas Unternehmensgründung finanziell unterstützt.

All diese Themen haben ohne Zweifel ihre Berechtigung. Gleichwohl ist die extreme Fokussierung auf Businesspläne und die Tatsache, dass der Schwerpunkt in der Qualifizierung von Gründern fast ausschließlich auf betriebswirtschaftliche Themen gelegt wird, unserer Meinung nach als kritisch anzusehen. Denn die Förderung kreativer Elemente wird so automatisch vernachlässigt. Die Entfaltung von Kreativität ist aber nun einmal ein nicht zu unterschätzender Bestandteil der Tätigkeit des Entrepreneurs und vor allem für innovative Gründungen geradezu unverzichtbar. Bekommen potenzielle Unternehmensgründer keine dazu geeigneten Mittel an die Hand, sind sie nur unzureichend auf die Anforderungen der Praxis vorbereitet (Mintzberg 2004, S. 93).

In Verbindung mit dem ausufernden Angebot an Businessplan-Kursen ist abschließend der folgende Umstand interessant: Die Erstellung von Businessplänen wird von Teilnehmern entsprechender Seminare in der Anfangsphase des Unternehmens zwar überwiegend als nützlich und wertvoll wahrgenommen. Es ist jedoch auffällig, dass sich diese Einstellung nach Unternehmensgründung bei den meisten vergleichsweise schnell wandelt (Henry et al. 2004, S. 259–265). Offenbar werden Unternehmensgründer in den hier angesprochenen Seminaren zunächst einmal auf die Erstellung eines Businessplans gewissermaßen „konditioniert" (Henricks 2008, S. 95). Mit zunehmendem zeitlichen Abstand zu dieser Erfahrung entwickeln sie dann aber eine deutlich kritischere Haltung zum Verhältnis von Aufwand und Nutzen der Erstellung eines Businessplans. Dazu passt, dass unter den Unternehmensgründern, die nicht an Qualifizierungsangeboten dieser Art teilgenommen haben, der Anteil derer, die trotzdem einen Businessplan erstellen, deutlich geringer ist (Karlsson und Honig 2007, S. 4–5).

2.2   Ein profitabler Mythos

Es sind vor allem externe Institutionen und Akteure, die ein Eigeninteresse an der Verbreitung und Erstellung formalisierter Businesspläne haben und ihre Verwendung propagieren. Business Schools, Manager von Inkubatoren, Gründungsberater und staatliche Organisationen üben teilweise einen weitaus größeren Druck auf Unternehmensgründer aus, einen Businessplan auszuarbeiten, als potenzielle Kapitalgeber. Es ist daher vor allem ihrem Einfluss zuzurechnen, dass sich der Businessplan zu einem institutionalisierten Instrument im Umfeld von Unternehmensgründungen entwickelt hat. Um ihn herum ist eine regelrechte Industrie entstanden, an der Autoren, Buch- und Zeitschriftenverlage, Berater und Lehrende partizipieren und verdienen. Für sie alle ist der Businessplan zu einer wichtigen, teilweise zentralen Einkommensquelle geworden. Sie werden deshalb auch in Zukunft die Notwendigkeit von Businessplänen im Gründungsprozess betonen und versuchen, Unternehmensgründer darauf zu konditionieren, dieses Instrument zu nutzen. Denn jede Änderung am Status quo bedroht ihre Interessen.

Vor diesem Hintergrund überrascht die von uns bereits mehrfach angedeutete und später noch näher zu beleuchtende Diskrepanz zwischen der Praxis, insbesondere im Hinblick auf den Zusammenhang von Businessplan und Erfolg der Unternehmensgründung, und dem, was theoretisch über die Nutzung von Businessplänen angenommen wird, deutlich weniger. Dass Businesspläne in der Literatur häufig als essenziell für den Gründungsprozess dargestellt werden, hat nicht unwesentlich schlicht damit zu tun, dass die Autoren als Teil der beschriebenen Businessplan-Industrie entsprechende Lobbyarbeit betreiben.

Exemplarisch zeigt sich das Vorgehen dieser Lobbyisten in einer Arbeit von Kraus (2006). Sie offenbart einerseits, wie mächtig der „Mythos Businessplan" geworden ist, und andererseits, wie dieser Mythos immer wieder neu belebt und aufrechterhalten wird. Kraus kann am Ende der von ihm angestellten Untersuchung keinen empirischen Zusammenhang zwischen Businessplan bzw. strategischer Planung in Gründungsunternehmen und deren Erfolg feststellen. Gleichwohl fordert er im Fazit vehement einen verstärkten Einsatz von Businessplänen bis hin zu staatlich verpflichtenden Businessplan-Seminaren für alle (ebd., S. 154–155). Er ist bei Weitem nicht der Einzige, bei dem sich diese Art der Arbeit an einem nützlichen Mythos zeigt. Mehrere andere Autoren kommentieren die Ergebnisse ihrer Studien in ähnlicher Art und Weise. Immer wieder werden mangelnde Unternehmenserfolge vor allem auf mangelnde Planungsanstrengungen seitens der Unternehmensgründer zurückgeführt. Aus dieser Argumentation wird dann abgeleitet, dass mehr Planung auch zu mehr Erfolg geführt hätte. Im Kern ist dabei meist gemeint, dass in Zukunft noch größere Anstrengungen in Bezug auf die Erstellung eines Businessplans unternommen werden sollten.

Literatur

Brüderl, Josef, Peter Preisendörfer, und Rolf Ziegler. 1996. *Der Erfolg neugegründeter Betriebe. Eine empirische Studie zu den Chancen und Risiken von Unternehmensgründungen.* Berlin: Duncker & Humblot. (Betriebswirtschaftliche Schriften, 140)
Bundesministerium für Wirtschaft und Technologie. 2013. 10 Gründungsschritte | BMWi Existenzgründungsportal. http://www.existenzgruender.de/selbstaendigkeit/schritte/zehn-schritte/index.php. Zugegriffen: 8. Juli 2013.
Bundesministerium für Wirtschaft und Technologie. Hrsg. 2012. Starthilfe. Der erfolgreiche Weg in die Selbständigkeit. http://www.bmwi.de/Dateien/BMWi/PDF/foerderdatenbank/br-starthilfe,property=pdf,bereich=bmwi,sprache=de,rwb=true.pdf. Zugegriffen: 8.Juli 2013. (zuletzt aktualisiert am 08.07.2013)

Bundesministerium für Wirtschaft und Technologie. Hrsg. 2013. Businessplan (Gründer-Zeiten,07).http://www.bmwi.de/dateien/KuK/PDF/infoletter-gruenderzeiten-nr-07-kapitalbedarf-und-rentabilitaet,property=pdf,bereich=bmwi2012,sprache=de,rwb=true. pdf. Zugegriffen: 8. Juli 2013.

Businessplan-Wettbewerb Berlin-Brandenburg (BPW). Hrsg. 2014. Abschlussbericht zum BPW 2014. http://www.b-p-w.de/fileadmin/redakteur/dokumente/abschlussberichte/BPW_Abschlussbericht2014_final.pdf. Zugegriffen: 27. Juli 2015. (zuletzt aktualisiert am 22.09.2014)

Businessplan-Wettbewerb Berlin-Brandenburg (BPW). Hrsg. 2015. BPW allgemein | Downloads BPW. http://www.b-p-w.de/downloads/bpw-allgemein/.Zugegriffen: 27. Juli 2015. (zuletzt aktualisiert am 19.08.2015)

Chwolka, Anne, und Matthias G. Raith. 2009. *Perceiving the value of business planning*. Magdeburg: Otto-von-Guericke University Magdeburg, Faculty of Economics and Management, FEMM.

Cooper, Arnold, und Shailendra Mehta. 2006. Preparation for entrepreneurship. *Private Equity* 9 (4): 6–15.

Deutsche Nationalbibliothek. Hrsg. 2015. DNB – Wir über uns. http://www.dnb.de/DE/Wir/wir_node.html;jsessionid=9197D85AB5CA7F01E1DEEF03CB9CA891.prod-worker3. Zugegriffen: 8. Juli 2013.

Deutsche Nationalbibliothek: DNB, Katalog der Deutschen Nationalbibliothek. 2013. https://portal.dnb.de/opac.htm?index=tit&term=&operator=and &index=per&term=&operator=and&index=inh&term=& operator=and&index=tit&term=Businessplan&operator=and&index=jhr&term=&index=wvn&wvnStart=&wvnEnd=08.07.2013&method=enhancedSearch. Zugegriffen: 05. Juli 2013.

Foo, Maw Der, Poh Kam Wong, und Andy Ong. 2005. Do others think you have a viable business idea? Team diversity and judges' evaluation of ideas in a business plan competition. *Journal of Business Venturing* 20 (3): 385–402.

Greaney, Patrick Kevin. 2005. *Der Businessplan als Entscheidungsgrundlage für Kapitalgeber*. Hamburg: Diplomica. (Studien 2004)

Gumpert, David E. 2002. *Burn your business plan! What investors really want from entrepreneurs*. Needham: Lauson Pub.

Gumpert, David E., und Julian E. Lange. 2004. Do business plans matter? How venture capitalists evaluate entrepreneurs for investment. Summary. Babson College.

Haase, Heiko, und Arndt Lautenschläger. 2011. The ‚Teachability Dilemma' of entrepreneurship. *International Entrepreneurship and Management Journal* 7 (2): 145–162.

Haunschild, Ljuba, und Eva May-Strobl. 2009. Beratungsförderung für Existenzgründer – Theoretische und empirische Evidenz zu Förderbedürftigkeit und Fördererfolg. In *Gründungsberatung. Beiträge aus Forschung und Praxis*, Hrsg. Klaus Anderseck und Sascha A. Peters, 192–222. Stuttgart: ibidem.

Henricks, Mark. 2008. Do you really need a business plan? *Entrepreneur* 36 (12): 92–95.

Henry, Colette, Frances M. Hill, und Claire M. Leitch. 2004. The effectiveness of training for new business creation: A longitudinal study. *International Small Business Journal* 22 (3): 249–271.

Karlsson, Tomas, und Benson Honig. 2007. Norms surrounding business plans and their effect on entrepreneurial behavior. *Frontiers of Entrepreneurship Research* 27 (22).

KfW Bankengruppe. Hrsg. 2015. Gründercoaching Deutschland. https://www.kfw.de/inlandsfoerderung/Unternehmen/Gr%C3%BCnden-Erweitern/Finanzierungsangebote/

Gr%C3%BCndercoaching-Deutschland-(GCD)/#1. Zugegriffen: 14. Sept. 2015. (zuletzt aktualisiert am 04.09.2015)

Klein, René, Jens Schleuniger, und Ana Julia Alexandru. 2015. Gründerwettbewerbe und Top Start-ups 2014/2015. Für-Gründer.de-Analyse und Leitfaden für eine erfolgreiche Wettbewerbsteilnahme. Hrsg. v. Für-Gründer.de. http://www.fuer-gruender.de/fileadmin/mediapool/Publikation/Gruenderwettbewerbe_und_Top_Start-up_2014_2015_Fuer-Gruender.de.pdf. Zugegriffen: 27. Aug. 2015. (zuletzt aktualisiert am 06.02.2015)

Kraus, Sascha. 2006. *Strategische Planung und Erfolg junger Unternehmen*. 1. Aufl. Wiesbaden: Deutscher Universitäts-Verlag.

Kulicke, Marianne, Friedrich Dornbusch, und Michael Schleinkofer. 2010. Maßnahmen und Erfahrungen der EXIST-III-geförderten Gründungsinitiativen – Teil 1: Befragung der Projekte aus den Förderrunden 2006 und 2007. Zusammenfassung der wichtigsten Ergebnisse. Bericht der wissenschaftlichen Begleitforschung zu „EXIST – Existenzgründungen aus der Wissenschaft". Fraunhofer-Institut System- und Innovationsforschung. Karlsruhe.

Mintzberg, Henry. 2004. *Managers, not MBAs. A hard look at the soft practice of managing and management development*. 1st. San Francisco: Berrett-Koehler Publishers.

Ripsas, Sven. 1998. Der Business Plan – Eine Einführung. In *Entrepreneurship. Wie aus Ideen Unternehmen werden*, Hrsg. Günter Faltin, Sven Ripsas, und Jürgen Zimmer, 141–151. München: C.H. Beck.

Ripsas, Sven, und Holger Zumholz. 2011. Die Bedeutung von Business Plänen in der Nachgründungsphase. *Corporate Finanze biz* 2 (07): 435–444.

Ripsas, Sven, Holger Zumholz, und Christian Kolata. 2008. Der Businessplan als Instrument der Gründungsplanung – Möglichkeiten und Grenzen. Working Paper. Fachhochschule für Wirtschaft Berlin, Berlin. IMB Institute of Management Berlin.

Stadtler, Lea, und Dodo zu Knyphausen-Aufseß. 2008. Welchen Nutzen bieten Businessplan-Wettbewerbe für Gründungsvorhaben? Ein theoretischer Bezugsrahmen und eine Analyse der Komponente ‚Businessplan'. In *G-Forum 2008. 12. Interdisziplinäre Jahreskonferenz zur Gründungsforschung. G-Forum 2008*, Hrsg. FGF Förderkreis Gründungs-Forschung e. V. Dortmund, 6.–7. November.

Weber, Mike. 2012. *Informierte Gründungsförderung*. Wiesbaden: Springer Fachmedien.

Weber, Susanne, Julia Elven, und Jörg Schwarz. 2008. Gründungsberatung in Deutschland – Ergebnisse einer quantitativen Erhebung im institutionellen Feld der Gründungsberatung. In *G-Forum 2008. 12. Interdisziplinäre Jahreskonferenz zur Gründungsforschung. G-Forum 2008*, Hrsg. FGF Förderkreis Gründungs-Forschung e. V. Dortmund, 6.–7. November.

WEKA MEDIA GmbH & Co. KG. Hrsg. 2015. Alle Wettbewerbe in der Übersicht. förderland. http://www.foerderland.de/news/wettbewerbe/alle/awards/. Zugegriffen: 27. Aug. 2015.

Der „Mythos" Businessplan 3

Zusammenfassung

Was macht den „Mythos" Businessplan aus? Bevor wir dieser Frage auf den Grund gehen, bedarf es einer einleitenden Betrachtung dessen, was ein Mythos eigentlich ist und wo der Begriff seine Ursprünge hat. Es gilt, die Sinnhaftigkeit und den Nutzen von Mythen zu erklären. Im weiteren Verlauf des Kapitels widmen wir uns dann explizit dem „Mythos Businessplan". Seine Entstehung und weitere Entwicklung hin zu dem, was wir heute darunter verstehen, steht im Zentrum der Betrachtung. Im Ergebnis identifizieren wir die Glaubenssätze bzw. Mythologeme, die ihn umgeben und die den Businessplan zu dem „unumstößlichen" Instrument für Unternehmensgründungen in Deutschland gemacht haben.

Der Erfolg der Bemühungen der Businessplan-Industrie offenbart sich in der Wirkungsmacht des Mythos, den sie um das von ihr propagierte, beworbene und verkaufte Instrument zu stricken vermocht hat. Um diesen Mythos soll es im Folgenden gehen.

Der Duden erklärt die Bedeutung des Begriffs „Mythos" u. a. wie folgt:

Person, Sache, Begebenheit, die (aus meist verschwommenen, irrationalen Vorstellungen heraus) glorifiziert wird, legendären Charakter hat (Duden 2013).

Schon aus dieser Erklärung lässt sich die allgemeine Stoßrichtung unserer Kritik am „Mythos Businessplan" erkennen: Wir sind überzeugt, dass das Instrument Businessplan in glorifizierender Weise überhöht wird. Aus „verschwommenen", vielfach nicht belegten und belegbaren „Vorstellungen heraus" wird ihm eine Bedeutung beigemessen, die einen „irrationalen" Glauben an die Allmacht und Allanwendbarkeit des Businessplans verursacht und ihm einen beinahe „legendären Charakter" verliehen hat. Wir sind übrigens nicht die Ersten, die auf diesen

© Springer Fachmedien Wiesbaden 2016
S. Kunze, A. Offermanns, *Mythos Businessplan,*
DOI 10.1007/978-3-658-09911-4_3

Gedanken gekommen sind – die Verbindung zwischen dem Begriff des Mythos und dem Instrument Businessplan wurde bereits 2011 von Lister hergestellt. Obwohl der grundsätzliche Gedanke damit bereits beschrieben ist, erscheint uns ein kleiner Exkurs zur Funktionsweise und zum Nutzen von Mythen sinnvoll, bevor wir darauf eingehen, welche „Glaubenssätze" die Anhänger des „Businessplan-Mythos" vertreten.

3.1 Was ein „Mythos" ist und leistet

Einen entscheidenden Gedanken zum Ursprung von historischen Mythen hat Hans Blumenberg in seinem Buch „Arbeit am Mythos" formuliert: Nach Blumenberg war die vom historischen Menschen betriebene „Arbeit am Mythos" eine Reaktion auf den „Absolutismus der Wirklichkeit", auf die Tatsache, dass „der Mensch die Bedingungen seiner Existenz annähernd nicht in der Hand hatte und, was wichtiger ist, schlechthin nicht in seiner Hand glaubte" (Blumenberg 2006, S. 9). Diesem überlegenen „Absolutismus der Wirklichkeit" und den aus ihm resultierenden Ängsten setzten die Menschen einen „Absolutismus der Wünsche und Bilder" entgegen, den Glauben an „die Herrschaft des Wunsches, der Magie, der Illusion, die Vorbereitung der Wirkung durch den Gedanken" (ebd., S. 14). Praktische Wirksamkeit entfaltete dieser „Absolutismus der Wünsche und Bilder" beispielsweise in Ritualen, Gesängen oder tradierten Erzählungen – in Mythen.

Bei aller Irrationalität solchen Handelns steckte in ihm eine ganz rationale Notwendigkeit: Der Mensch, der versuchte, sich eine als feindlich und undurchschaubar wahrgenommene Welt zu erobern, musste zuerst seine Ängste überwinden, um sich in ihr bewegen und agieren zu können. Dazu bedurfte es der

> Fähigkeit zur Prävention, [des] Vorgriff[s] auf das noch nicht eingetretene, [der] Einstellung aufs Abwesende hinter dem Horizont (ebd., S. 9).

Anders gesagt: Der Mensch war gezwungen, sich gegen die Gefahren in der ihn umgebenden Wirklichkeit zu wappnen, indem er sich eine Grundlage schaffte, auf der er handlungsfähig wurde, auf deren Basis er Pläne machen und für sich Ziele definieren konnte.

Hierzu verfiel der Mensch auf das Mittel der „Präsumtion" (Blumenberg 2006, S. 13), des Aufstellens von Hypothesen und Annahmen über die Aspekte der Wirklichkeit, für die er (noch) keine Erklärung hatte. Deren tatsächlicher Realitätsgehalt war zweitrangig, denn es ging vor allem um die „Behauptung vor der übermächtigen Wirklichkeit" (Blumenberg 2006, S. 13). Solange sie dabei halfen, durften die „imaginativen, wunschhaften Besetzungen", aus denen sich Mythen bilden oder

die mit ihnen verbunden sind, sogar zu großen Teilen „des Realismus ermangeln".
Überhaupt erwiesen sich Mythen als sehr beständig und immun gegen Kritik: Ein
„Kernbestand an notwendigem Realismus", ein „Residuum des noch Unwiderleg-
ten" reichte in der Regel aus, um den Mythos am Leben zu erhalten (Blumenberg
2006, S. 13).

Mythen liefern, im großen Maßstab betrachtet, umfassende Deutungen der
Welt. Sie helfen, die Welt zu verstehen und sie gestaltbar zu machen. Dabei haben
sie den Vorteil, dass sie weder belegt noch begründet werden müssen. Es reicht aus,
dass sie immer wieder erzählt werden:

Erzählen ist in der Mythologie schon Begründen. (Kerényi 2013, S. 18).

Der Mythos wird tradiert durch „die Beschwörung der Dauerhaftigkeit der Welt
im Ritual" des immer wieder neuen Erzählens (Blumenberg 2006, S. 108). Man
könnte sagen: Mythen schreiben (oder erzählen) sich selbst fort.

3.2 … und was das alles mit Businessplänen zu tun hat

Im ersten Moment scheinen der prähistorische Mensch und die von ihm entwickelten Mythen nur sehr wenig mit dem *Homo oeconomicus* der Gegenwart zu tun zu
haben. Schaut man aber genauer hin, lassen sich einige Parallelen ziehen. Gerade
im Feld des wirtschaftlichen Handelns ist der *Homo oeconomicus* immer wieder
mit Bedingungen konfrontiert, die er nicht oder nur sehr bedingt in der eigenen
Hand hat. Das komplexe Marktgeschehen erweist sich oft als schwer durchschau-
bar und – beispielsweise in Form der Konkurrenten – feindlich gesinnt. Ebenso wie
der prähistorische Mensch bedarf der *Homo oeconomicus* geeigneter Mittel, um
sich handlungsfähig zu machen, Pläne schmieden und Ziele definieren zu können.
Dies gilt umso mehr für mit besonderen Risiken und – auf der Ebene des Individuums – Ängsten behaftete Momente und Vorhaben wie die Umsetzung einer Geschäftsidee oder das Gründen einer Unternehmung.

Instrumente wie der Businessplan erfüllen in diesem Zusammenhang eine ähnliche Funktion wie historische Mythen es für diejenigen taten, die an sie glaubten
und auf ihrer Basis agierten: Sie suchen und bieten Erklärungen für das eigene Umfeld und damit eine Handlungsgrundlage. Und obwohl Businesspläne rational und
vernünftig begründet sein sollen, nachvollziehbar sein und dem Abgleich mit der
Wirklichkeit Stand halten müssen, darf eines nicht übersehen werden: Auch sie basieren wesentlich auf „Präsumtion", auf Annahmen, Vorhersagen und Hypothesen.

Vor allem aber geht es uns um etwas anderes: Die Wirkungskraft, die der Businessplan im deutschen Gründungsgeschehen über die letzten Jahre entfaltet hat, hat sich von seinem tatsächlich nachweisbaren Nutzen gelöst. Schon die Frage, ob dieses Instrument die Versprechen einhält, die mit ihm immer wieder verbunden werden, wird von den Anhängern des Mythos Businessplan beinahe als Häresie angesehen. Er ist nicht mehr deshalb so häufig das Instrument der Wahl, weil er das beste Instrument wäre, das in einer gegebenen Situation zur Verfügung steht, sondern weil immer wieder **erzählt** wird, er sei das beste Instrument. Getragen vom sich um ihn rankenden Mythos hat sich der Businessplan über die jeweilige Situation und die Überprüfung seiner Möglichkeiten und Grenzen darin erhoben. Seine Erstellung ist praktisch zum Ritual geworden. Indem es der Businessplan-Industrie gelang, dem von ihr angepriesenen Instrument eine quasi mythische Qualität zu verleihen, hat sie es praktisch unantastbar und immun gegen Kritik gemacht. Und indem sie ihn immer wieder neu erzählt, hält sie den Mythos am Leben und wirkungsmächtig.

In eine ähnliche Richtung argumentierte Wildavsky bereits 1973 in Bezug auf den damaligen Glauben an die Allmacht und Allbedeutung strategischer Planung – aus der das Instrument Businessplan historisch hervorgegangen ist. Wildavsky schreibt:

> Planning is good, it seems, because it is good to plan. Planning is not really defended for what it does but for what it symbolizes. (1973, S. 141)[1]

Die Tätigkeit des Planens wird hier zu einem symbolischen Akt. Mit dem Businessplan verhält es sich ähnlich, auch seine Erstellung ist zu einem symbolischen Akt geworden (Mintzberg und Fischer 1995, S. 259; Karlsson und Honig 2009, S. 41). Der Umgang damit nimmt praktisch schon fast religiöse Züge an als ein ständig neu vollzogener Ritus im Glauben an die Allmacht und Allbedeutung strategischer Planung. Ja, es ließe sich formulieren, dass die Erstellung des Businessplans quasi ein Initiationsritual ist, das den Glauben an die strategische Planung und die Mitgliedschaft in der Gemeinde ihrer Anhänger immer wieder bestätigt und beweist.

Im Vollzug dieses Rituals reagieren Unternehmensgründer durch ihr Verhalten auf die Erwartungen ihrer Umwelt (Gruber 2007, S. 792). Dies hat für die Gemeindemitglieder durchaus attraktive Vorteile – oder es könnte zumindest Nachteile haben, es nicht zu tun. Hervorzuheben sind in diesem Zusammenhang beispielsweise die symbolischen Vorteile des Businessplans für den Unternehmensgründer. Sie

---

[1] Übersetzen lässt sich diese Aussage wie folgt: „Es scheint, die Planung ist gut, weil es gut ist zu planen. Die Planung wird nicht aufgrund ihres Nutzens, sondern wegen ihrer Symbolkraft verteidigt." [Eigene Übersetzung].

liegen u. a. in der Suggestion der eigenen Managementkompetenz. Allein das Vorhandensein eines Businessplans legitimiert das Gründungsvorhaben und impliziert, dass der Unternehmensgründer über kaufmännische Fähigkeiten verfügt,

> since successful businesses are perceived as doing it (Vanhoutte und Sels 2005, S. 5–7).[2]

So verwundert es nicht, dass sich der Businessplan im Umfeld des Gründungsgeschehens als nicht mehr hinterfragter Standard etabliert hat. In den Köpfen eines großen Teils der Unternehmensgründer ist er fest verankert. Für die meisten von ihnen ist es heutzutage selbstverständlich, dass der Businessplan einfach zur Gründung eines Unternehmens dazugehört. Der langjährige Druck von außen, die immer wieder gehörte **Erzählung des „Mythos Businessplan"** hat sie dazu gebracht, den Zwang des Businessplan-Schreibens für sich zu internalisieren (Henricks 2008, S. 95):

> [E]ntrepreneurs automatically assume that writing a business plan, or getting it written for them, is a high priority task. (Gumpert 2002, S. 28).[3]

Die Popularität des Businessplans begründet sich zu großen Teilen in der Annahme, dass es einen direkten Zusammenhang zwischen ihm und dem späteren Unternehmenserfolg gäbe bzw. dass dieser Unternehmenserfolg durch den Businessplan gesteigert werden könne (Burke et al. 2010, S. 391). Weithin – und lange wenig hinterfragt – existiert die Meinung, dass der Unternehmensgründer durch die Erstellung eines Businessplans die Erfolgswahrscheinlichkeit des Gründungsvorhabens erhöhe. Als Ergebnis wird ein direkter Zusammenhang zwischen der Qualität des Businessplans und dem späteren Unternehmenserfolg vermutet. Je besser der Businessplan, desto bessere Erfolgsaussichten habe der Unternehmensgründer bei der Umsetzung des Gründungsvorhabens. Im Umkehrschluss werden Gründungsvorhaben ohne Businessplan geringere Erfolgsaussichten eingeräumt (ebd., S. 391).

Diese Annahmen sind häufig mit dem Gedanken verbunden, dass der Businessplan ein Indiz dafür sei, dass (gut) geplant wurde. So galt in der Vergangenheit häufig der Grad der Formalisierung auch in wissenschaftlichen Studien als Indikator dafür, dass Planungsaktivitäten durchgeführt wurden (Kraus et al. 2007,

---

[2] Übersetzen lässt sich diese Aussage wie folgt: „da bei erfolgreichen Unternehmen angenommen wird, dass sie es machen" [eigene Übersetzung].
[3] „Entrepreneure nehmen automatisch an, dass das Schreiben eines Businessplans – oder das Sich schreiben-Lassen eines Businessplans – eine Aufgabe mit hoher Priorität ist." (Eigene Übersetzung).

S. 379–382). Die zugrunde liegende implizite, aber auch explizit formulierte Annahme ist, dass der Businessplan das Ergebnis des Durchlaufens intensiver Planungsaktivitäten und -prozesse sei. Aus der Existenz des Dokuments wird daher darauf geschlossen, dass der Unternehmensgründer (gut) geplant hat. Tatsächlich gilt der Businessplan so sehr als Beleg und Ergebnis erfolgter Planungsaktivitäten, dass er in der Literatur zum Thema vielfach praktisch als Synonym für diese steht (Parks et al. 1991). Die Qualität des Businessplans gilt dabei vielen als ein Indikator für die Managementkompetenz des Businessplan-Erstellers.

Auf der Basis dieser und ähnlicher, oftmals nur sehr vage an die Realität gebundenen Annahmen hat sich ein umfassendes System von Überzeugungen und Glaubenssätzen um den „Mythos" Businessplan herum entwickelt. Auf die Gefahr hin, dass die nachfolgende Auflistung in Teilen redundant wirkt, wollen wir versuchen, sie möglichst vollständig zu benennen. Denn es ist gerade die ständige Wiederholung letztlich praktisch identischer Behauptungen in minimaler Variation, die es der Businessplan-Industrie ermöglicht, den „Mythos Businessplan" immer wieder zu fortzuschreiben und zum festen Bestandteil der Denkstruktur ihrer Zielgruppe zu machen. Der „Mythos Businessplan" besteht unserer Wahrnehmung nach aus verschiedenen Elementen und Motiven, sogenannten Mythologemen:

- *Die Erstellung eines Businessplans ist gut für den Gründer.*
- *Der Businessplan hilft bei der Geschäftsmodellentwicklung.*
- *Ein Businessplan beweist sinnvolle Planungsaktivitäten des Gründers.*
- *Der Businessplan gewährleistet, dass an alles gedacht wurde.*
- *Je besser der Businessplan, desto gründlicher und besser die Planungsaktivitäten.*
- *Nur Gründer, die einen Businessplan vorweisen können, sind ernst*
- *zu nehmende Gründer.*
- *Der Businessplan hilft bei der Unternehmenssteuerung.*
- *Der Businessplan macht die Zukunft berechenbar.*
- *Der Businessplan erleichtert die Akquise von Kapital und Ressourcen.*
- *Der Businessplan ist für eine Unternehmensgründung zwingend notwendig.*
- *Ein guter Businessplan ist die Voraussetzung für ein erfolgreiches Unternehmen.*
- *Ein guter Businessplan führt zu einem erfolgreichen Unternehmen.*
- *Der Businessplan garantiert den Unternehmenserfolg.*

Befördert durch seine ständige Neu-Erzählung und vermittels seiner quasi mythischen Qualität ist das Instrument Businessplan gegen Kritik – komme sie nun von den Gründern, die in seiner Erstellung für sich im Verhältnis zum damit verbundenen Aufwand nur geringen Nutzen erkennen können, oder aus Bereichen wie der Entrepreneurship-Forschung – bis heute erstaunlich immun. Sogar angesichts von Ergebnissen aus der Businessplan-Forschung selbst, die zu kritischen Fragen Anlass geben, erweist sich der „Mythos Businessplan" – nicht zuletzt aufgrund der Anstrengungen der Businessplan-Industrie, ihn aufrechtzuerhalten – bis heute als äußerst zählebig. Doch welcher Realitätsgehalt wohnt ihm tatsächlich inne? Um diese Frage im weiteren Verlauf des Buches beantworten zu können, müssen wir uns zunächst dem theoretischen Hintergrund dieses Instruments sowie der Rolle zuwenden, die es in der Praxis des deutschen Gründungsgeschehens spielt.

Literatur

Blumenberg, Hans. 2006. *Arbeit am Mythos*. 1. Aufl. Frankfurt a. M.: Suhrkamp. (Suhrkamp Taschenbuch Wissenschaft, 1805)
Burke, Andrew, Stuart Fraser, und Francis J. Greene. 2010. The multiple effects of business planning on new venture performance. *Journal of Management Studies* 47 (3): 391–415.
Duden. Hrsg. 2013. | Mythos | Rechtschreibung, Bedeutung, Definition, Synonyme, Herkunft. Bibliographisches Institut GmbH. http://www.duden.de/rechtschreibung/Mythos. (zuletzt aktualisiert am 21.10.2013) Zugegriffen: 22. Oct. 2013.
Gruber, Marc. 2007. Uncovering the value of planning in new venture creation: A process and contingency perspective. *Journal of Business Venturing* 22 (6): 782–807.
Gumpert, David E. 2002. *Burn your business plan! What investors really want from entrepreneurs*. Needham: Lauson Pub.
Henricks, Mark. 2008. Do you really need a business plan? *Entrepreneur* 36 (12): 92–95.
Karlsson Tomas, und Benson Honig. 2009. Judging a business by its cover: An institutional perspective on new ventures and the business plan. *Journal of Business Venturing* 24 (1): 27–45.
Kerényi, Karl. 2013. *Die Mythologie der Griechen. Götter, Menschen und Heroen*. 2 Aufl. Sonderausg. [in einem Bd.]. Stuttgart: Klett-Cotta.
Kraus, Sascha, Rainer Harms, und Erich J. Schwarz. 2007. Zur Relevanz der strategischen Planung für das Wachstum junger KMU. *Zeitschrift für Management* 2 (4): 374–400.
Lister, Kate. 2011. Myth of the business plan. *Entrepreneur* 39 (1): 64–65.
Mintzberg, Henry, und Ivonne Fischer. 1995. *Die strategische Planung. Aufstieg, Niedergang und Neubestimmung*. München; London: Hanser; Prentice-Hall Internat.
Parks, Bill, Philip D. Olsen, und Donald W. Bokor. 1991. Don't mistake business plans for planning. (it may be dangerous to your financial health). *Journal of Small Business Strategy* 1 (2): 15–24.
Vanhoutte, Christine, und Luc Sels. 2005. An inquiry into the impact of pre start-up business planning on new business ventures' performance. Paper presented at the 2005 RENT Conference, Naples, Italy, Nov. 17–18. K.U. Leuven, Belgium. http://ondernemerschap. be/Upload/Documents/STOOI/Working%20Papers/2006/inquiry.pdf. (zuletzt aktualisiert am 18.09.2006). Zugegriffen: 08. Juli 2011.
Wildavsky, Aaron. 1973. If planning is everything, maybe it's nothing. *Policy Science* 4 (2): 127–153.

Kleine Businessplan-Kunde

4

Zusammenfassung

In diesem Kapitel beschreiben wir zunächst, was unter einem Businessplan allgemein zu verstehen ist. Wir nehmen dann die historische Entwicklung des Instruments in den Blick, das seine Wurzeln in der strategischen Planung hat, bevor wir die typischen inhaltlichen Bestandteile betrachten. Abschließend erläutern wir die im Zusammenhang mit der Verwendung des Businessplans üblicherweise genannten Zielgruppen und Funktionen.

Worüber reden wir eigentlich, wenn wir über Businesspläne reden? Was enthält dieses Dokument und wozu soll es gut sein? Darum soll es im Folgenden gehen. Oftmals ist bei der Beantwortung von Fragen dieser Art das Wissen darüber wichtig, wie ein Instrument historisch entstanden ist. Es schärft den Blick für theoretische Zusammenhänge und Grundannahmen und hilft, seine aktuelle Nutzung besser zu verstehen. Deshalb wollen wir uns auch mit der geschichtlichen Entwicklung des Businessplans beschäftigen, wenn wir im Folgenden seine Inhalte und Funktionen erläutern. Als Einstieg geben wir zunächst einen kurzen Überblick über die wesentlichen Elemente eines Businessplans.

4.1 Was ein Businessplan ist

► Ein **Businessplan** – auch als Geschäfts- oder Unternehmensplan, Gründungs- oder Unternehmenskonzept bezeichnet ist ein formales, schriftliches Dokument, in dem die geschäftliche Ausrichtung und geplante Entwicklung des zukünftigen Unternehmens beschrieben werden.

© Springer Fachmedien Wiesbaden 2016
S. Kunze, A. Offermanns, *Mythos Businessplan*,
DOI 10.1007/978-3-658-09911-4_4

Businesspläne werden vornehmlich in der Gründungsphase von Unternehmen angewendet und behandeln insbesondere folgende Themenkomplexe:

1. Status quo: Was ist die derzeitige Situation?
2. Ziel: Wo soll die Reise hingehen?
3. Strategien und Maßnahmen: Wie kann das Ziel erreicht werden und was wird dafür benötigt?

Zu den üblichen Inhalten gehören die grundsätzliche Unternehmensidee sowie eine Darstellung des Produktes bzw. der Dienstleistung und des daraus resultierenden Kundennutzens. Der Businessplan enthält Strategien für den Markteintritt sowie die Qualifikationen des Gründers bzw. des Gründerteams. Diese Beschreibungen werden im Finanzplanungsteil durch betriebswirtschaftliche Daten und Prognosen unterlegt. Ziel des Businessplans ist es, einen strukturierten und systematischen Überblick über das geplante Gründungsvorhaben zu geben. Dabei basiert jeder Businessplan auf Annahmen über die Zukunft, mit deren Hilfe die Entwicklung des Unternehmens planbar gemacht werden soll (Risseeuw und Masurel 1994, S. 313). Der Planungshorizont für die in ihm enthaltenen Prognosen liegt in der Regel zwischen drei und fünf Jahren.

Neben den üblichen Inhalten sind weitere wichtige Definitionskriterien für den Businessplan:

• Schriftlichkeit,
• Langfristigkeit des Planungshorizonts und
• Formulierung von Zielen und Strategien.

An Businesspläne werden hohe, teils sogar widersprüchliche Ansprüche gestellt. So sollen sie beispielsweise einerseits die Individualität des Geschäftsmodells herausstellen, auf der anderen Seite dabei aber einem standardisierten Format folgen. Der Businessplan soll objektiv, ehrlich und in einfacher Sprache verfasst sein; erwartet werden Vollständigkeit, Widerspruchsfreiheit, ein Höchstmaß an Informationen auf engstem Raum und möglichst genaue Schätzungen. Üblicherweise gilt ein Umfang von 25 bis 40 Seiten als angemessen. Richardson (1995, S. 52) empfiehlt zusätzlich, den finalen Businessplan so zu gestalten, dass er innerhalb von 40 Minuten gelesen werden kann.

Angesichts der hohen Anforderungen überrascht es nicht, dass die Erarbeitung eines Businessplans mehrere Wochen oder gar Monate dauern kann. Teilweise nimmt sie bis zu einem Jahr Arbeit in Anspruch (Ripsas 1998, S. 145). Dieser enorme Zeitaufwand steht im drastischen Gegensatz zu den acht bis zwölf Minuten, die Venturecapital-Gesellschaften durchschnittlich für jeden eingereichten Businessplan aufwenden (Mainprize und Hindle 2007, S. 40).

Vor dem Hintergrund der Mythen, die sich um den Businessplan ranken, möchten wir an dieser Stelle noch ein Kennzeichen gesondert hervorheben: Der Businessplan ist ein Ergebnisdokument. Sein Inhalt ist im besten Fall das **Resultat** von gründlichen Gründungsplanungsaktivitäten. Der Planungsprozess als solcher spiegelt sich darin jedoch nicht oder zumindest nur sehr bedingt wider. Dies bedeutet einerseits, dass ein überzeugend wirkender Businessplan nicht zwingend beweist, dass gut geplant wurde. Vielmehr kann die Relation zwischen dem Eindruck, den der schriftliche Businessplan erweckt, und dem ihm zugrunde liegenden Planungsprozess stark variieren. Dies gilt nicht zuletzt für solche Fälle, in denen professionelle „Businessplan-Schreiber" beauftragt wurden. Andererseits ist zugleich zu bedenken, dass Planungsprozesse zwar in Businesspläne münden können, aber dies keinesfalls müssen (Chwolka und Raith 2009, S. 5). Wir legen daher Wert auf die Unterscheidung zwischen dem **Planungsprozess** als solchem und dem daraus (möglicherweise) resultierenden schriftlichen **Ergebnisdokument** Businessplan.

4.2 Kleine Erfolgsgeschichte des Businessplans

Der Businessplan kam in den 1960er-Jahren in der Venturecapital-Szene in den USA auf. Er verbreitete sich in der Folge schnell weiter und wurde bereits in den 1970er-Jahren zentraler inhaltlicher Bestandteil der ersten pionierhaften Entrepreneurship-Seminare. In den 1980er-Jahren setzte er sich als allgemeines Planungsinstrument bei Unternehmensgründungen in den USA durch. Eine wichtige Rolle spielte dabei unter anderem das Babson College, eine private Business School in der Nähe von Boston. Dort wurde 1978 das weltweit erste „Center for Entrepreneurship Studies" gegründet und im Jahr 1984 einer der ersten Businessplan-Wettbewerbe durchgeführt. Im gleichen Jahr wurde an der University of Texas die erste „Moot Corp Competition" veranstaltet, die – inzwischen unter dem Namen „Venture Labs Investment Competition" – bis heute als einer der prestigeträchtigsten Businessplan-Wettbewerbe überhaupt gilt. Ende der 1980er-Jahre hatte sich die Idee verbreitet und es gab an vielen führenden US-Universitäten Businessplan-Wettbewerbe, darunter Harvard, Wharton, Carnegie Mellon und Michigan.

Parallel stieg die Zahl der Zentren für Entrepreneurship-Studien und auch das entsprechende Lehrangebot an den Universitäten in den USA nahm zu. Untersucht man diese Angebote näher, so stellt man schnell fest, dass das Schreiben von Businessplänen schon bald zu den populärsten Inhalten von Entrepreneurship-Kursen gehörte. Bereits im Jahr 2004 stellte eine Studie fest, dass mehr als drei Viertel der in diesem Bereich angebotenen Seminare/Studiengänge an den 100 führenden US-Universitäten in ihren Inhaltsbeschreibungen auf die Erstellung von Businessplänen verweisen (Honig 2004).

Der amerikanischen Entwicklung mit einer gewissen Verzögerung folgend setzte sich der Businessplan auch in Europa und Deutschland immer mehr durch. In den 1990er-Jahren wurden dann auch in Deutschland die ersten Businessplan-Wettbewerbe in Berlin und München durchgeführt. Banken, öffentliche Wirtschaftsfördereinrichtungen und Unternehmensberatungen – als einige der Akteure der oben beschriebenen Businessplan-Industrie – fördern heutzutage aktiv die Erstellung von Businessplänen. Schätzungen gehen davon aus, dass jährlich 10 Mio. Businesspläne weltweit geschrieben werden. Wie kam es zu diesem Siegeszug?

4.3 Wie so was von so was kommt: der Businessplan und seine Wurzeln in der strategischen Planung

Historisch kann der Businessplan – so wie wir ihn heute kennen – zurückgeführt werden auf das Konzept der langfristigen strategischen Planung. Dieses Konzept wurde erstmalig von Henri Fayol, einem französischen Bergbauingenieur, in dem 1916 erschienenen Werk *Administration industrielle et générale* beschrieben, das in Deutschland 1929 unter dem Titel „Allgemeine und industrielle Verwaltung" veröffentlicht wurde (Fayol 1929). Nach dem Zweiten Weltkrieg gewann die strategische Planung in großen Unternehmen und Konzernen immer mehr an Bedeutung. In den 1950er- bis 1970er-Jahren galt sie praktisch als Garant für den Unternehmenserfolg, und es herrschte die Überzeugung: je akribischer die Planung, desto besser das Ergebnis (Glaister und Falshaw 1999, S. 107). Worum aber geht es bei der Idee der strategischen Planung nun genau?

Das Konzept der strategischen Planung schreibt einen konsequent zielorientierten Prozess vor, in dem die Entscheidungsfindung in Form von einzelnen aufeinanderfolgenden Schritten erfolgt. Ausgehend vom Status quo wird zunächst das Ziel definiert. Dann werden Strategien und Maßnahmen erarbeitet, um das angestrebte Ziel mit möglichst effizientem Mitteleinsatz zu erreichen. Auf diesen Überlegungen basierend werden zunächst die Mittel zur Zielerreichung zusammengestellt und dann wird mit der Umsetzung begonnen. Diese kausalen Schritte haben sich über die Jahre kaum verändert und bilden heute auch die gedankliche Basis des Businessplan-Ansatzes (Fletcher und Harris 2002, S. 301).

Die zentrale Komponente im Konzept der strategischen Planung ist der ökonomisch und rational handelnde Akteur. Im Hintergrund steht die Überzeugung, dass rationales Verhalten das überlegene Verhaltensmuster darstelle. Angelehnt an naturwissenschaftliche Vorgehensweisen suchen die mit strategischer Planung befassten Wirtschaftswissenschaftler nach kausalen Zusammenhängen und versuchen dann, sie nachvollziehbar zu erklären. Wo dies gelingt, gehen sie davon aus, dass die Wiederholbarkeit der beobachteten Phänomene verlässlich angenommen werden kann, was entsprechende Prognosen ermöglicht. Vorschläge und Ansätze, die auf strategischer Planung beruhen, gelten daher als systematisch, effizient, koordiniert, konsistent und rational – oder, schlicht gesagt: als wirtschaftlich erstrebenswert. Hinter diesen Überlegungen verbirgt sich einerseits der Wunsch, mithilfe der strategischen Planung den Unternehmenserfolg planbar zu machen, andererseits aber auch die Überzeugung, dass erfolgreiches Unternehmertum auf dieser Basis lehr- und erlernbar sei. So hat sich die strategische Planung über die Jahre zu einem gemeinhin akzeptierten Standard in der Betriebswirtschafts- bzw. Managementlehre entwickelt.

Mit den Überlegungen der strategischen Planung im Hinterkopf schrieb Drucker (1959) einen der ersten Beiträge über langfristige Planung als organisierten Prozess, um unternehmerische Entscheidungen zu treffen. Auf ihn geht die Idee zurück, das Konzept der strategischen Planung als Methode – bis dato eher Kernkompetenz der großen und etablierten Konzerne – auf kleine und neue Unternehmen zu übertragen, frei nach dem Motto: Was für große Firmen gut ist, kann für kleine Unternehmen nicht schlecht sein (McKiernan und Morris 1994, S. S 32).

Die Idee des Businessplans greift diesen Gedanken auf und setzt ihn in der Übertragung auf neu zu gründende Unternehmen fort. Übernommen wird auch die Annahme, dass die Anwendung der Prinzipien der strategischen Planung die wirtschaftlich sinnvollste bzw. erstrebenwerteste Vorgehensweise ist. Hier liegen ganz offensichtlich die Wurzeln eines der zentralen Glaubenssätze des Mythos Businessplan: der Überzeugung, dass die Erstellung eines Businessplans die Erfolgswahrscheinlichkeit eines Gründungsvorhabens erhöht und ein direkter Zusammenhang zwischen der Qualität des Businessplans und dem späteren Unternehmenserfolg besteht.

Zusammenfassend lässt sich also Folgendes festhalten: Der Businessplan ging historisch aus den Überlegungen der strategischen Planung hervor. Er weist bis heute große Nähe zu dieser zentralen Methode der Betriebswirtschaft und der Unternehmensführung auf und hat sich wesentlich dadurch, dass er von ihrem guten Ruf profitieren konnte, zum Standardinstrument auch im Rahmen der Unternehmensgründung entwickelt. Nicht zu vernachlässigen ist daneben sicher der Aspekt, dass einfache *One-size-fits-all*-Lösungen für sehr komplexe Sachverhalte gesellschaftlich häufig eine hohe Popularität genießen und daher die Beliebtheit des Instruments noch gesteigert haben (Gumpert 2002, S. 30).

4.4 Was ein Businessplan bietet: der Inhalt

Für Businesspläne gibt es kein einheitliches Format. Welche Punkte darin im Detail behandelt werden sollten, variiert je nach Lehrbuch und Autor. Die gegebenen Empfehlungen ähneln sich jedoch sehr, sodass gewisse Standards als allgemein anerkannt gelten können. Im Prinzip kann jeder Businessplan in vier Abschnitte unterteilt werden:

1. Kurz- bzw. Zusammenfassung,
2. Textteil: Konzept bzw. schriftliche Beschreibung des Vorhabens,
3. Zahlenteil: zahlenmäßige Darstellung der wirtschaftlichen und finanziellen Tragfähigkeit,
4. Anhang.

In der Kurz- bzw. Zusammenfassung wird das Geschäftsvorhaben auf maximal zwei Seiten dargestellt. Hier werden die wichtigsten Punkte prägnant zusammengefasst: Geschäftsidee, Gründer, Gründungsform, Finanzbedarf, Chancen und Risiken. Der Abschnitt vermittelt eine grobe Orientierung und soll das Interesse des Lesers für den gesamten Businessplan wecken.

Das schriftlich ausgeführte Konzept erläutert in der Folge alle relevanten Teilaspekte des Geschäftsvorhabens. Zusammenhänge werden herausgearbeitet, Annahmen getroffen und die geplanten Aktivitäten beschrieben. Dabei wird eine sehr detaillierte Herangehensweise gewählt – teilweise werden bis zu 200 Punkte abgedeckt (Honig und Karlsson 2004, S. 33–34; 41). Im Mittelpunkt steht immer die Beschreibung der Idee, insbesondere von deren Innovationsgehalt sowie dem daraus zu realisierenden Nutzen (Fueglistaller et al. 2004, S. 219). Mustergliederungen für diesen Teil umfassen Abschnitte zu:

- Produkt bzw. Dienstleistung,
- Kundennutzen,
- Zielgruppe,
- Markt- und Konkurrenzanalyse,
- Wettbewerbsvorteile in Abgrenzung zu den Wettbewerbern,
- Preisstrategie und -kalkulation,
- Marketing und Vertriebsstrategie,
- Gründerteam bzw. relevante Persönlichkeiten,
- Rechtsform sowie
- Unternehmensorganisation und Umsetzung.

Das Ziel des Textteils ist es, die Angaben im anschließenden Abschnitt zur Finanz-planung zu plausibilisieren.

Im Zahlenteil werden die vorherigen Annahmen möglichst realistisch und be-lastbar in eine Liquiditätsplanung und eine Finanzierungsstruktur überführt. Er umfasst Angaben zu den erwartbaren Erträgen, zu Rentabilität und Liquidität, den notwendigen Investitionen, dem absehbaren Kapitalbedarf und der dafür vor-gesehenen Finanzierung. Insgesamt soll der Zahlenteil die wirtschaftliche und finanzielle Tragfähigkeit des zukünftigen Gründungsvorhabens nachweisen. Der Planungshorizont umfasst in der Regel mindestens drei Jahre. Im Maximum kön-nen es bis zu zehn Jahre sein (Klandt 1999, S. 93).

Die Finanzplanung ist in der Praxis vor allem im Kontakt mit potenziellen In-vestoren wichtig. Zwar wird in der Literatur immer wieder die Wichtigkeit des Geschäftsmodells betont, doch in der Praxis machen viele Investoren ihre Finan-zierungsentscheidung von den Angaben in der Finanzplanung abhängig. Ihre Aus-arbeitung stellt Gründer vielfach vor große Herausforderungen. Dies ist nicht wei-ter verwunderlich: Annahmen über einen Zeitraum von mehreren Jahren hinweg zu treffen, ist für Neugründungen, die (noch) nicht oder – selbst wenn Benchmarks und Vergleichswerte innerhalb der anvisierten Branche zur Verfügung stehen – nur bedingt auf Vergangenheits- und Erfahrungswerte zurückgreifen können, naturge-mäß sehr schwierig. Außerdem werden oft sehr detaillierte Aufstellungen zu Büro-ausgaben, Reisekosten und Marketingausgaben auf der einen und Umsatzerlösen auf der anderen Seite gefordert. Je weiter Aussagen dazu in die Zukunft reichen sollen, desto problematischer werden sie. In ihrer Suche nach Unterstützung grei-fen die Gründer bei der Erstellung ihrer Finanzplanung vielfach auf die von der Businessplan-Industrie angebotene, spezialisierte Finanzplanungssoftware zurück, wie wir sie weiter oben beschrieben haben.

Der letzte Teil des Businessplans, der Anhang, enthält in der Regel Unterlagen, mit denen die Angaben und Annahmen im Businessplan weiter untermauert wer-den sollen. Dazu zählen beispielsweise die Lebensläufe der Gründer mit Angaben zu Ausbildung, beruflichem Werdegang oder Branchenerfahrung. Soweit schon vorhanden, sind Angebote für benötigte Investitionsgüter, Maschinen und Waren, Gutachten und Vertragsentwürfe ebenfalls hilfreich.

4.5   Was ein Businessplan soll: Zielgruppen und Funktionen

Welche Zwecke soll ein Businessplan nun eigentlich erfüllen – und für wen? In der Businessplan-Literatur werden interne und externe Zielgruppen benannt, an die sich das Dokument richtet. Angelehnt an diese Unterscheidung wird auch zwischen

internen und externen Funktionen differenziert. Wenden wir uns zunächst den Zielgruppen zu.
Als interne Zielgruppen/-personen werden meist genannt:

• der Gründer,
• das Gründerteam,
• das Management und
• die Mitarbeiter.

Externe Zielgruppen sind nach allgemeiner Auffassung:

• Fremdkapitalgeber, z. B. Banken, Familie und Freunde;
• Eigenkapitalgeber, z. B. Venturecapital-Geber, Business Angels und stille Teil-
  haber;
• Lieferanten;
• Kunden und
• sonstige Interessensgruppen, wie z. B. die Öffentlichkeit oder Medien.

Als Funktionen des Businessplans benennt beispielsweise Klandt (2006, S. 141–
144) die folgenden:

• Intern:
  – Orientierung in der Vorgründungsphase,
  – Entscheidungsgrundlage in der Umsetzungsphase,
  – Erhöhung der Effizienz durch eine strukturierte und systematische Vorge-
    hensweise sowie
  – Grundlage für ein Unternehmenscontrolling in der Nachgründungsphase.
• Extern:
  – Erleichterung der Kommunikation mit Stakeholdern;
  – Hilfestellung bei der Akquisition von Ressourcen, insbesondere von Kapital,
    und
  – Indikator für die kaufmännische Managementkompetenz des Erstellers und
    Steigerung der Legitimität des Vorhabens.

Bereits aus dieser Liste ist zu erkennen, dass der Businessplan als Instrument
betrachtet wird, das während des gesamten Gründungsprozesses – Vorgründungs-/
Planungsphase, Umsetzungsphase, Nachgründungsphase – angewendet werden
kann. Die jeweiligen Funktionen sind in den verschiedenen Phasen von unterschiedlicher Bedeutung.

Vor der Gründung – in der **Planungsphase** – dient der Businessplan intern insbesondere als Orientierungsinstrument und erfüllt typische Planungsfunktionen. Er befördert eine strukturierte Vorgehensweise in der Vorbereitung des Projekts. Der potenzielle Unternehmensgründer setzt sich systematisch mit dem anvisierten Vorhaben auseinander und durchdenkt es in den verschiedenen Facetten von Grund auf. Dieses fokussierte Vorgehen soll gewährleisten, dass bereits in der Planungsphase alle relevanten Faktoren berücksichtigt werden. Die intensive Auseinandersetzung mit dem Projekt im Rahmen der Ausarbeitung des Businessplans soll Schwachstellen, Probleme und fehlende Informationen im Geschäftsansatz möglichst frühzeitig aufdecken. So können rechtzeitig vor der tatsächlichen Umsetzung Korrekturen eingeleitet und ansonsten später auftretende Probleme vermieden werden. Die Formulierung und Quantifizierung konkreter Ziele soll dem Gründer helfen, geeignete Strategien und Maßnahmen zu entwickeln, um die selbst gesteckten Ziele zu erreichen.

Der Businessplan soll außerdem die Analyse und Beurteilung des Geschäftsvorhabens im Hinblick auf dessen Machbarkeit erleichtern. Häufig werden dazu verschiedene Szenarien simuliert, um ein möglichst realistisches Bild vom zukünftigen Unternehmen zu zeichnen.

Während der Gründung – in der **Umsetzungsphase** – besteht der Hauptzweck des Businessplans darin, den Unternehmensgründer bei wichtigen Entscheidungen und der Steuerung des Gründungsvorhabens zu unterstützen. Die erste Entscheidung, die in der Regel zu treffen ist, ist die, ob das Gründungsprojekt unter ökonomischen Gesichtspunkten sinnvoll ist oder nicht. Im Idealfall ergibt sich diese Entscheidung aus den im Businessplan festgehaltenen Aspekten. Bei einem negativen Urteil wird entweder weitere Arbeit an der Geschäftsidee und am Businessplan notwendig – oder das Vorhaben wird ganz aufgegeben. Fällt es positiv aus, müssen die ersten Schritte eingeleitet und dazu weitere Entscheidungen getroffen werden, wobei die verschiedenen Einzelaspekte in ihrer zeitlichen Reihenfolge miteinander koordiniert werden müssen (Klandt 1999, S. 84–91). Der Businessplan übernimmt hier sozusagen die Funktion einer Wegbeschreibung bzw. eines Leitfadens. Denn in ihm sind die einzelnen Schritte der Gründung bereits in schriftlicher Form vorweggenommen, sie hat sozusagen auf dem Papier bereits stattgefunden.

Bei guter Vorbereitung muss der Gründer diesem Leitfaden in der praktischen Umsetzung einfach nur folgen. Aufgaben werden anhand der im Businessplan getroffenen Annahmen priorisiert und delegiert. Dessen Ziel ist also einerseits eine möglichst effiziente Steuerung in der Umsetzungsphase, zugleich aber auch die Entlastung der Gründer von strategischen Überlegungen und Entscheidungen in einer Phase, in der sie vom Tagesgeschäft „überrollt" werden (Gruber 2007, S. 785). Die geplante Vorgehensweise auf der Basis der im Businessplan erarbeiteten und niedergeschriebenen Schritte soll eine möglichst nutzenbringende Ressourcenallokation in der Gründungsphase gewährleisten, in der verschiedene notwendige Teilaktivitäten koordiniert werden müssen (Delmar und Shane 2003, S. 1167). Nicht zuletzt soll dieses bereits am Beginn des Unternehmens einge-übte und angewandte, effiziente Management die Erfolgswahrscheinlichkeit des gesamten Vorhabens erhöhen.

In der **Nachgründungsphase**, in der sich das Unternehmen etabliert, dient der Businessplan als Mittel zur Kontrolle. In der Form eines Soll-Ist-Vergleichs kann überprüft werden, inwieweit die bereits vollzogenen Schritte mit den Überlegun-gen und Erwartungen der Planungsphase übereinstimmen (Baker 1993, S. 86). Dem Soll-Ist-Vergleich kommt in der Nachgründungsphase eine wachsende Be-deutung zu, weil er eine rückblickende und kontinuierliche Bewertung des Grün-dungs- und Geschäftsverlaufs ermöglicht. Mit seiner Hilfe sind Abweichungen leichter zu identifizieren, sodass gegebenenfalls notwendige Korrekturen vorge-nommen werden können. Daraus resultierende Zielmodifikationen sollten regel-mäßig in den Businessplan übernommen werden. So ständig aktuell gehalten, be-hält der Businessplan auch in dieser Phase seine Wichtigkeit und kann im Idealfall zur Basis eines frühen Unternehmenscontrollings werden.

In Bezug auf seine externen Funktionen dient der Businessplan vor allem als **Kommunikationsmedium** gegenüber externen Stakeholdern, um ihnen das geplante Vorhaben näherzubringen. Er soll dazu beitragen, Informationsasymme-trien zwischen den Unternehmensgründern und externen Stakeholdern zu redu-zieren (Stiglitz und Weiss 1981). Da die Stakeholder in der Regel weniger über das Gründungsvorhaben wissen als die Gründer selbst, sind sie mit einer höheren Unsicherheit konfrontiert. Die transparente Darstellung des Vorhabens im Busi-nessplan soll diese verringern und die Qualität und Seriosität des Geschäftskonzep-tes herausstellen (Burke et al. 2010, S. 405–407). Die Qualität des Businessplans gilt dabei vielen externen Stakeholdern als ein Indikator für die Management-kompetenz des Gründers, wie wir bereits im Abschnitt zum Mythos Businessplan dargestellt haben.

Von besonderer Wichtigkeit unter den externen Zielgruppen sind natürlich mög-liche Investoren. Die Funktion des Businessplans als Kommunikationsinstrument zielt vor allem auf sie ab. Tatsächlich dient der Businessplan in der Praxis ganz wesentlich der Akquisition von Ressourcen und Kapital (Brinckmann et al. 2010, S. 25). Als weitere externe Adressaten werden in der Businessplan-Literatur zwar immer wieder auch Kunden, Lieferanten und Mitarbeiter genannt. Dies deckt sich jedoch nicht mit den Erfahrungen aus dem tatsächlichen Gründungsalltag. Kaum einer dieser letztgenannten Stakeholder zeigt ein gesteigertes Interesse an einem Businessplan oder verlangt ihn gar von einem Unternehmensgründer (Karlsson und Honig 2007, S. 5).

4.6   Was ein Businessplan leistet: Kapitalakquise durch strategische Planung

Die Wurzeln des Businessplans sind also in der strategischen Planung zu finden. Von deren Erfolgsgeschichte und gutem Ruf profitierend, hat er sich in den letzten Jahrzehnten zu **dem** zentralen Instrument im Rahmen der Unternehmensgründung entwickelt. Sein inhaltlicher Mehrwert liegt vor allem in der möglichst detaillierten, schriftlichen Vorwegnahme des Gründungsvorhabens, die eine zügige und folgerichtige Umsetzung ermöglichen soll. Diesen Zweck kann der Businessplan als ein Ergebnisdokument allerdings natürlich nur dann erfüllen, wenn er auf einem gründlichen, umfassenden Planungsprozess basiert. Der Businessplan soll einen solchen Planungsprozess befördern, kann aber, dies möchten wir noch einmal betonen, nicht selbstverständlich als dessen Beleg gelten.

Neben den beschreibenden Ausführungen im Textteil ist die quantifizierende Darstellung der Ziele im Zahlenteil wesentlicher Bestandteil des Businessplans. Durch sie soll die betriebswirtschaftliche Tragfähigkeit des Gründungsvorhabens überprüft und nachgewiesen werden. Insgesamt soll der Businessplan Struktur in die Gründungsvorbereitung und -durchführung bringen und die erfolgreiche Bewältigung des Gründungsvorhabens unterstützen. Gegenüber Stakeholdern dient er als Kommunikations- und Diskussionsgrundlage, insbesondere im Bemühen um die Akquisition von Ressourcen.

Nachdem wir nun die theoretische Basis sowie die Inhalte und Funktionen des Businessplans betrachtet haben, widmen wir uns im folgenden Kapitel der Frage, welche Rolle der Businessplan in der Praxis des Gründungsgeschehens und insbesondere der Gründungsförderung spielt.

Literatur

Baker, W. (1993): Business planning in successful small firms. *Long Range Planning* 26 (6): 82–88.

Brinckmann, Jan, Dietmar Grichnik, und Diana Kapsa. 2010. Should entrepreneurs plan or just storm the castle? A meta-analysis on contextual factors impacting the business planning–performance relationship in small firms. *Journal of Business Venturing* 25 (1): 24–40.

Burke, Andrew, Stuart Fraser, und Francis J. Greene. 2010. The multiple effects of business planning on new venture performance. *Journal of Management Studies* 47 (3): 391–415.

Chwolka, Anne, und Matthias G. Raith. 2009. *Perceiving the value of business planning.* Magdeburg: Otto von Guericke Universität, FEMM.

Delmar, Frédéric, und Scott A. Shane. 2003. Does business planning facilitate the development of new ventures? *Strategic Management Journal* 24 (12): 1165–1185.

Drucker, Peter F. 1959. Long-range planning: Challenge to management science. *Management Science* 5 (3): 238–249.

Fayol, Henri. 1929. *Allgemeine und industrielle Verwaltung*. München: Oldenbourg.

Fletcher, M., und S. Harris. 2002. Seven aspects of strategy formation: Exploring the value of planning. *International Small Business Journal* 20 (3): 297–314.

Fueglistaller, Urs, Christoph Müller, und Thierry Volery. 2004. *Entrepreneurship. Modelle – Umsetzung – Perspektiven; mit Fallbeispielen aus Deutschland, Österreich und der Schweiz*. 1. Aufl. Wiesbaden: Gabler.

Glaister, Keith W., und Richard J. Falshaw. 1999. Strategic planning: Still going strong? *Long Range Planning* 32 (1): 107–116.

Gruber, Marc. 2007. Uncovering the value of planning in new venture creation: A process and contingency perspective. *Journal of Business Venturing* 22 (6): 782–807.

Gumpert, David E. 2002. *Burn your business plan! What investors really want from entrepreneurs*. Needham: Lauson Pub.

Honig, B., und Thomas Karlsson. 2004. Institutional forces and the written business plan. *Journal of Management* 30 (1): 29–48.

Honig, B., und Thomas Karlsson. 2004. *Institutional forces and the written business plan*. SAGE Publications (1).

Karlsson, Tomas, und Benson Honig. 2007. Norms surrounding business plans and their effect on entrepreneurial behavior. *Frontiers of Entrepreneurship Research* 27 (22).

Klandt, Heinz. 1999. *Gründungsmanagement. Der integrierte Unternehmensplan*. München: Oldenbourg (7).

Klandt, Heinz. 2006. *Gründungsmanagement: Der integrierte Unternehmensplan. Business Plan als zentrales Instrument für die Gründungsplanung*. 2. Aufl. München: Oldenbourg.

Mainprize, Brent, und Kevin Hindle. 2007. The benefit. A well-written entrepreneurial business plan is to an entrepreneur what a midwife is to an expecting mother. *Private Equity* 11 (1): 40–52.

McKiernan, Peter, und Clare Morris. 1994. Strategic planning and financial performance in UK SMEs: Does formality matter? *British Journal of Management* 5 (s1): 31.

Richardson, Bill. 1995. In defence of business planning: Why and how it still works for small firms and ,corporations of small business units'. *Journal of Small Business and Enterprise Development* 2 (1): 41–57.

Ripsas, Sven. 1998. Der Business Plan – Eine Einführung. In *Entrepreneurship. Wie aus Ideen Unternehmen warden*, Hrsgs. Günter Faltin, Sven Ripsas, und Jürgen Zimmer, 141–151. München: C.H. Beck.

Risseeuw, Peter, und Enno Masurel. 1994. The role of planning in small firms: Empirical evidence from a service industry. *Small Business Economics* 6 (4): 313–322.

Stiglitz, Joseph E., und Andrew Weiss. 1981. Credit rationing in markets with imperfect information. *The American Economic Review* 71 (3): 393–410.

Der Businessplan in der Praxis: ein Dokument als „*Gatekeeper*"? 5

Zusammenfassung

In diesem Kapitel untersuchen wir die zentrale Rolle, die der Businessplan in der Praxis des deutschen Gründungsgeschehens einnimmt, detailliert. Wir wagen uns in den Dschungel der Fördermaßnahmen vor und weisen nach, wie der Businessplan im Zugang zu Förderung als *Gatekeeper* wirkt. In diesem Kontext erläutern wir außerdem kurz die Strukturen der deutschen Gründungsförderung und einige der rechtlichen Grundlagen und Prozesse im Rahmen der Kreditvergabe durch deutsche Banken.

5.1 Wie die deutsche Gründungsförderung funktioniert – oder es zumindest sollte ...

Um die systematische Bedeutung des Businessplans in der Praxis verständlich zu machen, ist zunächst eine kurze Beschreibung der Aufgaben und des Aufbaus der deutschen Gründungsförderung notwendig. Im weiteren Umfeld der Wirtschaftsförderung liegt ihr spezieller Fokus auf der Förderung von Unternehmensgründungen bzw. der Aufnahme selbstständiger Erwerbstätigkeit. Diesem Zweck dienen viele spezielle Fördermaßnahmen, die oft auf bestimmte Zielgruppen zugeschnitten sind, wie z. B. technologieorientierte Unternehmensgründungen oder Arbeitslose. Die institutionelle Gründungsförderung hat dabei die anspruchsvolle Aufgabe, zugleich die **Zahl** der Unternehmensgründungen (Quantität) **und** deren **Qualität** zu steigern.

Soll dieses doppelte Ziel erreicht werden, müssen die verantwortlichen Akteure über die Unterstützung einzelner Unternehmensgründungen hinaus aktiv werden und die entrepreneuriellen Aktivitäten in einer Region bzw. in einem Land insgesamt fördern. Das übergeordnete Bemühen der Gründungsförderung muss es

© Springer Fachmedien Wiesbaden 2016
S. Kunze, A. Offermanns, *Mythos Businessplan*,
DOI 10.1007/978-3-658-09911-4_5

sein – und dies ist es, was in den öffentlichen Äußerungen, auch von politischer Seite, immer wieder als offizielles Ziel betont wird, wenngleich es mit der Umsetzung häufig hapert –, mehr Menschen zu ermutigen, sich als Entrepreneure zu begreifen, unternehmerisch tätig zu werden und ihnen dabei zu helfen, auf diesem Weg erfolgreich zu sein.

Die Zielgruppe der Gründungsförderung müssten also prinzipiell nicht nur tatsächliche, sondern ebenso – und vielleicht vor allem! – **potenzielle** Gründer bilden. Um diese Zielgruppen erreichen und ihre Aufgaben erfüllen zu können, müssten die Angebote der Gründungsförderung den gesamten Umfang des entrepreneuriellen Prozesses abdecken: von der Wahrnehmung und Willensbildung (*Awareness*) der möglichen Gründer über die Vorgründungs-, Gründungs-, Nachgründungsphase bis hin zur frühen Festigungs- und Wachstumsphase junger Unternehmen (Lundström und Stevenson 2005, S. 45–47, 54). Diese sozusagen „ganzheitliche" Ausrichtung ihrer Aktivitäten wäre notwendige Voraussetzung, um ein möglichst positives Gründungsklima in der Gesellschaft herzustellen und, vermittelt darüber, zu einer erhöhten Anzahl an qualitativen Unternehmensgründungen beizutragen. Wie sieht es aber in der Realität aus?

5.2   Im Dschungel der Fördermaßnahmen

Für den einzelnen Gründer ist es alles andere als einfach, sich einen Weg durch den Dschungel der unterschiedlichen Förderangebote zu bahnen und das für seinen Bedarf Passende zu finden. Es gibt eine Vielzahl branchenbezogener sowie regionaler Unterschiede und die Programme und Maßnahmen ändern sich ständig. Eine detaillierte Darstellung kann an dieser Stelle daher nicht geleistet werden; sie ist für unsere Zwecke aber auch nicht notwendig.[1] Denn bei der Untersuchung der Rolle, die der Businessplan in der deutschen Gründungsförderung spielt, geht es vielmehr um die allgemeine Struktur der Maßnahmen und des Zugangs zu ihnen.

Die Vielfalt der verschiedenen Förderprogramme ist kaum überschaubar, es finden sich in ihnen die unterschiedlichsten förderfähigen Tatbestände und Konditionen. Die Förderdatenbank des BMWi allein listete im Herbst 2015 deutlich mehr als 200 Einträge für Programme im Förderbereich „Existenzgründung und

---

[1] Im Bedarfsfall verschaffen die Seiten der Förderdatenbank des BMWi einen ersten Überblick. Auf Länderebene werden häufig Broschüren erstellt, die alle relevanten Förderprogramme auflisten, die im jeweiligen Bundesland angeboten werden. Meist sind sie über das Internet verfügbar. Für vertiefende Informationen lohnt sich der Weg zu den institutionalisierten Förderberatern. Diese sind regional unterschiedlich verankert, über IHKs, HWKs oder Gründerzentren kann der geeignete Kontakt aber schnell hergestellt werden.

-festigung" auf. Diese werden vielfach durch regionale Angebote noch ergänzt.[2]
Die Bandbreite reicht von Förderungen für Investitionen und Betriebsmittel über
arbeitsmarktpolitische Förderung bis hin zur Gründungsberatung. Die klassischen
Angebote der Gründungsförderung lassen sich grob in zwei Bereiche unterteilen:
Finanzierungsförderprogramme auf der einen sowie Beratungs- und Qualifizierungsleistungen auf der anderen Seite.[3] Im folgenden Abschnitt werden wir diese
beiden Stränge noch genauer unter die Lupe nehmen.

Für die Förderung von Unternehmensgründungen werden in Deutschland, wie
bereits dargestellt, erhebliche Mittel aufgewendet. Die finanziellen Mittel für die
Gründungsförderung kommen aus den unterschiedlichsten Töpfen: von der EU,
dem Bund, aus den Ländern und/oder von den Kommunen. Die Förderung erfolgt
unmittelbar durch die Mittelgeber oder – weit öfter – mittelbar über spezielle staatliche oder wirtschaftliche Förderinstitutionen, welche die damit verbundenen Aufgaben vom jeweiligen Träger übertragen bekommen haben. Hierzu gehören z. B.
auf Bundesebene die KfW, auf Landesebene die Landesförderinstitute der einzelnen Bundesländer[4] sowie die Bürgschaftsbanken. Auf kommunaler bzw. regionaler
Ebene kommen noch die verschiedenen Technologie- und Gründerzentren, Indust-
rie- und Handelskammern bzw. die Handwerkskammern hinzu.

Nicht selten gibt es ähnlich geartete Förderprogramme auf Bundes- und Landesebene, die miteinander konkurrieren bzw. unabhängig voneinander die gleichen
Tatbestände und Zielgruppen fördern. So kann es dazu kommen, dass ein Grün-
dungs- bzw. Finanzierungsvorhaben von einer Förderinstitution abgelehnt, von
einer anderen aber positiv bewertet und gefördert wird. In der Praxis ergibt sich
hieraus für das einzelne Gründungsunternehmen teilweise eine zweite Chance auf
Förderung. Wie die folgende Betrachtung der beiden Hauptstränge der deutschen
Gründungsförderung zeigen wird, bedarf es, um im Dschungel der verschiedenen
Programme überhaupt zu den benötigten Mitteln durchdringen zu können, jedoch
in aller Regel der gleichen Machete: des Businessplans oder zumindest der Bereit-
schaft, ihn zu schreiben.

---

[2] So beschreibt beispielsweise die Förderfibel 2014/2015 der Investitionsbank Berlin ca
50 Förderprogramme, die sich speziell an (Unternehmens-)Gründer in dieser richten (Investitionsbank Berlin 2014). Einige davon sind auch in der Förderdatenbank des Bundes
enthalten.

[3] Für einen ausführlichen Überblick über die klassische deutsche Gründungsförderung sei an
dieser Stelle auf Pesch (2005) und Sander et al. (2008) verwiesen.

[4] Dazu zählen beispielsweise die Investitionsbank Berlin (IBB), die Investitionsbank des
Landes Brandenburg (ILB) und die Hamburgische Investitions- und Förderbank (IFB).

5.3   Geld gibt's nur mit Businessplan

Potenziellen Unternehmensgründern steht eine vielfältige Palette an Finanzierungsförderprogrammen zur Verfügung: von Zuschüssen über Fremdkapital, Beteiligungskapital, Mezzanine als Eigenkapitalersatz bis hin zu Garantien und Bürgschaften. Die unterschiedlichen Angebote weisen tendenziell entweder einen wirtschaftspolitischen oder einen arbeitsmarktpolitischen Charakter auf. Gemeinsam ist ihnen die zentrale Rolle des Businessplans im Zugang zur Förderung.

5.3.1   Zuschuss zur Gründung nur mit Businessplan?!

Arbeitsmarktpolitisch motiviert sind beispielsweise die Zuschüsse zu Unternehmensgründungen bzw. der Aufnahme selbstständiger Tätigkeit, die durch die Bundesagentur für Arbeit bzw. die jeweiligen Agenturen für Arbeit vor Ort gewährt werden. Die wichtigsten Förderungen in diesem Bereich sind der Gründungszuschuss, das Einstiegsgeld und (rückzahlbare) Zuschüsse, die im Rahmen der Sonstigen Weiteren Leistungen (SWL) gewährt werden.

Der Gründungszuschuss richtet sich an ALG-I-Empfänger und unterstützt diese mit einem Zuschuss in Höhe ihres ALG-I-Anspruchs und weiteren 300 €, die der sozialen Absicherung dienen sollen. HARTZ-IV-Empfänger, die eine selbstständige Tätigkeit aufnehmen wollen, können für maximal 24 Monate das sogenannte Einstiegsgeld beziehen. Dessen Höhe liegt – zusätzlich zu den sonstigen Leistungen – je nach persönlicher Situation des Antragstellers zwischen 50 und 100 % des HARTZ-IV-Regelsatzes.[5] Im Rahmen der Sonstigen Weiteren Leistungen nach § 16c SGB II können ALG-II-Empfänger je nach Ermessen der zuständigen Sachbearbeiter unterschiedlichste weitere Formen von Förderungen erhalten. So könnten beispielsweise die Kosten von notwendigen Qualifizierungsmaßnahmen durch die Arbeitsagentur übernommen oder Zuschüsse für notwendige Anschaffungen gewährt werden. Auch die Vergabe von rückzahlbaren Zuschüssen ist üblich, was im Endeffekt zinslosen Darlehen entspricht.[6]

Das Beispiel des von der Bundesagentur für Arbeit angebotenen Gründungszuschusses zeigt exemplarisch, wie der Businessplan in den Prozess eingebunden ist. Auf den Webseiten der Bundesagentur für Arbeit heißt es zu den Voraussetzungen für den Bezug der Mittel:

---

[5] Für die Berechnung des jeweiligen Satzes werden die Dauer der Arbeitslosigkeit, die Größe der Bedarfsgemeinschaft und mögliche Vermittlungshemmnisse mit berücksichtigt.

[6] Lahn und Bendig (2009) ermittelten für die Jahre 2007 bzw. 2008 anhand von Daten der Bundesagentur für Arbeit, dass im Rahmen des SGB II und in Form von rückzahlbaren Zuschüssen 4446 und 5094 Kredite an Gründer aus der Arbeitslosigkeit gewährt wurden.

Die Tragfähigkeit der Existenzgründung ist der Agentur für Arbeit nachzuweisen. Hierzu ist eine Stellungnahme einer fachkundigen Stelle vorzulegen. Fachkundige Stellen sind insbesondere Industrie- und Handelskammern, Handwerkskammern, berufsständische Kammern, Fachverbände und Kreditinstitute. (Bundesagentur für Arbeit 2015)

Diese Formulierung ist einigermaßen offen und man könnte sich zunächst eine vergleichsweise unbürokratische Umgangsweise damit vorstellen. Schließlich sollte man davon ausgehen können, dass die genannten fachkundigen Stellen eine gute Idee erkennen, wenn sie ihnen präsentiert wird. Recherchiert man aber nun weiter, so findet man beispielsweise auf der Website der IHK Hamburg folgende Information darüber, auf welcher Basis die Beurteilung der Tragfähigkeit erfolgt:

Als Grundlage für die Beurteilung Ihres Existenzgründungsvorhabens benötigt die fachkundige Stelle folgende Unterlagen von Ihnen:

• Formular ‚Anforderung einer fachlichen Stellungnahme‘ (s. o.)
• Businessplan/Konzept
• Lebenslauf (einschließlich berufl. Befähigungsnachweise)
• Kapitalbedarfs- und Finanzierungsplan
• Umsatz-, Kosten- und Gewinnerwartungen (Rentabilitätsvorschau)
• Privater Finanzplan. (Handelskammer Hamburg 2015)

Die meisten „fachkundigen Stellen" stellen ähnliche Anforderungen. Ohne fertig ausgearbeiteten Businessplan und die dazugehörige Finanzplanung mit Prognosen über längere Zeiträume ist an den Gründungszuschuss also kaum ein Herankommen.

Was der potenzielle Gründer dafür bekommt, erscheint im Verhältnis erstaunlich wenig: eine sechsmonatige Fortzahlung der ihm sowieso zustehenden ALG-I-Leistung,[7] erhöht um 300 € zur sozialen Absicherung. Am Ende dieser Zeit wird überprüft, ob die geplanten Ziele für die ersten Monate tatsächlich erreicht wurden – Referenzrahmen ist dabei natürlich der Businessplan und die darin enthaltene Finanzplanung. Fällt das Ergebnis positiv aus, werden immerhin die 300 € zur sozialen Absicherung noch für weitere neun Monate gezahlt, aber auch nicht mehr. Das bedeutet de facto, dass potenzielle Gründer für eine Gesamtfördersumme von ca. 5000 € über den bestehenden Arbeitslosengeldanspruch hinaus einen vollständigen Businessplan einreichen müssen.[8]

---

[7] Der Gründungszuschuss kann nur beantragt werden, wenn die Restlaufzeit des ALG-I-Anspruchs noch mindestens 150 Tage beträgt. Es wird also maximal für einen Monat eine zusätzliche Förderung in Höhe des ALG-I-Anspruchs bewilligt.

[8] Berücksichtigt man, dass die soziale Absicherung bei ALG-I-Empfängern, die den Gründungszuschuss nicht in Anspruch nehmen, über die Arbeitsagentur erfolgt, verringert sich die Summe noch einmal um ca. ein Drittel.

Zwar sollen die aktuell geltenden Regelungen wohl Fehlentwicklungen wie bei der Ich-AG, aus der der Gründungszuschuss hervorgegangen ist, vorbeugen. Doch auch dies berücksichtigend darf durchaus bezweifelt werden, dass Aufwand und Ertrag hier in einem Verhältnis stehen, das zu einem positiven Gründungsklima beiträgt. Es wäre zu überlegen, ob eine unbürokratischere Vorgehensweise angesichts dieser geringen Summe nicht sinnvoller und motivierender für potenzielle Entrepreneure wäre. Die Ansätze der Entrepreneurship-Forschung böten hierfür Möglichkeiten. Selbst in dem Fall, dass sich die Zahl letztlich nicht realisierter Gründungsprojekte deutlich erhöhen sollte, bliebe das finanzielle Risiko überschaubar. Das bestätigen auch die Ergebnisse von Caliendo et al. (2011), welche die Wirkungen des Gründungszuschusses evaluiert haben.[9]

Wem die durch die Notwendigkeit des Businessplans aufgestellte Hürde in jedem Fall nützt, zeigt ein Blick auf die Empfehlungen der Website www.fuer-gruender.de. Dort wird der „Tipp" gegeben:

> Um den Gründungszuschuss zu erhalten, brauchen Sie einen stimmigen Businessplan und eine Tragfähigkeitsbescheinigung. Ein Gründercoach kann Sie hierbei unterstützen. Wir empfehlen Ihnen den passenden Coach. (Für-Gründer.de 2015).

Um die Motivation zu erhöhen, die Leistungen der Businessplan-Industrie in Anspruch zu nehmen, wird zuvor noch folgende Information gegeben: „Allerdings ist die Zahl der Geförderten jährlich gesunken, sodass sich Gründungswillige gut auf den Antrag vorbereiten sollten."

In der Systematik, nach der die Gründungsförderung gegenwärtig funktioniert und in der dem Businessplan auch bei der Beantragung des Gründungszuschusses eine zentrale Rolle zukommt, ist das natürlich nicht falsch, und es ist keinesfalls verwerflich, entsprechende Leistungen anzubieten. Im Gegenteil mag dem einzelnen Gründer daraus durchaus ein Nutzen erwachsen. Doch angesichts dessen, dass dadurch in aller Regel wiederum Kosten entstehen, die gegen die sowieso schon geringe Fördersumme gegengerechnet werden müssten, muss die Frage, ob die **Systematik** der Gründungsförderung in diesem Fall ihren **Zielen** förderlich ist, zumindest gestellt werden.

Im Zusammenhang mit anderen arbeitsmarktpolitisch motivierten Zuschüssen nimmt der Businessplan eine ähnlich zentrale Rolle ein. Auch für die Beantragung des Einstiegsgeldes ist seine Erstellung in aller Regel erforderlich und der Prozess

---

[9] Caliendo et al. (2011, S. 3) unterstreichen, „dass sich der Gründungszuschuss durch beachtliche Verbleibsquoten (75–84 %) in Selbständigkeit auszeichnet, die zum Teil deutlich über denen der Vorgängerprogramme liegen" und „Mitnahmeeffekte im Zusammenhang mit dem Gründungszuschuss eine geringere Bedeutung haben als vielfach angenommen".

ähnlich wie am Beispiel des Gründungszuschusses beschrieben. Wo im Rahmen von Sonstigen Weiteren Leistungen Zuschüsse oder Darlehen für die Existenz- gründung von den Arbeitsagenturen gewährt werden, kann davon ausgegangen werden, dass deren Notwendigkeit durch den Businessplan belegt ist oder zumin- dest daraus ableitbar ist.

5.3.2 Öffentlich geförderte Kredite und Beteiligungen

Auch bei den wirtschaftspolitisch motivierten Maßnahmen wurde vor einigen Jahr(zehnt)en noch oft mit Zuschüssen gearbeitet. Inzwischen liegt der Fokus jedoch eher auf revolvierenden und rückzahlbaren Fördermaßnahmen (Kulicke 2012, S. 134). Hier werden die erhaltenen Fördermittel innerhalb eines bestimmten Zeitraums durch den Fördernehmer zurückgezahlt. Die Gelder stehen so nach erfolgreicher Rückführung der Mittel für die Förderung weiterer Vorhaben zur Verfügung.

Wo im Gründungsgeschehen externe Finanzierungsquellen genutzt werden müssen, überwiegt in Deutschland insgesamt die Kreditfinanzierung. Zu den zahlenmäßig wichtigsten wirtschaftspolitisch motivierten Fördermaßnahmen zählen daher öffentliche Darlehensprogramme. Gefördert wird hier häufig durch Zinssubventionen oder indem der Zugang zu Fremdkapitalfinanzierung überhaupt erst ermöglicht wird, beispielsweise durch die Übernahme öffentlicher Bürg- schaften oder Haftungsfreistellungen. Bei der Mehrheit der Programme dieser Art erfolgt die operative Umsetzung durch die KfW und/oder die landeseigenen Landesförderinstitute, oft in Zusammenarbeit mit privatwirtschaftlich organisier- ten Banken. In der Regel gilt dabei das Hausbankprinzip, d. h., die Beantragung und Auszahlung der Förderung erfolgen über die Hausbank. Diese übernimmt in diesem Fall die Funktion des durchleitenden Instituts. Nur in Ausnahmefällen wird das Hausbankprinzip nicht eingehalten (Bals 2003).[10]

Das wichtigste Kreditprogramm im Bereich der Unternehmensgründung ist auf nationaler Ebene der „ERP-Gründerkredit" der KfW, welcher sich in die Pro- gramme „ERP-Gründerkredit StartGeld" und „ERP-Gründerkredit – Universell" unterteilt (siehe Tab. 5.1).

Neben der KfW auf Bundesebene hat jedes Bundesland ein eigenes Landes- förderinstitut. Förderprogramme auf Landesebene verbessern zum Teil die För-

---

[10] Bei diesen Ausnahmen handelt es sich in der Regel um Programme, in denen es um klei- nere Kreditbeträge geht. So vergibt die Investitionsbank Berlin (IBB) mit dem Mikrokredit aus dem KMU-Fonds Darlehen bis zu 25.000 € direkt.

Tab. 5.1 Varianten des ERP-Gründerkredits

	ERP-Gründerkredit StartGeld	ERP-Gründerkredit – Universell
Zielgruppe	Junge Unternehmen (< 3 Jahre)	Junge Unternehmen (< 5 Jahre)
Verwendungszweck	Finanzierung von Betriebsmitteln und Investitionen	
Maximalbetrag	100.000 €, davon maximal 30.000 € für Betriebsmittel	25.000.000 €
Zinssatz	Einheitlicher Zinssatz (siehe: Konditionstableau der KfW)	Kundenindividueller Zinssatz abhängig von der Bonität und den gestellten Sicherheiten
Laufzeit	5 oder 10 Jahre	5, 10 oder 20 Jahre (für Betriebsmittel maximal 5 Jahre)
Tilgungsfreie Jahre	1 oder 2 Jahre	1, 2 oder 3 Jahre
Sicherheiten	80 % Haftungsfreistellung inkludiert	
Abwicklung	Beantragung und Rückzahlung erfolgt über die Hausbank	

derkonditionen der bundesweiten Förderprogramme, wie z. B. „Berlin Kredit",[11] oder versuchen mit eigenen Programmen, regionale Akzente zu setzen. So fördert z. B. das Programm „Berlin Kredit Innovativ" der IBB Vorhaben in den vom Land Berlin als Schwerpunkte und „Zukunftsfelder" definierten Bereichen Gesundheitswirtschaft, Energietechnik, Informations- und Kommunikationstechnologie/ Medien, Verkehr, Mobilität, Logistik und Optik (Investitionsbank Berlin 2013b).

Unter den Finanzierungsförderprogrammen gibt es einige reine Refinanzierungsprogramme, bei denen sich die ausgebenden Kreditinstitute über die KfW oder Landesförderinstitute refinanzieren. Letztere können aufgrund ihrer hervorragenden Ratings am Kapitalmarkt – als bundes- bzw. landeseigene Institute erhalten sie die gleichen Ratingbewertungen wie die Bundesrepublik Deutschland oder die Länder selbst – günstig Geld aufnehmen und geben diese Konditionen dann weiter. Die Kreditinstitute geben im Gegenzug für einen von den Förderinstitutionen festgelegten Zinssatz an den Endkunden/Kreditnehmer Kredite aus, deren Zinssatz in der Regel unter dem der hauseigenen Darlehen liegt. Das Kreditinstitut erhält für seine Dienste eine festgelegte Marge.

Bei einigen Programmen gewähren die Förderinstitute den Kreditinstituten zusätzlich eine Haftungsfreistellung. Während das Kreditinstitut bei reinen Refinanzierungsprogrammen das volle Ausfallrisiko trägt, übernimmt das Förderinstitut bei Programmen dieser Art einen wesentlichen Teil dieses Risikos. Dies geschieht

---

[11] Berlin Kredit basiert auf dem KfW-Unternehmerkredit und bietet Kreditnehmern eine weitere Zinssubvention (Investitionsbank Berlin 2013a).

im Zusammenhang mit Gründungsförderdarlehen häufiger als bei Förderdarlehen für bestehende Unternehmen. So erhält z. B. beim ERP-Gründerkredit StartGeld das Kreditinstitut eine Haftungsfreistellung in Höhe von 80 %.

Bei Gründungsförderdarlehen ist es zudem üblich, dem Kreditnehmer tilgungsfreie Jahre zu gewähren. Es werden anfangs nur die Zinsen gezahlt; mit der Tilgung des Kredites wird erst nach Ablauf der tilgungsfreien Zeit begonnen, um die Liquidität des Unternehmens bei Gründung zu schonen.

Neben den Darlehensprogrammen gibt es mezzanine Finanzierungsformen, die in unterschiedlichen Mischverhältnissen Merkmale von Eigenkapital und Fremdkapital in sich vereinen. Dies sind z. B. nachrangige Darlehen, welche die Eigenkapitalbasis des Gründungsunternehmens stärken sollen. Sie dienen als Eigenkapitalersatz und ihre Tilgung erfolgt häufig erst nach mehreren Jahren. Zu den Programmen dieser Art zählt beispielsweise das „ERP-Kapital für Gründung". Hierbei handelt es sich um ein Nachrangdarlehen mit einer Laufzeit über 15 Jahre, von denen die ersten 7 Jahre tilgungsfrei sind. Außerdem wird dem durchleitenden Kreditinstitut eine 100-prozentige Haftungsfreistellung gewährt.

Zusätzlich zu den Programmen der KfW verfügen alle Bundesländer über Bürgschaftsbanken, die ebenfalls Ausfallbürgschaften von bis zu 80 % des Darlehensbetrages für Kredite an Unternehmensgründer und mittelständische Unternehmen übernehmen. Bürgschaftsbanken sind gemeinsame Einrichtungen von Unternehmensverbänden, Kreditwirtschaft und Versicherungen, binden also zentrale Akteure des regionalen Wirtschaftsgeschehens mit ein. Darüber hinaus übernehmen die Bundesländer für die Engagements ihrer Bürgschaftsbanken in der Regel eine Rückbürgschaft. Bei größeren Vorhaben geben Bund und Länder auch direkte Bürgschaften, sogenannte Bundes- bzw. Landesbürgschaften. Diese sind jedoch eher im Rahmen von Kreditvergaben an bestehende Unternehmen relevant.

Eng mit den regionalen Bürgschaftsbanken verbunden sind die mittelständischen Beteiligungsgesellschaften, die es ebenfalls in jedem Bundesland gibt. Beide Institutionen haben häufig die gleichen Gesellschafter und werden in Personalunion geführt. Beteiligungsgesellschaften eröffnen eine weitere Fördermöglichkeit in Form von Beteiligungskapital. Neben den mittelständischen Beteiligungsgesellschaften gibt es weitere, öffentliche Beteiligungsgesellschaften und -fonds, wie den überregional tätigen High-Tech Gründerfonds[12], oder auch aus

---

[12] Der High-Tech Gründerfonds ist ein Public-Private-Partnership-Fonds. Er wurde 2005 ins Leben gerufen. Neben dem BMWi und der KfW sind an ihm diverse deutsche Großunternehmen beteiligt, wie z. B. BASF, Deutsche Telekom und Siemens (High-Tech Gründerfonds 2013).

regionalen Töpfen gespeiste, wie den Frühphasenfonds Brandenburg.[13] Beteiligungen der mittelständischen Beteiligungsgesellschaften werden ab einem Betrag von 50.000 € bis zu 2,5 Mio. € gewährt, in der Regel in Form von stillen Beteiligungen (Bundesministerium für Wirtschaft und Technologie 2013a).

5.3.3   (Förder-)Kredit? Nur mit Businessplan!

Welche Rolle spielt nun aber der Businessplan in diesem Gesamtsystem? Wiederum eine sehr gewichtige. Denn: Für alle Förderprogramme in diesem Bereich gilt: keine Förderung ohne Antrag. Die Voraussetzungen, unter denen die Antragstellung möglich ist, definieren die jeweiligen Förder- oder Programmrichtlinien. Und bei aller Unterschiedlichkeit der Programme weisen diese Richtlinien eine Gemeinsamkeit auf: Zwingender Bestandteil der einzureichenden Unterlagen ist in aller Regel ein Businessplan[14] inklusive einer Finanzierungs- und Erfolgsplanung.

Auf der Basis dieser Unterlagen wird der Antrag von der Förderinstitution geprüft und beschieden. Nur in seltenen Fällen kommt es im Rahmen der Antragstellung zu einem persönlichen Kontakt zwischen der Förderinstitution und den Unternehmensgründern. Der Businessplan ist also nicht nur zwingende Voraussetzung, um finanzielle Gründungsförderprogramme überhaupt in Anspruch nehmen zu können, sondern er spielt auch eine entscheidende Rolle in der Beurteilung und Bewilligung des Förderantrags (Brüderl et al. 2009, S. 174–175).

Insofern ist es nicht verwunderlich, dass ein gut ausgearbeiteter Businessplan allgemein als ausschlaggebend für den Erfolg des Antrags angesehen wird. Tatsächlich erhöht die professionelle Vorbereitung des Finanzierungsantrags, z. B. durch einen in Inhalt und Form überzeugenden Businessplan, die Wahrscheinlichkeit einer Finanzierung nachweislich deutlich (Wolf 2006, S. 23). Hier bietet sich der Businessplan-Industrie wiederum ein breiter Markt für ihre Dienstleistungen.

---

[13] Der Frühphasenfonds Brandenburg (www.fruehphasenfonds-brandenburg.de) wurde auf Initiative des Wirtschaftsministeriums des Landes Brandenburg und der ILB ins Leben gerufen. Die Fondsmittel speisen sich zu 75 % aus Mitteln des Europäischen Fonds für Regionale Entwicklung (EFRE) und zu 25 % aus Haushaltsmitteln des Landes Brandenburg.

[14] Teilweise wird auch von Geschäfts- oder Unternehmensplan, Gründungs- oder Unternehmenskonzept gesprochen. Diese Begriffe eröffnen im Prinzip Spielräume auch für andere Formen, müssen aber in der gegenwärtigen Praxis, insbesondere in Verbindung mit der allgemein ebenfalls geforderten längerfristigen Finanzplanung, als Synonyme angesehen werden.

Im Vergleich zur entscheidenden Rolle des Businessplans sind Unternehmens-charakteristika und Innovationsgehalt des Projekts für den Erfolg des Finanzie-rungsantrags irritierenderweise weniger entscheidend (Kösters 2009, S. 9). Auch potenzielle Beschäftigungszuwächse und Wachstumsaussichten spielen scheinbar eine eher untergeordnete Rolle für die Bewilligung (Hanny 2005, S. 171–174). Stattdessen sind offenbar die Antragsunterlagen im Allgemeinen und der Business-plan im Besonderen dominierende Einflussfaktoren im Entscheidungsprozess: Der Businessplan ist de facto „*Gatekeeper*", was den Zugang zu öffentlich geförderter Finanzierung betrifft.[15]

Untersucht man die internen Abläufe der in die Mittelvergabe eingebundenen Kredit- und Förderinstitute, wird die zentrale Rolle des Businessplans noch deut-licher. Um sie umfassend herausarbeiten zu können, bedarf es zuvor eines kleinen Exkurses zu den rechtlichen Anforderungen an das Handeln der Kreditinstitute in Deutschland, um deren Vorgehen im Entscheidungsprozess richtig einordnen zu können.

5.3.3.1 Wie Kreditentscheidungen gefällt werden (müssen)

Die Kreditvergabe von Kreditinstituten in Deutschland ist gesetzlich stark regle-mentiert. Die wichtigsten Regelungen finden sich in den „Mindestanforderungen an das Risikomanagement der Kreditinstitute (MaRisk)", welche auf dem § 25a Abs. 2 KWG aufbauen. Die banküblichen Standards für die Prozesse der Kredit-vergabe, Kreditbearbeitung sowie der Risikovorsorge basieren auf den Vorgaben der MaRisk (Uppenbrink 2009, S. 10).

Erste Voraussetzung für jede Kreditentscheidung ist, dass Kreditinstitute aus-reichende Informationen erhalten, um das tatsächliche Risikoprofil eines Kredit-nehmers beurteilen zu können. Der Deutsche Sparkassen- und Giroverband (2011, S. 146–147) zählt die folgenden, nach den Regeln der MaRisk „zu berücksichti-genden und zu belegenden Faktoren" auf:

- der Zweck des Kredits und aus welchen Mitteln er zurückgezahlt wird;
- das aktuelle Risikoprofil des Kreditnehmers [...] und der Sicherheiten (inklusive Art und Gesamthöhe der Risiken) und seine Abhängigkeit von Wirtschafts- und Marktentwicklungen;

---

[15] Als deutsche Übersetzung kamen die Begriffe „Torwächter" oder „Schleusenwärter" in-frage. Der Begriff des *Gatekeeping* ist eine oft genutzte Metapher, mit der die Kontrolle über und in der Regel die Beschränkung des Zugangs zu etwas beschrieben wird. Sie geht auf den deutsch-amerikanischen Soziologen und Psychologen Kurt Lewin (1890–1947) zurück, der bereits 1942 Personen, die für Auswahlentscheidungen verantwortlich sind, als „*Gatekee-per*" bezeichnete (Roberts 2011, S. 2–5). Wir übertragen die Metapher hier auf die Rolle, die das Instrument Businessplan spielt.

- das Rückzahlungsverhalten des Kreditnehmers in der Vergangenheit und seine gegenwärtige Rückzahlungsfähigkeit, basierend auf zurückliegenden Finanztrends und zukünftigen Cashflow-Projektionen mit verschiedenen Szenarien;
- bei Unternehmenskrediten der wirtschaftliche Sachverstand des Kreditnehmers, der Zustand seines Wirtschaftsbereichs und seine Stellung innerhalb dieses Wirtschaftsbereichs;
- die vorgeschlagenen Kreditbedingungen einschließlich der Klauseln zur Beschränkung;
- zukünftige Veränderungen des Risikoprofils des Kreditnehmers [...];
- wenn möglich, die Angemessenheit und Einklagbarkeit von Sicherheiten und Garantien, auch hier mit verschiedenen Szenarien.

Bei der Bewilligung von Erstkrediten ist das Kreditinstitut nach den Regeln der MaRisk dazu verpflichtet, die Integrität und den Ruf des Kreditnehmers ebenso zu prüfen, wie seine rechtliche Fähigkeit, seinen Verpflichtungen nachzukommen. Die Nähe, die viele der genannten Aspekte zu den beschriebenen Inhalten von Business-plänen aufweisen, ist sofort ersichtlich. Die Informationen, die der Kreditnehmer dem Institut zu diesen Aspekten liefert, bilden die Grundlage für die Kreditentscheidung.

Für eine Bewilligung sind in der Regel zwei qualifizierte Voten aus aufbau-organisatorisch getrennten Bereichen des Kreditinstitutes notwendig.[16] Diese Doppelvotierung ist einer der Kernpunkte der gesetzlichen Anforderungen an das Kreditgeschäft. Nur bei zwei zustimmenden Voten kann es eine positive Kredit-entscheidung vonseiten des Kreditinstitutes geben. Die Bereiche, die jeweils ein Votum abgeben müssen, werden bankintern als „Markt" und „Marktfolge" be-zeichnet.[17] Beide Instanzen, deren Voten gleichrangig sind, geben eine Stellung-nahme zu den oben aufgeführten Punkten ab. Um dies tun zu können, müssen sowohl der Markt- als auch der Marktfolge-Bereich Zugang zu allen wesentlichen Kreditunterlagen besitzen (Deutsche Sparkassen- und Giroverband 2011, S. 126–147). Zu diesen Unterlagen gehören natürlich auch die Informationen aus dem Businessplan, die, wie erwähnt, engen Bezug zu den für das qualifizierte Votum entscheidenden Fragen aufweisen. Den grundsätzlichen Ablauf des Kreditvergabe-prozesses verdeutlicht Abb. 5.1.

---

[16] Ein qualifiziertes Votum im Sinne der MaRisk ist eine zustimmende oder ablehnende, schriftliche Äußerung zu einem konkreten Sachverhalt innerhalb einer Kreditentscheidung (Deutscher Sparkassen- und Giroverband (DSGV) 2011, S. 126–133).

[17] Der „Markt" meint den Vertriebsbereich der Bank, die „Marktfolge" das Backoffice. Da in den offiziellen Unterlagen überwiegend von Markt und Marktfolge gesprochen wird, ver-wenden wir im Folgenden diese Begriffe.

Abb. 5.1 Kreditvergabeprozess in Banken (Quelle: Volkmann und Tokarski 2006, S. 354; eigene Hervorhebungen).

5.3.3.2   Der Businessplan im Kreditvergabeprozess

Schon bevor es zu einem Votum kommt, übernimmt der Businessplan eine wichtige Funktion im Kreditvergabeprozess von Kreditinstituten. Im ersten Schritt dient er nämlich der **Selektion** von Kreditanträgen (Burke et al. 2010, S. 396). Die Akquisition des Kreditgeschäfts erfolgt durch den Kundenbetreuer im Markt-Bereich des Kreditinstitutes. Wie Abb. 5.1 zeigt, werden interessierte Unternehmensgründer zur Vorbereitung des Kreditgespräches in der Regel gebeten, dem Kundenbetreuer ihre Unterlagen – darunter natürlich der Businessplan – zur Verfügung zu stellen. Durch die erhaltenen Informationen und das Lesen des Businessplans sowie die auf dieser Grundlage geführten Gespräche mit dem Kunden verschafft sich der Kundenbetreuer einen Einblick in das Vorhaben. So bildet er oder sie sich eine erste – und nicht selten abschließende – Meinung. Entscheidet sich der Kundenbetreuer anhand der Unterlagen, dass das Vorhaben für ihn bzw. das Kreditinstitut nicht interessant ist, erfolgt die Ablehnung noch vor einem persönlichen Kontakt und damit auf Basis des Businessplans (ebd., S. 391).

Neben dieser Selektionsfunktion ist der Businessplan auch handlungsleitendes Instrument im Kreditentscheidungsprozess. Erscheint nämlich ein Kreditengagement nach der ersten Vorprüfung interessant, schließt sich die Kreditwürdigkeitsprüfung an. Sie setzt sich aus zwei Bestandteilen zusammen. Zum einen wird die Bonität des Kreditnehmers geprüft. Dies stellt die Kreditinstitute bei Unternehmensgründungen und jungen Unternehmen vor besondere Herausforderungen, da hier keine Kredithistorie vorhanden ist, das Unternehmen sich noch keine Reputation als Kreditnehmer erworben hat und, insbesondere im Fall innovativer Gründungen, auch Markterfahrungen fehlen. In der Bewertung stützt sich das Kreditinstitut daher auf folgende zentrale Aspekte:

- den eingereichten Businessplan,
- die fachliche und betriebswirtschaftliche Kompetenz des Unternehmensgründers (wie beispielsweise im Businessplan beschrieben),

• die Absicherung des Kredites durch werthaltige Sicherheiten[18] und
• die Kredithistorie des Kreditnehmers (als Einzelperson).

Daraus folgt, dass eine der entscheidenden Voraussetzungen für eine positive Kreditentscheidung ein Businessplan ist, der nachvollziehbar und plausibel ist und dabei die wirtschaftliche Tragfähigkeit des Vorhabens signalisiert. Insbesondere die den Planungsrechnungen zugrunde liegenden Annahmen, z. B. über den Cashflow, sind für das Kreditinstitut von Interesse. Aus der Finanzplanung muss deutlich hervorgehen, dass die Unternehmensgründer als Kreditnehmer – zumindest laut Planung – den Kapitaldienst, d. h. Zinsen und Tilgung, leisten können (Volkmann und Tokarski 2006, S. 354–358).

Wie oben beschrieben, erfolgt die Kreditwürdigkeitsprüfung gemäß den Regelungen der MaRisk einmal durch den Markt und ein weiteres Mal durch die Marktfolge. Um zu einer möglichst objektiven Entscheidung zu gelangen, erfolgt die Kreditwürdigkeitsprüfung in der Marktfolge bewusst nur anhand der eingereichten Unterlagen. Ein persönlicher Kontakt zum Unternehmensgründer ist nicht vorgesehen. Da bei Unternehmensgründungen noch keine Zahlen aus der Vergangenheit, wie z. B. ein Jahresabschluss, zur Verfügung stehen, erfolgt die Beurteilung im Wesentlichen auf Basis des eingereichten Businessplans und insbesondere der darin enthaltenen Finanzplanung.

Der Businessplan wird also an mehreren Stellen im Kreditentscheidungsprozess zum *Gatekeeper*: zunächst als **Selektionsinstrument** bei Antragstellung. Im Entscheidungsprozess über die Kreditwürdigkeit durch den Markt als **Informationsinstrument**, wobei hier immerhin noch ein persönlicher Kontakt zum Antragsteller als Ergänzung und mögliches Korrektiv dienen kann. Im Rahmen der Kreditwürdigkeitsprüfung der Marktfolge wird der Businessplan schließlich zum zentralen **Entscheidungsinstrument**, hinter dem der Antragsteller als Person und als Entrepreneur mit individuellen Fähigkeiten vollständig verschwindet.

Kommt schließlich ein Kreditvertrag zwischen dem Kreditinstitut und dem Unternehmensgründer zustande, ist das Kreditinstitut zur kontinuierlichen Über-

---

[18] Aufgrund des hohen Risikogehaltes und der hohen Ausfallwahrscheinlichkeit bei Kreditengagements von Unternehmensgründern sichern sich Kreditinstitute gern durch werthaltige Sicherheiten ab. Im Bereich der Gründungsförderung zählen hierzu – neben eigenen Sicherheiten der Kreditnehmer – Haftungsfreistellungen der Förderbanken, wie z. B. die 80-prozentige Haftungsfreistellung beim ERP-Gründerkredit StartGeld oder die Ausfallbürgschaften der Bürgschaftsbanken der einzelnen Bundesländer. Eine Entscheidung für oder gegen ein Kreditengagement im Gründungsbereich erfolgt in der Regel jedoch nicht ausschließlich auf Basis der Sicherheiten. Da eine Verwertung von Sicherheiten häufig mit hohem Aufwand für das Kreditinstitut verbunden ist, sollte in erster Linie das Unternehmenskonzept bzw. der Businessplan überzeugen.

wachung des Kreditengagements verpflichtet. Das bedeutet, dass sich der Unternehmensgründer verpflichtet, dem Kreditinstitut gegenüber regelmäßig Auskunft über die wirtschaftliche Lage des Unternehmens zu erteilen.[19] Zudem ist er in Situationen, welche zu einer Gefährdung der planmäßigen Kreditrückzahlung führen können, verpflichtet, Kontakt mit dem Kreditinstitut aufzunehmen. Das Kreditinstitut selbst überwacht die Einhaltung dieser Verpflichtung und analysiert und bewertet anhand der eingereichten Unterlagen das Kreditengagement und insbesondere, ob der Kapitaldienst weiterhin geleistet werden kann. Für die Bewertung der wirtschaftlichen Situation werden als Vergleichszahlen häufig die Planzahlen aus dem Businessplan herangezogen. Ist die Entwicklung schlechter als im Businessplan prognostiziert, kann dies zu einer Herabstufung des Ratings führen. Das Rating hat wiederum Auswirkungen auf die zukünftige Kreditwürdigkeit. So bleibt die hohe Bedeutung des Businessplans und der darin enthaltenen Planzahlen auch in der weiteren Kreditlaufzeit erhalten.[20]

Zusammenfassend lässt sich feststellen, dass der Businessplan auch aufgrund der gesetzlichen Anforderungen und mangels ausreichender Alternativinstrumente zum wesentlichen Entscheidungskriterium im Kreditvergabeprozess der Kreditinstitute geworden ist. Ohne ihn ist kaum eine positive Kreditentscheidung möglich. Dies unterstreicht auch die Tatsache, dass in der Praxis immer wieder die Empfehlung gegeben wird, im Vorfeld der Beantragung von Fördermitteln professionelle Dienstleister in Anspruch zu nehmen, um die Erfolgsaussichten zu erhöhen.

In der Beschreibung des Kreditvergabeprozesses bei Unternehmensgründungen wird klar, warum Kreditinstitute von Unternehmensgründern Businesspläne verlangen. Da die Kreditentscheidung nicht allein von den Kundenbetreuern vor Ort abhängt, sondern auch von Mitarbeitern interner Abteilungen mit getroffen wird, die den Unternehmensgründer nie zu Gesicht bekommen, bedarf es eines Instrumentes, das als Basis für die Finanzierungsentscheidung dient.[21] Dies ist im

---

[19] In der Praxis bedeutet das, dass er dem Kreditinstitut mindestens jährlich betriebswirtschaftliche Zahlen, wie z. B. seinen Jahresabschluss, einreicht.

[20] Ähnlich verhalten sich auch Venturecapital-Geber, wie Brettel (2002) zeigt, wenn sie im Verlaufe der Beteiligung den Businessplan als Benchmark für das bisher Erreichte und die Begründung von Fehlentwicklungen heranziehen.

[21] Auch wenn mithilfe des Businessplans versucht wird, die Entscheidung der Bankmitarbeiter so objektiv und nachvollziehbar wie möglich darzustellen, gibt es bei Kreditentscheidungen immer subjektive Aspekte, die hineinspielen und abhängig von der Person des Kreditentscheiders sind. Somit kann es abhängig von den Personen, die die Kreditentscheidung treffen, zu unterschiedlichen Entscheidungen kommen (Bruns et al. 2008, S. 500–501). Nicht nur in der Gründungspraxis führt dies dazu, dass Kreditanträge, die bei einem Kreditinstitut abgelehnt wurden, durchaus von einem anderen Kreditinstitut positiv votiert und letztendlich finanziert werden.

Fall der Unternehmensgründung der Businessplan. Als formalisiertes Instrument kommt er den mehr und mehr standardisierten Abläufen in den Kreditinstituten entgegen (Breisig et al. 2010, S. 294).[22] Um Finanzierungsentscheidungen treffen zu können, benötigt insbesondere die Marktfolge zwingend Businesspläne. Individualisierte Formen der Darstellung können mit den standardisierten Prozessen nicht beurteilt werden und werden daher im Zweifel von vorneherein aussortiert. Im Resultat bedeutet dies: ohne Businessplan kein Gründungskredit!

5.3.3.3   Businesspläne und Förderdarlehen

In den Darstellungen des vorherigen Abschnittes ging es zunächst um die Kreditvergabe an Gründungsunternehmen im Allgemeinen. Betrachten wir nun die Vergabe von Förderdarlehen im Besonderen, so ergibt sich hier wenig überraschend das gleiche Bild: Für die Beantragung von Förderdarlehen in Deutschland ist ein Businessplan zwingende Voraussetzung. Die für die Entscheidungsprozesse der Kreditinstitute oben beschriebenen Mechanismen können in weiten Teilen auf die Förderinstitutionen übertragen werden, insbesondere wenn es sich um die Beantragung und Bewilligung von Förderdarlehen und öffentlichen Bürgschaften handelt. Dies ergibt sich auch daraus, dass bei vielen Förderprogrammen das Hausbankprinzip eine wesentliche Rolle spielt.

Der Kreditantrag wird bei der Hausbank gestellt und dort wie dargestellt geprüft und entschieden, d. h., auch bei der Einbindung öffentlicher Förderdarlehen muss eine positive Kreditentscheidung per Doppelvotierung herbeigeführt werden. Bei positiver Entscheidung leitet die Hausbank den Antrag weiter an die Förderbank. Diese prüft ihn ebenfalls und entscheidet ihrerseits über eine mögliche Förderung, wodurch Bearbeitungszeiten von mehreren Wochen oder sogar Monaten entstehen können. Im Förderinstitut muss dann ebenfalls eine Votierung und positive Kreditentscheidung erfolgen.[23] Hier wird das Vorhaben bzw. das Kreditengage-

---

[22] Die Standardisierung der Prozesse in Kreditinstituten wurde auch im Hinblick auf die Reduzierung der internen Kosten in den letzten Jahren stetig vorangetrieben. Dem gegenüber steht, dass jede Kreditentscheidung eine individuelle Entscheidung bezogen auf den Kreditnehmer ist. Bei der Kreditvergabe an Unternehmensgründer und junge Unternehmen kommt erschwerend hinzu, dass der Kreditvergabeprozess bankintern sehr teuer und aufwendig ist. In der Regel steht der Aufwand in keinem Verhältnis zu den Ertragsperspektiven (Volkmann und Tokarski 2006, S. 354–358). Das Engagement der Kreditinstitute in diesem Bereich wird dadurch begründet, dass sie damit versuchen, potenziell interessante Mittelständler von morgen schon frühzeitig an das Kreditinstitut zu binden (Schultz 2012, S. 6).

[23] Laut Deutscher Sparkassen- und Giroverband (DSGV) (2011, S. 126–133) kann im Fördergeschäft eine Ausnahme von der Zwei-Voten-Regelung erfolgen. Da die Kreditgeschäfte im Vorfeld von einer Hausbank initiiert wurden, sind zwei institutsinterne Voten nicht zwingend erforderlich.

ment – ähnlich wie in der Marktfolge der Hausbank – in aller Regel ausschließlich auf Basis der eingereichten Unterlagen geprüft.

Die zentrale Rolle des Businessplans im Rahmen der Kreditentscheidung potenziert sich also bei der Einbindung von Fördermitteln. Werden Kredite ausschließlich aus Eigenmitteln der Hausbank vergeben, sind zwei positive Voten von organisatorisch getrennten Bereichen notwendig. Eines dieser Voten – oder, anders ausgedrückt, 50 % der Entscheidung – basiert ausschließlich auf den eingereichten Unterlagen. Werden ein oder, was ebenfalls möglich ist, mehrere Förderinstitute eingebunden, entscheiden diese ebenfalls in aller Regel nur auf Basis der eingereichten Unterlagen, in wesentlichen Punkten also auf der Grundlage des Businessplans. Obwohl in Fällen dieser Art nicht selten vier oder mehr Bankmitarbeiter verschiedener Institute in den gesamten Kreditentscheidungsprozess eingebunden sind, hat nur **einer** – der Kreditbetreuer in der Hausbank – jemals persönlichen Kontakt zum potenziellen Unternehmensgründer. Dies steht in starkem Widerspruch zu dem immer wieder postulierten Argument, dass der Unternehmensgründer bzw. die Gründerpersönlichkeit eine entscheidende Rolle für den Erfolg des Vorhabens spielt. Wie der beschriebene Prozess offenbart, spielt die Person selbst in der Kreditentscheidung von Kreditinstituten und Förderdarlehensgebern ganz offenbar nur eine untergeordnete Rolle.

Einer der Gründe für die dargestellten Abläufe liegt sicher auch darin, dass durch das bürokratische Vorgehen eine möglichst objektive Kreditentscheidung gewährleistet werden soll (Vormbusch 2012). Es führt jedoch im Resultat zugleich dazu, dass für öffentliche Förderprogramme nur Unternehmen infrage kommen, die bestimmte Kriterien im Sinne der Fördervoraussetzungen erfüllen und die o. a. „Prüfprozeduren" (Brüderl et al. 2009, S. 174–175) erfolgreich überstehen.

Daraus resultiert eine Form doppelter Selektion der Vorhaben, die durchaus mit Nachteilen und Gefahren verbunden ist. Zunächst wird der Zugang zu Förderung nur denjenigen gewährt, die willens sind, sich der oben beschriebenen Prüfprozedur zu unterziehen. Dadurch werden möglicherweise einige im Prinzip Erfolg versprechende Ideen bereits im Keim erstickt. Denn nicht alle potenziellen Gründer werden sich um alternative Finanzierungsformen wie beispielsweise Crowdfinanzierung bemühen.

Außerdem erfolgt durch die Fördervoraussetzungen, welche die Antragssteller erfüllen müssen, eine zweite Selektion, die negativen Einfluss auf das Handeln der Gründer haben kann. Hier besteht nämlich die Gefahr, dass Geschäftsvorhaben – jedenfalls in den Planungsunterlagen – so verändert werden, dass sie in das Schema des Förderprogramms bzw. zu den Fördervoraussetzungen passen, um in den Genuss der Förderung kommen zu können. Neben den dadurch erzielten Mitnahmeeffekten erscheinen wirtschaftlich unattraktive Fördervorhaben so durch die zu erlangende Förderung attraktiver, als sie tatsächlich sind (Faltin 2008). Weiter oben wurde bereits gezeigt, dass der Businessplan auch bei der Überwachung des Kreditengagements eine Rolle spielt. Werden Förderdarlehen in die Finanzierung eingebunden, gewinnt seine Rolle auch in dieser Hinsicht noch an Bedeutung. Denn Fördermittel sind in der Regel zweckgebunden. Ihr Verwendungszweck muss vor Vorhabensbeginn detailliert dargestellt werden. Dies geschieht – im Businessplan. Nach Auszahlung der Mittel muss die fördergerechte Verwendung der Mittel nachgewiesen werden, beispielsweise durch Vorlage entsprechender Rechnungen.

Abgesehen von dem dadurch entstehenden erheblichen bürokratischen Aufwand für die Gründer und die Hausbank durch Nachweis und Prüfung kommt für Unternehmensgründer erschwerend hinzu, dass durch die Inanspruchnahme von Förderdarlehen ihre unternehmerische Flexibilität eingeschränkt werden kann. Denn bei diesen Förderprogrammen wird zwischen Investitions- und Betriebsmitteln stark differenziert. So gibt es Förderdarlehensprogramme, deren Mittel einzig und allein für Investitionsausgaben genutzt werden dürfen, so z. B. beim ERP-Gründerkredit in der Variante für Investitionen. In anderen Programmen darf nur ein bestimmter Teil der Summe für Betriebsmittel verwendet werden.[24]

Welche betriebswirtschaftlich unsinnigen Folgen dies in der Praxis haben kann, soll anhand von zwei Beispielen verdeutlicht werden:

• Werden geplante Investitionsgüter für einen geringeren als den ursprünglich geplanten Preis gekauft, z. B. durch den Kauf von gebrauchten Gütern, dürfen die frei werdenden Fördermittel wieder nur für Investitionen verwandt werden. Eine Verwendung für sinnvolle Betriebsmittelausgaben, indem beispielsweise zusätzliche Marketingaktivitäten durchgeführt werden, ist nicht gestattet.
• Anstelle des ursprünglich geplanten Kaufes eines Investitionsguts könnten sich Unternehmensgründer im weiteren Verlauf überlegen, dieses zu mieten oder zu leasen, um ihr Risiko zu begrenzen bzw. die Liquidität zu schonen. Fördermittel, die für Investitionszwecke gedacht waren, dürfen jedoch für Miet- oder Leasingaufwendungen nicht verwendet werden, da letztere als Betriebsmittel definiert sind.

Wie diese Beispiele zeigen, ist eine Umschichtung zwischen geplanten und realisierten Investitions- und Betriebsmittelausgaben je nach Förderdarlehen nicht oder

---

[24] Z. B. dürfen vom ERP-Gründerkredit StartGeld maximal 30.000 € für Betriebsmittel verwendet werden. Der Höchstbetrag in diesem Programm beträgt 100.000 €.

zumindest nur eingeschränkt möglich. In der Regel bedarf es dazu der Zustimmung der Förderbank. Schnelle, unternehmerisch bedingte Anpassungen in der Umsetzung des Vorhabens, die Abweichungen vom ursprünglich eingereichten Businessplan beinhalten, sind unter diesen Verhältnissen nur schwer mit den Richtlinien der Fördermittelvergabe zu vereinbaren. So steht die enge Bindung der Gründungsförderung an das Instrument Businessplan teilweise einer der Kernkomponenten unternehmerischen Handelns im Wege: dem Erkennen und Nutzen von sich unerwartet bietenden Marktchancen.

Die enge Verknüpfung der Förderung mit dem Businessplan kann im Extremfall sogar persönlich kritisch für die Unternehmensgründer werden: Wenn der ursprüngliche Verwendungszweck ganz entfällt, z. B. wenn das Gründungsvorhaben in der geplanten Form aufgegeben wird, kann es – trotz regelmäßig geleisteten Kapitaldienstes – zur außerordentlichen Kündigung des Kreditengagements durch die Förderbank kommen. Dies mag einem rechtzeitigen Abbruch eines sich schnell als unrentabel erweisenden Projektes ebenso im Wege stehen wie der aus den gemachten Erfahrungen erkannten Notwendigkeit einer umfassenden geschäftlichen Neuausrichtung, auch wenn sie unternehmerisch sinnvoll wäre.

5.3.4   Beratung und Qualifizierung, damit der Businessplan geschrieben wird

Im Bereich der Gründungsberatung und -qualifizierung sind die Bundesländer für die Fördermaßnahmen in der Vorgründungsphase verantwortlich, der Bund für die Gründungsphase und die ersten fünf Jahre danach (Universität Bremen Institut Arbeit und Wirtschaft 2009, S. 3). Aufgrund dieser Parallelität regionaler und föderaler Förderstrukturen ist die Vielfalt der Maßnahmen besonders groß. Viele von ihnen sind branchenbezogen, andere richten sich an bestimmte Bevölkerungsgruppen, z. B. Frauen, Arbeitslose oder Migranten. Auffällig ist, dass sich die Maßnahmen mehrheitlich an Personen richten, die den Entschluss zur Gründung bereits gefasst (Beckmann 2009, S. 37–42) und schon ein konkretes Vorhaben vor Augen haben. Auch hier ist das Angebot ständigen Veränderungen unterworfen.[25] Die Anzahl der Programme, die prinzipiell für Unternehmensgründer infrage kommen, ist selbst für Experten kaum zu überschauen. Sie liegt je nach Autor und Zahlweise bei ca. 400 bis 1200 (Klandt 1999, S. 40–42; Poganatz 2011).

---

[25] Für einen ersten Eindruck empfiehlt sich ein Blick in das GründerZeiten-Heft Nr. 02 *Information und Beratung* (Bundesministerium für Wirtschaft und Technologie 2013b).

Einige Maßnahmen sind als obligatorische Begleitung zu einer finanziellen Förderung für Unternehmensgründer vorgesehen, wie z. B. im Rahmen des Programms BG-Start! der Bürgschaftsgemeinschaft Hamburg. Andere Angebote wiederum sind rein fakultativ. Insgesamt stellt die Gründungsberatung vor allem externe betriebswirtschaftliche Expertise zur Verfügung. Als spezielle Form der Unternehmensberatung zielt sie darauf ab, Erfahrungs- und Informationsdefizite bei Unternehmensgründern auszugleichen. Dies gilt vor allem für den Bereich der strategischen Unternehmensplanung und -entwicklung. Die Mehrzahl der Förderprogramme setzt an diesem Bereich an, in dem großer Bedarf gesehen wird (Hjalmarsson und Johansson 2003).

Auch für die Förderung von Gründungsberatung werden erhebliche öffentliche Mittel eingesetzt. Teilweise kommen die Mittel aus regionalen Töpfen, zu einem großen Teil sind sie jedoch aus dem Europäischen Sozialfonds (ESF) kofinanziert. So wandte allein Thüringen in Zusammenarbeit mit dem ESF zwischen 2007 und 2013 im Durchschnitt 9 Mio. € pro Jahr für Gründungsberatung auf (Kösters und Obschonka 2010, S. 35). In einer Analyse der Daten zu den Beratungsangeboten des Bundes und der Länder des Jahres 2004 kamen Haunschild und May-Strobl (2009, S. 206–209) zu einem bundesweiten Gesamtvolumen von 158,8 Mio. € für die Förderung von Gründungsberatung, verteilt auf 152.000 Förderfälle. Neuere Erhebungen liegen leider nicht vor, die Summe dürfte inzwischen allerdings kaum gesunken sein.

In der Regel werden die Fördermittel durch die öffentlichen Träger in Form von Zuschüssen bereitgestellt. Die Beratung selbst übernehmen dann private Anbieter, wie wir sie als Teil der Businessplan-Industrie bereits beschrieben haben. Die Förderinstitutionen agieren meist als Vermittler zwischen den Unternehmensgründern und den (privatwirtschaftlich tätigen) Beratern. Ein gutes Beispiel hierfür ist das deutschlandweite Beratungsförderprogramm „Gründercoaching Deutschland". Über die KfW werden seit Mai 2015 im Einzelfall bis zu 3000 € Zuschuss für Unternehmensberatung gewährt. Die KfW fungiert dabei über ihre Beraterbörse als Mittler oder Broker. Nur Leistungen von Beratern, die hier verzeichnet sind, werden bezuschusst.

Damit versucht die KfW zugleich, der Intransparenz des Angebots aus Sicht der Unternehmensgründer und der bei ihnen oft vorhandenen Unsicherheit über die Qualität der gebotenen Leistungen entgegenzuwirken (Warsewa 2010, S. 18–23). Diese Unsicherheit macht die öffentliche Förderung der Gründungsberatung besonders wichtig, denn ohne sie würden viele Gründer die Angebote häufig gar nicht in Anspruch nehmen (Haunschild und May-Strobl 2009, S. 206–209).

Während Beratungsleistungen im engeren Sinne in der Regel auf einzelne Unternehmensgründer abzielen, werden durch Qualifizierungsmaßnahmen meist mehrere Unternehmensgründer gleichzeitig angesprochen. Ein typisches Angebot im Bereich der Qualifizierungsmaßnahmen sind beispielsweise Existenzgründungsseminare, wie sie von der Agentur für Arbeit an potenzielle Gründer aus Arbeitslosigkeit vermittelt werden. Angebote dieser Art dienen dazu, einen größeren Kreis an potenziellen Gründern möglichst schnell und effektiv zur Unternehmensgründung zu befähigen. Der Übergang zwischen Beratungs- und Qualifizierungsleistungen ist häufig fließend. So vereint beispielsweise der bereits beschriebene Businessplan-Wettbewerb Berlin-Brandenburg einen Großteil der in der Region angebotenen, öffentlich geförderten Qualifizierungsmaßnahmen für Unternehmensgründungen unter einem Dach.

Die Stellung des Businessplans bei Förderprogrammen, die die Beratung und die Qualifizierung der Gründer zum Ziel haben, ist nicht so klar erkennbar wie bei den finanziellen Förderprogrammen, bei denen er Antragsvoraussetzung ist. Doch auch in Bezug auf sie spielt der Businessplan eine wichtige Rolle, wie sich bereits in der Bündelung der regionalen Qualifizierungsmaßnahmen für Gründer im Businessplan-Wettbewerb Berlin-Brandenburg andeutet. Auch in der klassischen Beschreibung der Gründungsberatung selbst wird explizit als eines ihrer Ziele formuliert, betriebswirtschaftliche Expertise in das Gründungsvorhaben einzubringen (Lambrecht und Pirnay 2005, S. 105–106). Dabei wird immer wieder die Hilfe bei der Erstellung des schriftlichen Businessplans als Schwerpunkt in der Vorgründungsphase betont (Plöhn und Peniuk 2010, S. 176). Bereits in der Vorgründungsphase zielt die Beratungsförderung daher meist vor allem darauf ab, Gründer besonders im Hinblick auf die Erstellung eines Businessplans zu qualifizieren.

Auch im Rahmen von öffentlich geförderten Beratungs- und Qualifizierungsleistungen, die vor und während des Markteintritts ansetzen, steht fast immer die Erstellung, Analyse oder Weiterentwicklung des Businessplans im Fokus (Schulte 2008, S. 189). Erst in der Nachgründungsphase verschiebt sich der Fokus hin zu anderen betriebswirtschaftlichen Fragestellungen, wie Organisation, strategische Unternehmensplanung und Controlling (Haunschild und May-Strobl 2009, S. 196–197). Allerdings wird natürlich auch hier wiederum an den ausgearbeiteten Businessplan angeschlossen, in dem ja bereits der Kern eines späteren Unternehmenscontrollings enthalten ist. Direkte Hilfestellung bei der Gewinnung von Kunden oder Umsatzgenerierung ist hingegen so gut wie nie Beratungs- oder Qualifizierungsschwerpunkt. Dies ist umso überraschender, da empirisch mehrfach nachgewiesen wurde, dass Unternehmensgründer gerade hier den größten Bedarf sehen (Grimm 2006, S. 1167).

Die Rolle des Businessplans in der Gründungsberatung lässt sich an zwei konkreten Beispielen sehr gut illustrieren:

- In einer Fallstudie zu einem typischen, öffentlich geförderten Beratungs- und
  Qualifizierungsangebot in der Vorgründungphase mit dem (offiziellen) Ziel,
  Hilfestellung bei der Entscheidung für oder gegen eine Gründung zu leisten,
  zeigen Haunschild und May-Strobl (2009, S. 210–211), dass betriebswirtschaftliche und planerische Themen deutlich überwogen. Ergebnis der Beratungs-
  maßnahme war, dass weit mehr als vier Fünftel der Teilnehmer am Ende eine
  Umsatz- und Kostenplanung sowie eine Rentabilitäts- und Liquiditätsvorschau
  erstellt hatten. 60 % von ihnen hatten bei Beendigung der Maßnahme einen
  fertigen Businessplan in der Hand. Die Entwicklung, der Reifegrad und das
  Marktpotenzial der Geschäftsidee wurden im Rahmen der Maßnahme nicht systematisch thematisiert.
- In einer Darstellung der Gründungsberatungslandschaft zeigen Weber et al.
  (2008) auf, dass der Businessplan eine wichtige Rolle in der Beratungspraxis
  und dem darauf bezogenen Selbstverständnis der Gründungsberater spielt. In
  der von ihnen durchgeführten Befragung nannten Gründungsberater mit wirt-
  schaftswissenschaftlichem Hintergrund – immerhin die Hälfte aller befragten
  Berater – den Businessplan wesentlich häufiger als wichtigste Voraussetzung
  für die Unternehmensgründung als andere Berater. Interessanterweise hatten
  nur zwei Fünftel der Berater selbst schon einmal gegründet.

Es ist also deutlich zu erkennen, dass der Businessplan insbesondere in den Phasen
vor und während des Markteintrittes eine wesentliche Rolle in der öffentlichen
Beratungs- und Qualifizierungsförderung für Unternehmensgründer spielt. Diese
Rolle bedingt sich sicherlich auch aus dem Stellenwert, den der Businessplan im
Rahmen der Beantragung öffentlicher Finanzierungsförderung hat. Doch letztlich
nimmt nur ein geringer Anteil der Unternehmensgründer in der Praxis öffentliche Finanzierungsförderprogramme in Anspruch. Gleichwohl dominiert über alle
Gründungsberatungsinstitutionen hinweg der Businessplan bzw. im weiteren Sin-
ne der Ansatz der strategischen Planung die Beratungspraxis in diesem Bereich.

5.4   Der Businessplan: ein *Gatekeeper* – aber auch ein Helfer?

Im Verlauf dieses Kapitels ist die entscheidende Rolle, die der Businessplan im Zugang zu den verschiedenen Strängen der Gründungsförderung in Deutschland einnimmt, mehr als deutlich geworden. Der Businessplan erfüllt im Kontext der Gründungsförderung eindeutig den Tatbestand der subjektiven Passung, wie Schnell
und Warsewa (2010, S. 8–9) ihn beschreiben:

Einzelne Organisationen oder auch das gesamte relevante Fördersystem können […] für Gründerinnen und Gründer als unmittelbarer Unterstützungsmechanismus wirken, der Hürden im Gründungsprozess ausräumt oder überwinden hilft; sie können aber auch als ‚Gatekeeper' fungieren, die Hürden aufbauen, indem sie Zugänge und Zugangsberechtigungen regeln; sie können als ‚Platzanweiser' wirken, die bestimmten Personen bestimmte Rollen und Plätze zuweisen und ihnen andere vorenthalten […].

Überraschenderweise wurde die zentrale Rolle des Businessplans in der Gründungsförderung bisher in der Wissenschaft wenig hinterfragt. Allgemein üblich ist viel eher der Schluss gezogen worden, dass den Gründern das Schreiben von Businessplänen noch mehr und besser beigebracht werden sollte, um den Zugang zu (finanzieller) Gründungsförderung zu ermöglichen. Teilweise wird sogar empfohlen, dass sich die Gründungsförderung nur auf diejenigen Gründer konzentrieren sollte, die offen genug für den Businessplan bzw. strategische Planung sind (Richbell 2006, S. 510). Insbesondere Aussagen der letzteren Art deuten darauf hin, dass der Businessplan nicht allein im Zugang zu Förderung zum „*Gatekeeper*" geworden ist, sondern mittlerweile sozusagen das grundsätzlich notwendige „Eintrittsticket" ist, um von den am Gründungsgeschehen beteiligten Personen und Institutionen überhaupt als „gründungswillig" ernst genommen zu werden.

Vor diesem Hintergrund ist die Frage zu stellen, welche Wirkung der Businessplan in Bezug auf die Erreichung der Ziele der Gründungsförderung in der Praxis tatsächlich hat. Handelt es sich um einen Unterstützungsmechanismus, der hilft, Hürden zu überwinden? Erweisen sich die Mythen, die sich um den Businessplan spinnen, die „Glaubenssätze" der Businessplan-Industrie überhaupt als haltbar? Allein dann wäre die dominante Rolle dieses Instruments in der Gründungsförderung zu rechtfertigen, weshalb sich das folgende Kapitel der Untersuchung der gestellten Fragen widmet.

Literatur

Bals, Stefan. 2003. *Vergabe und Abwicklung öffentlicher Förderkredite über Hausbanken. Subventionsvermittlung unter besonderer Berücksichtigung der Finanzierungsprobleme von Existenzgründern und mittelständischen Unternehmen*. Köln: Heymann. (Studien zum öffentlichen Wirtschaftsrecht, 56).
Beckmann, Iris A. M. 2009. *Entrepreneurship-Politik. Neue Standortpolitik im politischen Spannungsfeld zwischen Arbeitsmarkt und Interessengruppen*. 1. Aufl. Wiesbaden: VS Verlag für Sozialwissenschaften.
Breisig, Thomas, Susanne König, Mette Rehling, und Michael Ebeling. 2010. „*Sie müssen es nicht verstehen, Sie müssen es nur verkaufen!*". *Vertriebssteuerung in Banken*. Berlin: edition sigma (Forschung aus der Hans-Böckler-Stiftung, 119).

Brettel, Malte. 2002. Zur Differenzierung von Business Plänen: empirische Ergebnisse zum Einfluss der Finanzierungsphase auf Business Pläne. *Zeitschrift für Planung* 13 (02): 133–152.

Brüderl, Josef, Peter Preisendörfer, und Rolf Ziegler. 2009. *Der Erfolg neugegründeter Betriebe. Eine empirische Studie zu den Chancen und Risiken von Unternehmensgründungen*, 3. erw. Aufl. Berlin: Duncker & Humblot. (140).

Bruns, Volker, Daniel V. Holland, Dean A. Shepherd, und Johan Wiklund. 2008. The role of human capital in loan officers' decision policies. *Entrepreneurship Theory & Pract* 32 (3): 485–506.

Bundesagentur für Arbeit. Hrsg. 2015. Finanzielle Hilfen für Existenzgründerinnen und Existenzgründer. BA Informationsmanagement. http://www.arbeitsagentur.de/web/content/DE/BuergerinnenUndBuerger/ArbeitundBeruf/Existenzgruendung/FinanzielleHilfen/Detail/index.htm?dfContentId=L6019022DSTBAI485480. Zugegriffen: 14. Sept. 2015.

Bundesministerium für Wirtschaft und Technologie. 2013a. BMWi – Unternehmensfinanzierung. Unter Mitarbeit von Referat Öffentlichkeitsarbeit. http://www.bmwi.de/DE/Themen/Mittelstand/Mittelstandsfinanzierung/unternehmensfinanzierung,did=508068.html. Zugegriffen: 05. Mai 2013.

Bundesministerium für Wirtschaft und Technologie. Hrsg. 2013b. Information und Beratung. Unter Mitarbeit von PID Arbeiten für Wissenschaft und Öffentlichkeit GbR. Berlin. (GründerZeiten, 02).

Burke, Andrew, Stuart Fraser, und Francis J. Greene. 2010. The multiple effects of business planning on new venture performance. *Journal of Management Studies* 47 (3): 391–415.

Caliendo, Marco, Jens Hogenacker, Steffen Künn, und Frank Wießner. 2011. *Alte Idee, neues Programm: Der Gründungszuschuss als Nachfolger von Überbrückungsgeld und Ich-AG.* Bonn: IZA – Forschungsinstitut zur Zukunft der Arbeit. (IZA DP, 6035).

Deutscher Sparkassen- und Giroverband (DSGV). Hrsg. 2011. Mindestanforderungen an das Risikomanagement. Interpretationsleitfaden. Unter Mitarbeit von Ralf Goebel, Martin Lippert und Martin Switaiski.

Faltin, Günter. 2008. *Kopf schlägt Kapital. Die ganz andere Art, ein Unternehmen zu gründen*, 1. Aufl. München: Carl Hanser.

Für-Gründer.de. Hrsg. 2015. Gründungszuschuss vom Arbeitsamt: Höhe, Voraussetzungen, Antrag. https://www.fuer-gruender.de/kapital/foerdermittel/zuschuss/gruendungszuschuss/. Zugegriffen: 14. Sept. 2015.

Grimm, Heike. 2006. Do public information and subsidies contribute to the entrepreneurial environment? An exploratory transatlantic study with local-global perspectives. *International Journal of Public Administration* 29 (13): 1167–1193.

Handelskammer Hamburg. Hrsg. 2015. Gründungszuschuss. http://www.hk24.de/unternehmensfoerderung_und_start/unternehmensgruendung/finanzierung_foerderung/Arbeitslosigkeit/gruendungszuschussaa/1162596. Zugegriffen: 15. April 2015.

Hanny, Sebastian. 2005. Förderprogramme für Unternehmensgründungen: Grundlagen, Richtlinien, Erfolgskriterien. In *Aspekte erfolgreicher Unternehmensgründungen. Hinweise – Vorgehen – Empfehlungen*, Hrsg. Elmar D. Konrad, 169–178. Münster: Waxmann.

Haunschild, Ljuba, und Eva May-Strobl. 2009. Beratungsförderung für Existenzgründer – Theoretische und empirische Evidenz zu Förderbedürftigkeit und Fördererfolg. In *Grün-*

dungsberatung. Beiträge aus Forschung und Praxis, Hrsg. Klaus Anderseck und Sascha A. Peters, 192–222. Stuttgart: Ibidem.

High-Tech Gründerfonds. Hrsg. 2013. High-Tech Gründerfonds. Profil & Keyfacts. http://www.high-tech-gruenderfonds.de/press/profil-keyfacts/. Zugegriffen: 05. Mai 2013.

Hjalmarsson, Dan, und Anders Johansson. 2003. Public advisory services – theory and practice. *TEPN* 15 (1): 83–98.

Investitionsbank Berlin. Hrsg. 2013a. Berlin Kredit – Merkblatt. http://www.ibb.de/portaldata/1/resources/content/download/WiFoe/BerlinKredit_MB.pdf. Zugegriffen: 26. März 2013. (Zugegriffen: 05. Mai 2013).

Investitionsbank Berlin. Hrsg. 2013b. Berlin Kredit Innovativ. http://www.ibb.de/gruenden/Berlin-Kredit-Innovativ.aspx. Zugegriffen: 05. Mai 2013.

Investitionsbank Berlin. Hrsg. 2014. Förderfibel 2014/2015. Der Ratgeber für Unternehmen und Existenzgründungen. http://www.ibb.de/PortalData/1/Resources/content/download/ibb_service/publikationen/Foerderfibel_2014–2015.pdf. Zugegriffen: 29. Aug. 2014. (Zugegriffen: 14. Sept. 2015).

Klandt, Heinz. 1999. *Gründungsmanagement. Der integrierte Unternehmensplan.* München: Oldenbourg. (7).

Kösters, Sarah. 2009. Policy Support for Innovative Entrepreneurship – An empirical Evaluation. Dissertation. Friedrich-Schiller-Universität Jena, Jena. Wirtschaftswissenschaftliche Fakultät.

Kösters, Sarah, und Martin Obschonka. 2010. Building winners? An empirical evaluation of public business assistance in the founding process. Hrsg. v. Friedrich-Schiller-Universität Jena und Max Planck Institute of Economics. Jena (Jena Economic Research Papers, 2010 – 025).

Kulicke, Marianne. 2012. *Nachhaltigkeit der EXIST-Förderung. Gründungsunterstützung an Hochschulen, die zwischen 1998 und 2011 gefördert wurden; Bericht der wissenschaftlichen Begleitforschung zu „EXIST – Existenzgründungen aus der Wissenschaft".* Stuttgart: Fraunhofer.

Lahn, Stefanie, und Mirko Bendig. 2009. *EIF market study microlending. Cross country studies on Western and Eastern Europe: Country report germany. Hrsg. v. Studie im Auftrag des European Investment Funds.* Hamburg: evers & jung GmbH.

Lambrecht, Johan, und Fabrice Pirnay. 2005. An evaluation of public support measures for private external consultancies to SMEs in the Walloon Region of Belgium. *Entrepreneurship & Regional Development* 17 (2): 89–108.

Lundström, Anders, und Lois Stevenson. 2005. *Entrepreneurship policy. Theory and practice.* New York: Springer.

Pesch, Stefanie. 2005. *Wirtschaftliche Wirkungen von öffentlichen Förderprogrammen für Existenz- und Unternehmensgründungen in Deutschland.* Lohmar: Eul. (FGF-Entrepreneurship-Research-Monographien, 51).

Plöhn, Jürgen, und Alexander Peniuk. 2010. From unemployment to self-employment. In *Policies of Economic and Social Development in Europe. 11th Annual Conference of the Faculty of Economics and Business Administration. Dedicated to the 120th Anniversary of St. Kliment Ohridski University of Sofia. Sofia, October 10 to 11, 2008*, Hrsg. Georgi S. Čobanov, Jürgen Plöhn, und Horst Schellhaass, 161–180. Frankfurt a. M.: Lang.

Poganatz, Hilmar. 2011. Loslegen mit der Förderfibel. Nirgendwo haben es Firmengründer so schwer wie in Deutschland, so das Klischee. Die Realität sieht anders aus. In: *Zeit Online* 2011, 24.02.2011, S. 1–3, zuletzt geprüft am 15.04.2011.

Richbell, S. M. 2006. Owner-managers and business planning in the small firm. *Internatio-nal Small Business Journal* 24 (5): 496–514.

Roberts, Chris. 2011. Gatekeeping theory: An evolution. University of South Carolina. San Antonio, Texas. http://41.89.160.5/chisimba/usrfiles/context/ins218/canvases/gatekeeping. pdf. Zugegriffen: 05. Mai 2013.

Sander, Philipp, Jörn Hendrich Block, und Andreas Lutz. 2008. Determinanten des Erfolgs staatlich geförderter Existenzgründungen – eine empirische Untersuchung. *Zeitschrift für Betriebswirtschaft* 78 (7–8): 753–777. (Zugegriffen: 18. März 2013).

Schnell, Christiane, und Günter Warsewa. 2010. Institutionelle Praktiken der Existenzgrün-dungsförde-rung als Untersuchungsgegenstand. In *Evaluation und Optimierung institu-tioneller Praktiken der Beratung und Förderung von Existenzgründerinnen*, Hrsg. Gün-ter Warsewa, 5–16. Institut Arbeit und Wirtschaft. Bremen (05).

Schulte, Reinhard. 2008. Gründungsberatung. In *Entrepreneurship. Theorie und Fallstudien zu Gründungs-, Wachstums- und KMU-Management*, Hrsg. Sascha Kraus und Matthias Fink, 182–196. Wien: Facultas.wuv.

Schultz, Christian. 2012. peel: Potsdam Entrepreneurship Experience Lab. Finanzierung. Vortrag. Potsdam, zuletzt geprüft am 16.06.2013..

Universität Bremen Institut Arbeit und Wirtschaft. Hrsg. 2009. Abschlussbericht: Evaluation und Optimierung von institutionellen Angeboten zur Beratung und Förderung von Exis-tenzgründerinnen. Projekt: OptExist – Evaluation und Optimierung von institutionellen Angeboten zur Beratung und Förderung von Existenzgründerinnen. In Günter Warsewa, Christiane Schnell, Jenna Voss, Sonja Drobnic, Katrin Cholotta, Sarah Knirsch, et al. Bremen: Deutsches Zentrum für Luft- und Raumfahrt (DLR). (Zugegriffen: 22.02.2013).

Uppenbrink. 2009. MaRisk. Erfolgreicher Umgang mit Kreditinstituten. Thomas Uppen-brink & Collegen GmbH. Hagen. http://www.metax.de/eventfiles/Skript-MaRisk-Erfolg-reicher-Umgang-mit-Kreditinstituten.pdf. Zugegriffen: 03. Nov. 2009. (Zugegriffen: 16. Juni 2013).

Volkmann, Christine, und Kim O. Tokarski. 2006. *Entrepreneurship – Gründung und Wachs-tum*. Stuttgart: UTB.

Vormbusch, Uwe. 2012. *Die Herrschaft der Zahlen. Zur Kalkulation des Sozialen in der kapitalistischen Moderne*. Frankfurt a. M.: Campus. (Frankfurter Beiträge zur Soziologie und Sozialphilosophie, 15).

Warsewa, Günter, Hrsg. 2010. *Evaluation und Optimierung institutioneller Praktiken der Beratung und Förderung von Existenzgründerinnen*, 1. Aufl. Bremen: Institut Arbeit und Wirtschaft. (05).

Weber, Susanne, Julia Elven, und Jörg Schwarz. 2008. Gründungsberatung in Deutschland – Ergebnisse einer quantitativen Erhebung im institutionellen Feld der Gründungsbera-tung. In *G-Forum 2008. 12. Interdisziplinäre Jahreskonferenz zur Gründungsforschung. G-Forum 2008*, Hrsg. FGF Förderkreis Gründungs-Forschung e. V. Dortmund. (6.–7. November).

Wolf, Björn. 2006. Empirische Untersuchung zu den Einflussfaktoren der Finanzierungspro-bleme junger Unternehmen in Deutschland und deren Auswirkungen auf die Wirtschafts-politik. Karlsruhe: Fraunhofer- Institut System- und Innovationsforschung.

Tod eines Mythos

6

Zusammenfassung

Hält der Mythos Businessplan einem Vergleich mit der Praxis stand? In diesem Kapitel stellen wir seine Glaubenssätze auf den Prüfstand und schauen, was vom Mythos im hellen Licht des Tages übrig bleibt: Welche Rolle spielt der Businessplan bei der Unternehmensfinanzierung? Welchen Nutzen erfüllt er für Gründer? Wie wirkt er auf den Unternehmenserfolg? Welches Verhältnis besteht zwischen Businessplan und Planung? Welchen Gründern können Prognosen hilfreich sein? Am Ende dieses Praxistests wird der Businessplan nackt auf dem Tisch liegen. Wir werden seine Stärken erfassen, aber auch seine Schwächen erkennen ... und am Schluss des Kapitels werden wir wissen, wie wir mit ihm (weiter) arbeiten können.

Wie wir im vorherigen Kapitel gezeigt haben, ist der Businessplan in der Praxis Dreh- und Angelpunkt der Gründungsförderung und -beratung. Es mag insofern überraschen, dass sein Nutzen als Instrument in der wissenschaftlichen Diskussion durchaus umstritten ist. Durch die gute Lobbyarbeit der Businessplan-Industrie ist dieser Umstand zwar weitgehend aus dem Blick geraten. Er fordert jedoch dazu auf, genauer zu prüfen, inwieweit der Mythos Businessplan dem Vergleich mit der Realität standhält. Dazu wollen wir uns zunächst noch einmal die zentralen Mythologeme vergegenwärtigen, aus denen er sich zusammensetzt. Im Kern geht es in Abwandlungen um folgende grundsätzliche Vorstellungen:

- die Annahme, dass der Businessplan sinnvolle Planungsaktivitäten potenzieller Unternehmensgründer beweise und als Indikator für deren Güte dienen könne;
- die Suggestion, dass ein kausaler Zusammenhang zwischen der Erstellung eines Businessplans sowie dessen Güte und dem späteren Unternehmenserfolg bestünde;

© Springer Fachmedien Wiesbaden 2016
S. Kunze, A. Offermanns, *Mythos Businessplan,*
DOI 10.1007/978-3-658-09911-4_6

- die Behauptung, dass die Erstellung eines Businessplans wichtig für den Gründer sei, die zugespitzt zu der Neigung führt, überhaupt nur Gründer ernst zu nehmen, die bereit sind, Businesspläne zu erstellen;
- die Feststellung, dass der Businessplan die Akquise von Kapital und Ressourcen erleichtere.

Es sind also im Hinblick auf den tatsächlichen Gehalt der mit dem Businessplan verbundenen Mythen im Wesentlichen vier Aspekte zu untersuchen:

- seine Relation zu vorangegangenen Planungsaktivitäten,
- die praktische Anwendung des Instruments durch die Gründer und der damit für sie verbundene Nutzen,
- der Zusammenhang zwischen Businessplan und Unternehmenserfolg,
- seine Bedeutung für die Gründungsfinanzierung.

Außerdem müssen wir uns mit einer Annahme beschäftigen, die der Nutzung des Businessplans zentral zugrunde liegt, allerdings kaum je explizit formuliert oder auch nur mitreflektiert wird. Gemeint ist die Vorstellung, dass das Instrument Businessplan geeignet sei, die Zukunft sozusagen „berechenbar" zu machen. Die Voraussetzungen dieser Annahme müssen hinterfragt werden; es ist zu prüfen, wie verlässlich Prognosen über die Zukunft – denn darauf beruht der Businessplan in hohem Maße – in verschiedenen Bereichen des Gründungsgeschehens sein können.

All diesen Fragen wollen wir uns im Weiteren widmen, um zu sehen, was am Ende des Tages vom Mythos Businessplan in der Realität übrig bleibt.

6.1 Weniger als ein Drittel der Gründer braucht einen Businessplan zur Unternehmensfinanzierung

Während des Gründungsprozesses und in den ersten Geschäftsjahren eines Unternehmens ist die Beschaffung der benötigten Ressourcen von großer Bedeutung. Häufig sind Investitionen in Sach- und Betriebsmittel notwendig. Die entscheidende Rolle, die der Businessplan beim Zugang zu (Förder-) Krediten für Gründer und junge Unternehmen aktuell spielt, haben wir im vorherigen Kapitel beschrieben. Insofern scheint der Mythos Businessplan in dieser Hinsicht auf den ersten Blick der Realität zu entsprechen.

Schaut man jedoch genauer hin, ergibt sich schnell ein deutlich differenzierteres Bild. Denn die Finanzbedarfe von Unternehmen bzw. Gründern können auf unterschiedliche Weise gedeckt werden, wie Abb. 6.1 zeigt.

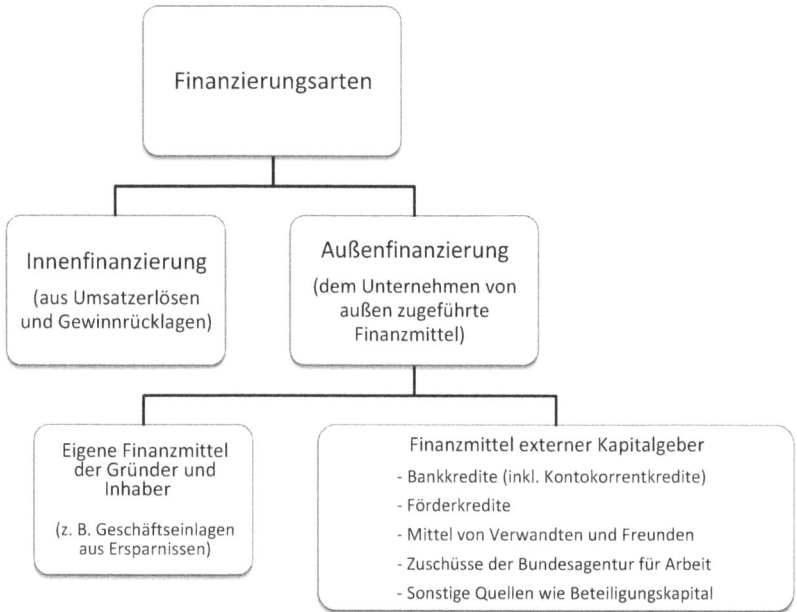

Abb. 6.1 Finanzierungsarten (Quelle: Darstellung angelehnt an Mohr et al. 2012, S. 23).

Hält man sich diese unterschiedlichen Finanzierungsarten vor Augen, wird die Rolle des Businessplans im Kontext der Unternehmensfinanzierung bereits einigermaßen relativiert. Denn unter den genannten Möglichkeiten ist die Innenfinanzierung die am häufigsten genutzte Finanzierungsform von etablierten Unternehmen. Dazu greifen sie auf interne Mittel zurück, die sie im Rahmen ihrer laufenden Geschäftstätigkeit generiert haben, z. B. durch Umsatzerlöse oder Gewinnrücklagen. Für den Großteil der im Wirtschaftsgeschehen anfallenden Finanzierungsbedarfe werden also Mittel verwendet, die nicht von außen eingeworben werden müssen, sodass die Vorlage eines Businessplans dafür nicht erforderlich ist.

Nun interessieren in unserem Kontext natürlich vor allem Gründungen bzw. junge Unternehmen. Deren Innenfinanzierungskraft ist meist begrenzt, weshalb in diesem Bereich die Außenfinanzierung eine wesentlich höhere Bedeutung hat: Im Gründungsjahr greifen 86,5 % der Unternehmen auf Finanzmittel von außen zurück (Mohr et al. 2012, S. 27–28).[1] Erneut scheint nahezuliegen, dass der Mythos

---

[1] Mohr et al. (2012) führen in diesem Zusammenhang leider nicht näher aus, wie eine Innenfinanzierung bei den restlichen 13,5 % der Unternehmen im ersten Gründungsjahr aussieht.

Businessplan zumindest im Hinblick auf die Unternehmensfinanzierung in der Gründungsphase das tatsächliche Geschehen widerspiegelt.

Es darf jedoch wiederum nicht übersehen werden, dass auch die von den Gründern selbst eingebrachten Mittel als Außenfinanzierung gelten. In der Praxis ist diese Form der Außenfinanzierung sogar die häufigste: **Ungefähr zwei Drittel aller Gründungsprojekte werden ausschließlich durch Eigenmittel der Gründer finanziert** (Metzger und Ullrich 2013, S. 16). Letztlich greift nur etwa ein Drittel der Gründer bei der Umsetzung ihrer Vorhaben auf Mittel externer Kapitalgeber zurück. Ein Teil dieser Gruppe deckt ihren Finanzbedarf wiederum mithilfe von Verwandten und Freunden und kann daher ebenfalls auf die Erstellung eines Businessplanes verzichten. Der Anteil der Gründungsprojekte, für die zur Einwerbung der für sie benötigten Mittel ein Businessplan erstellt werden muss, verringert sich also noch weiter.

> ▶   **Selbst im engeren Kontext der Gründungsfinanzierung ist bei genauem Hinsehen nur eine Minderheit der Unternehmen auf den Businessplan angewiesen.**

Es bleibt also zunächst festzuhalten, dass der Businessplan die ihm immer wieder unterstellte Bedeutung im Rahmen der Unternehmensfinanzierung für die große Mehrheit der Gründungen in der Praxis gar nicht hat. Relevant ist er nur für Gründer, die auf Bankkredite, Förderdarlehen, Zuschüsse oder Beteiligungskapital angewiesen sind. Sie nutzen den Businessplan, um Kreditinstitute und andere externe Kapitalgeber über ihr Vorhaben zu informieren und dessen Wirtschaftlichkeit nachzuweisen.

Doch auch diesbezüglich sind für die Bedeutung des Businessplans einschränkende Anmerkungen zu machen, auch wenn er im Kreditentscheidungsprozess von Kreditinstituten und bei der Vergabe staatlicher Gründungsförderung eine handlungs- und entscheidungsleitende Funktion übernimmt. Verschiedene Studien haben nämlich gezeigt, dass potenzielle Kapitalgeber ihm gegenüber nicht unkritisch sind. Kreditinstitute und Kapitalgeber sehen den Businessplan zwar generell positiv und empfehlen Gründern allgemein die Erstellung, aber sie verwenden ihn nicht zwangsläufig als alleinige Grundlage für ihre Finanzierungsentscheidung (Karlsson 2005, S. 164–173; Gumpert und Lange 2004).

Denkbar wäre hier z. B., dass Leistungen nur gegen Vorkasse erbracht werden. In diesem Fall könnte die Leistungserstellung bereits aus den Umsatzerlösen finanziert werden. Der Anteil der Außenfinanzierung sinkt nach dem Gründungsjahr schnell deutlich ab. Schon im zweiten Jahr nach der Gründung greifen nur noch 45,3 % der Unternehmen darauf zurück und im fünften Jahr nur noch ca. ein Drittel.

Vielmehr genügt auch ein überzeugender Businessplan Kreditinstituten in aller Regel nicht. Eine mindestens ebenso wichtige Rolle wie die aus ihm hervorgehenden Ertragsaussichten und Liquiditätsplanungen spielen die von den Gründern gestellten Sicherheiten. Sie sollen das Risiko für das jeweilige Kreditinstitut weiter begrenzen (Bruns und Fletcher 2008, S. 179–180). Können die Gründer keine eigenen Sicherheiten stellen, kann in der Regel der Rückgriff auf öffentliche Bürgschaften, Garantien oder Haftungsfreistellungen erfolgen. Diese sind natürlich häufig an die Erstellung eines Businessplans geknüpft. Das aber ist vor allem eine **politische Entscheidung** – die staatlichen Akteure innerhalb der Gründungsförderung hätten prinzipiell auch die Möglichkeit, ihre Fördermaßnahmen und Sicherheiten an andere Kriterien und Bewertungsmaßstäbe zu binden. Was den Gründern Zugang zu Kapital verschafft, sind also im Endeffekt – neben der Überzeugungskraft des Businessplans – vor allem auch die staatlich garantierten Sicherheiten, welche die Bank durch die Vorlage dieses Dokuments erhalten kann.

Schaut man aber in andere Länder, so sieht man, dass der Zusammenhang zwischen dem Zugang zu Bankkrediten und der Vorlage von Businessplänen keinesfalls zwingend so eng sein müsste wie aktuell in Deutschland. So vergeben z. B. Kreditinstitute in Großbritannien Kreditbeträge bis zu 25.000 Pfund meist innerhalb weniger Stunden allein auf der Basis eines Scorings. Ein Businessplan ist in diesen Fällen für die Finanzierungsentscheidung nicht notwendig (Burke et al. 2010, S. 409). Zwar liegen uns keine Untersuchungen dazu vor, in welchem Ausmaß Privat- bzw. Konsumentenkredite in der Praxis zur Finanzierung von Gründungsvorhaben herangezogen werden. Doch mit unter 25.000 € haben etwa 80 % der Gründer in Deutschland einen ähnlichen bzw. sogar geringeren Mittelbedarf (Metzger und Ullrich 2013, S. 16). Eine vergleichbare Vorgehensweise könnte den Zugang zu benötigtem Kapital also für den weitaus größten Teil aller Gründungsprojekte hierzulande erheblich vereinfachen.

Wir wollen an dieser Stelle gar keine abschließende Haltung dazu einnehmen, ob eine Finanzierungsentscheidung anhand eines Scorings tatsächlich vorteilhafter bzw. wünschenswerter wäre als mithilfe des Businessplans. Hier soll nur festgehalten werden, dass der Businessplan zwar in Deutschland aktuell für Gründer, die nicht nur auf Eigenmittel zurückgreifen bzw. keine eigene Sicherheiten stellen können, in aller Regel die notwendige Voraussetzung zur Einwerbung einer Fremdfinanzierung ist, dies jedoch nicht zwangsläufig der Fall sein müsste. Kreditinstitute treffen – jedenfalls im europäischen Ausland – auch ohne die Vorlage von Businessplänen Kreditentscheidungen.

Ähnliche Einschränkungen in Bezug auf die Bedeutung des Businessplans gelten für Venturecapital-Geber. Sie spielen in der Gründungsfinanzierung in Deutschland mit 4–5 % Finanzierungsanteil zwar nur eine marginale Rolle (Betsch et al. 2000, S. 178–179). Aufgrund des originären Interesses dieser Gruppe an innovativen Gründungen sind ihre Einstellungen in unserem Kontext gleichwohl relevant. Auch Venturecapital-Geber nutzen Businesspläne zur Vorselektion und sortieren mehr als 80 % der ihnen angedienten Vorhaben auf dieser Basis und ohne jeglichen persönlichen Kontakt mit den Gründern sofort wieder aus (Schultz 2012). Gleichwohl scheinen Businesspläne für ihre tatsächlichen Beteiligungsentscheidungen weit weniger ausschlaggebend zu sein, als gemeinhin angenommen wird (Gumpert und Lange 2004). Selbst die erfolgreiche Teilnahme an formalen Businessplan-Wettbewerben spielt für eine große Anzahl von Venturecapital-Gebern auf der Suche nach geeigneten Beteiligungsmöglichkeiten offenbar kaum eine Rolle (Gumpert 2002, S. 165). Vielmehr beteiligen sie sich an interessanten Vorhaben gelegentlich auch ohne Businessplan. So gaben beispielsweise in der Untersuchung von Gumpert (2002, S. 13) 43 % von ihnen an, auch ohne Vorlage dieses Dokuments in Gründungsvorhaben zu investieren.

Für viele von ihnen hat die eigene Einschätzung der Persönlichkeit des Gründers mehr Gewicht als die im Businessplan gemachten Prognosen: *„A significant part of what they (the investors) are investigating is you, the entrepreneur."* (Gumpert 2002, S. 54). Daraus resultieren oft gehörte Aussagen in dem Sinne, dass das „Team wichtiger als die Idee" sei. Diese Haltung mag in einer gesunden Einschätzung des Stellenwertes von Businessplänen begründet sein, wie sie in der folgenden Aussage eines Investors (zitiert in Ashamalla et al. 2008, S. 7) zum Ausdruck kommt:

A Business Plan is not a recipe for business; an Entrepreneur cannot simply follow the Business Plan to be assured of the business in the same way that a chef can follow a recipe to be assured of the success of her cake. In fact, in 20 years of working with and investing in high-tech companies in Silicon Valley, I have never seen a single Business Plan that followed step by step to a success business.[2]

Auf den zweiten Blick ist der Businessplan für die Entscheidungen von Kreditinstituten und Venturecapital-Gebern also offenbar weniger entscheidend, als seine

---

[2] Übersetzen lässt sich diese Aussage wie folgt: „Ein Businessplan ist kein Rezept für den Unternehmenserfolg. Ein Unternehmensgründer kann nicht einfach dem Businessplan folgen und sich damit des Unternehmenserfolges sicher sein, in gleicher Art und Weise wie ein Koch, der einer Rezeptanleitung folgt, sich des Gelingens seines Kuchens sicher sein kann. Tatsächlich habe ich in 20 Jahren, in denen ich mit High-Tech-Unternehmen im Silicon Valley zusammenarbeite und in sie investiere, keinen einzigen Businessplan gesehen, der Schritt für Schritt befolgt wurde und so zum Unternehmenserfolg führte." [Eigene Übersetzung].

Stellung im Kreditvergabeprozess und im Zugang zu Fördermitteln nahelegt und es häufig suggeriert wird. Während Kreditinstitute mindestens ebenso sehr auf Sicherheiten Wert legen, ist für Venturecapital-Geber die Persönlichkeit der Gründer häufig das entscheidendere Kriterium.

In diesen Präferenzen drückt sich implizit eine gewisse, durchaus gesunde Skepsis gegenüber der Verlässlichkeit des Businessplans als Entscheidungsgrundlage aus. Sie ist insofern angebracht, als auf Kapital angewiesene Gründer bestrebt sein müssen, die Inhalte des Businessplans so auszuwählen und zu gestalten, dass sie ihnen im Außenverhältnis möglichst dienlich sind. Es besteht also die Gefahr, dass ihre Ausführungen allzu positiv ausfallen. Manches wird nach außen anders kommuniziert, als es sich im operativen Innenverhältnis darstellt (Karlsson 2005, S. 9). Diese allgemeine Tendenz wird dadurch weiter verstärkt, dass ein signifikanter Teil der Businesspläne nicht (mehr) von den Gründern selbst geschrieben wird, sondern sie diese Aufgabe an Berater übertragen. Deren Geschäftsmodell funktioniert natürlich nur, wenn ihre Produkte auch den gewünschten Effekt haben, sie also grundsätzlich „überzeugende" Businesspläne schreiben.

Investoren sind natürlich meist in der Lage, die vorgelegten Daten und Zahlen kritisch zu hinterfragen. Insofern sind zu optimistische Prognosen möglicherweise sogar eher abschreckend. Die Finanzierungsentscheidungen von Venturecapital-Gesellschaften bewegen sich beispielsweise in der Regel innerhalb einer Spanne zwischen zu schlechten und zu guten Zahlen. Vorhaben an den äußeren Enden dieser Spanne werden in der Regel nicht finanziert (MacMillan und Narasimha 1987, S. 579–585).

Zusammenfassend lässt sich also Folgendes in Bezug auf den Mythos Businessplan festhalten, soweit es um den Stellenwert des Instruments für die Finanzierung von Gründungsprojekten geht:

▶   Gerade Venturecapital-Geber, die in der Regel gezielt nach innovativen Geschäftsideen suchen, sind weniger fixiert auf die Vorlage eines Businessplanes, als zu erwarten wäre. Für sie ist die Persönlichkeit des Gründers als Entscheidungsgrundlage oftmals wichtiger.

▶   Kreditinstitute verlassen sich neben überzeugenden Businessplänen vor allem auf die Sicherheiten, welche z. B. die öffentliche Hand ihnen garantiert.

▶   Gleichwohl ist die Erstellung eines Businessplans zumindest in Deutschland tatsächlich praktisch zwingend notwendig, wenn Gründer Zugang zu Bankkrediten und finanzieller Förderung benötigen.

▶ Dies ist aber vor allem eine politische Entscheidung, da öffentliche Förderdarlehen und Sicherheiten an die Erstellung von Businessplänen
gebunden sind. Die Praxis anderer Länder regt an, über Alternativen
nachzudenken.

▶ Mehr als zwei Drittel der Unternehmensgründungen in Deutschland
benötigen jedoch überhaupt keine externen Finanzmittel. **Das scheinbar stärkste Argument für die Erstellung eines Businessplans geht
also an der Wirklichkeit des weitaus größeren Teils der Gründungsprojekte vorbei.** Die überwiegende Mehrheit der Gründer hat
aus dem Blickwinkel der Unternehmensfinanzierung heraus keinerlei
Anlass, einen Businessplan zu schreiben.

Diese Feststellungen allein wecken Zweifel am Mythos Businessplan und be-
rechtigen zu der Frage, ob die Bedeutung, die dem Businessplan im Rahmen des
deutschen Gründungsgeschehens verliehen wird, tatsächlich angemessen ist. Vor
allem für die große Gruppe der Gründer, die den Businessplan nicht zur Kapitalakquise benötigen, denen er aber gleichwohl ebenfalls mit Nachdruck empfohlen
wird, müsste nachweisbar weiterer Nutzen mit dem Instrument verbunden sein,
damit sich der zur Erstellung notwendige Aufwand rechtfertigen ließe. Wie sieht
es nun damit aus?

6.2 Die meisten Gründer sehen keinen Nutzen im Businessplan

Dem Businessplan wird ein hoher Nutzen für die Gründer zugeschrieben. Er sei
im Rahmen des Gründungsprozesses ein wichtiges Instrument, das die Umsetzung
des Vorhabens erleichtere und den Unternehmensgründer dabei unterstütze, auf
dem geplanten Weg zu bleiben. Er bilde die Basis für strategische Entscheidungen
und könne im späteren Verlauf für die Kontrolle der Geschäftsentwicklung genutzt
werden. Außerdem helfe der Businessplan in der Kommunikation mit externen
Stakeholdern und bei der Gewinnung potenzieller Unterstützer.
  Auffällig ist, dass Unternehmensgründer, die externe Unterstützung bzw. Beratung in Anspruch nehmen, häufiger einen Businessplan schreiben als solche, die
ohne externe Unterstützung gründen.[3] Als besonders nützlich wird die Erstellung
von Businessplänen oftmals von Teilnehmern an Businessplan-Trainingskursen
angesehen. Nach der erfolgten Unternehmensgründung nimmt die Wahrnehmung

---

[3] Dies liegt gegebenenfalls auch daran, dass ein Businessplan häufig Bestandteil von Quali-
fizierungs- und Beratungsangeboten in diesem Bereich ist.

der Bedeutung des Businessplans im Unternehmensalltag und für den Unternehmenserfolg jedoch meist schnell ab. Von einigen Gründern wird selbst seine generelle Erstellung später deutlich anders bewertet als in der Vorgründungs- oder Anfangsphase des Unternehmens (Karlsson 2005, S. 158–160).

In der Praxis bleibt letztlich de facto nur eine Funktion des Businessplans übrig: die Kapitalakquisition.[4] Gründer, die Businesspläne schreiben, tun dies in aller Regel nur, weil sie meinen, dadurch ihre Chancen wesentlich zu erhöhen, (mehr) Kapital zu akquirieren und Investoren zu gewinnen (Kraus et al. 2006, S. 4). Die Erstellung des Businessplans ist also üblicherweise das Resultat einer unternehmerischen Entscheidung, in der Kosten-Nutzen-Relationen rational abgewogen werden. Die meisten Gründer gehen sehr pragmatisch an die Sache heran. Gumpert (2002, S. 16) formuliert hierzu mit treffender Ironie:

> So if writing a business plan was something that all these crazy investors really wanted, the entrepreneurs would fill the market demand.[5]

Es überrascht vor diesem Hintergrund nicht, dass viele Gründer auf bezahlte Berater zurückgreifen, die ihnen die Erstellung des Businessplans abnehmen. Denn ihre Entscheidung, einen Businessplan zu schreiben bzw. schreiben zu lassen, ist in der Regel nicht das Resultat der Überzeugung von dessen praktischem Nutzen für das eigene unternehmerische Handeln. Vielmehr reagieren sie auf die Erwartungen der potenziellen Kapitalgeber und investieren damit in die eigene unternehmerische Zukunft (Brännback et al. 2011, S. 286).

Ist das benötigte Kapital dann aber akquiriert, hat der Businessplan in den Augen der allermeisten Gründer seinen Zweck erfüllt und verschwindet in der Schublade. Nur äußerst selten wird er über die Gründungsphase hinaus weiter als Planungs- oder Controllinginstrument eingesetzt (Ripsas und Zumholz 2011, S. 440–442). Noch den größten Nutzen ziehen Gründer bei der Erstellung des Businessplans – wo sie dies selbst übernehmen – daraus, dass sie sich dabei einmal umfassend mit allen oder zumindest den meisten Aspekten ihres Vorhabens auseinandersetzen. Allerdings kommen dabei gerade für den Unternehmenserfolg entscheidende Bereiche oft zu kurz. Besonders in Bezug auf die Überlegungen zur Akquisition von Kunden und die Vorbereitung darauf bieten Businesspläne kaum

---

[4] In der Businessplan-Literatur werden zwar Kunden, Lieferanten und Mitarbeiter ebenfalls als Adressaten genannt. Doch in der Praxis zeigt keine dieser Gruppen gesteigertes Interesse an einem Businessplan oder würde einen solchen gar von Unternehmensgründern verlangen.

[5] „Wenn also das Schreiben eines Businessplans das war, was all diese verrückten Investoren wirklich wollten, dann würden die Entrepreneure diese Marktnachfrage einfach bedienen." [Eigene Übersetzung].

eine Unterstützung, obwohl diese Tätigkeiten die Basis eines jeden Unternehmens bilden (ebd., S. 440–442).

Es ist also insgesamt wenig überraschend, dass Gründer ohne Fremdkapitalbedarf nur selten einen Businessplan schreiben. Bei der Mehrheit der Gründungen spielt er in der Praxis nur eine untergeordnete Rolle. Selbst von den Gründern, die mithilfe eines Businessplans erfolgreich Kapital akquiriert haben, hätten im Nachhinein mehr als ein Drittel auf die Erstellung verzichtet, wären sie nicht dazu gezwungen gewesen (ebd., S. 440). Noch schlechter sehen die Zahlen für die weitere Nutzung nach erfolgreicher Kapitalakquise aus (Zumholz und Ripsas 2009). In der Realität erweist sich also, dass die meisten Gründer keinen signifikanten Nutzen in der Anwendung des Businessplans erkennen können. Nun mag man daraus – wie dies die Businessplan-Industrie wenig überraschend tut – die Konsequenz ziehen, dass diese Gründer zur Einsicht bewegt oder gar zu ihrem Glück gezwungen werden müssten. Ohne finanzielles Interesse an der Verbreitung des Businessplans liegt ein anderer Schluss jedoch erheblich näher: Wenn sich ein Instrument nach mehr als 30 Jahren intensiver Werbung für seinen Gebrauch und obwohl institutionelle Zwänge seinen Einsatz fordern für bestimmte Nutzungen immer noch nicht durchgesetzt hat, dann wohl deshalb, weil die Vorbehalte der Gründer zumindest nicht unberechtigt sind. Wahrscheinlich muss sogar angenommen werden, dass sie bessere Alternativen zur Erreichung ihrer Ziele haben.

Gelegentlich erwachsen aus der Nutzung des Instruments womöglich sogar eher Gefahren für die Gründer. So beobachtete Karlsson (2005, S. 146–147) bei schwedischen Unternehmensgründern, dass ihr Umgang mit dem Businessplan eine **Illusion eigener Großartigkeit** bewirkte.[6] Von potentiellen Investoren aufgefordert, ihr Geschäftsmodell größer und weiter zu denken,[7] passten sie den Businessplan in bewusster Übertreibung entsprechend an. Mit der Zeit begannen sie selbst an die von ihnen entworfene Fiktion und ihre Fähigkeit zu glauben, die zukünftige Entwicklung kontrollieren zu können. Zwar sind gesundes Selbstbewusstsein und die innere Überzeugung, das angestrebte Vorhaben meistern zu können, grundsätzlich wichtige Antriebskräfte für unternehmerischen Erfolg. Insofern kann es sogar sein, dass die Illusion eigener Großartigkeit gelegentlich zu einer selbsterfüllenden Prophezeiung wird (Karlsson 2005, S. 146–147). Allerdings ist es mindestens ebenso wahrscheinlich, dass irgendwann ein böses Erwachen erfolgt, eine Desillusionierung, die im realen Leben im schlimmsten Fall zu gravierenden wirtschaftlichen Konsequenzen führen kann, z. B. zur Überschuldung.

---

[6] Engl.: „*Illusion of Grandeur*" [eigene Übersetzung].

[7] Investoren bevorzugen oft größere Projekte, da sie sich höhere Ertragschancen bei annähernd gleichem Aufwand wie bei kleineren Projekten erhoffen.

Solche Fehlentwicklungen stellen natürlich die Minderheit dar. Allgemein aber zeigen alle Studien zum Umgang mit dem Businessplan ein einheitliches Ergebnis: Die weit überwiegende Mehrzahl der Gründer betrachtet das Aufwand-Nutzen-Verhältnis des Businessplans als ungünstig. Alle Erkenntnisse zum Thema offenbaren, dass die Motivation zum Schreiben eines Businessplans fast ausschließlich extrinsisch begründet ist und von dem behaupteten Nutzen für die Gründer in der Praxis lediglich die Kapitalakquise übrig bleibt.

▶   **Genau genommen entwickelt der Businessplan also nur für weniger als ein Drittel aller Gründer einen nachweisbaren Nutzen, von denen wiederum ein Drittel dem Instrument gegenüber trotz des damit erzielten Erfolges kritisch eingestellt ist.**

Im Vergleich mit der Realität stellt sich also der angeblich hohe Nutzen von Businessplänen für Gründer als kaum haltbarer Mythos heraus.

6.3   Ein Zusammenhang zwischen Unternehmenserfolg und Businessplan wird durch die Forschungslage nicht erhärtet

Der Erfolg des Mythos Businessplan begründet sich zu großen Teilen in der Annahme, dass es einen direkten Zusammenhang zwischen der Nutzung eines Businessplans und dem späteren Unternehmenserfolg gäbe bzw. dieser Unternehmenserfolg dadurch gesteigert werden könne. Diese Annahme wurde lange Zeit kaum hinterfragt. Erst in den letzten Jahren haben mehr und mehr Studien die Erfolgswirksamkeit von Businessplänen bei Unternehmensgründungen bzw. in jungen, kleinen Unternehmen empirisch untersucht. Die Ergebnisse fallen sehr unterschiedlich aus.

In einer umfassenden Untersuchung hat Lahn (2015) über 50 Studien zu diesem Thema ausgewertet.[8] Nach ihrer Analyse gibt es dazu keinen gesicherten Kenntnisstand. Vielmehr ist unklar, ob ein kausaler Zusammenhang zwischen dem späteren Unternehmenserfolg und der Erstellung eines Businessplans besteht oder ob der Businessplan gar erfolgskritisch wäre. Die dazu untersuchten Studien kommen zu unterschiedlichen, teilweise widersprüchlichen Ergebnissen, denn einige be-

---

[8] Da es sich bei einigen der einbezogenen Studien wiederum um Zusammenfassungen anderer Analysen handelt, fließen in die detailreiche Auswertung sogar die Ergebnisse aus über 150 Studien ein.

scheinigen einen positiven wirtschaftlichen Einfluss, andere wiederum nicht. Zwar scheint es so zu sein, dass kleine Unternehmen, die formelle Businesspläne erstellen, bessere wirtschaftliche Ergebnisse erzielen. Doch zugleich gibt es Hinweise darauf, dass sie in der Praxis eher Formen der informellen Planung nutzen (Kraus et al. 2006, S. 4–5). Darüber hinaus verlassen sich Unternehmensgründer bei ihren Entscheidungen lieber auf ihre Erfahrung (90 %) und auf ihre Intuition (60 %) als auf ihren Businessplan (50 %) (Kraus 2006, S. 148–150). Selbst dann, wenn ein Businessplan vorliegt, muss ein möglicher Unternehmenserfolg also nicht auf ihm basieren, sondern wurde womöglich sogar **gegen** die darin festgehaltenen, ursprünglichen Pläne erzielt. Überhaupt verfügt, nimmt man den Gesamtdurchschnitt der von Lahn (2015) untersuchten Studien als Grundlage, nur ungefähr ein Drittel der Unternehmensgründungen über formell ausgearbeitete, schriftliche Businesspläne.

Die Ergebnisse zeigen außerdem, dass Businesspläne in bereits am Markt etablierten Unternehmen bzw. bei etablierten Geschäftsmodellen offenbar bessere Wirkungen erzielen als in jungen Unternehmen oder bei neuen, innovativen Geschäftsmodellen. Die in den letztgenannten Umfeldern herrschenden Rahmenbedingungen – beispielsweise Ungewissheit, eine lückenhafte Informationslage zum Zeitpunkt der Gründung oder nicht vorhandene Organisationsstrukturen und -prozesse – setzen dem erfolgreichen Einsatz von Businessplänen Grenzen (Burke et al. 2010, S. 391–392). Diese Wahrnehmung hat sich auch in der Forschung zum Thema in den letzten Jahren zunehmend verbreitet. Inzwischen vertreten immer mehr Autoren die Ansicht, dass formelle Businesspläne in den ersten Unternehmensjahren nicht unbedingt notwendig sind. Vielmehr erscheinen einfache Planungsaktivitäten als hinreichend und wahrscheinlich sogar zielführender, weil sie weniger Zeit und Ressourcen in Anspruch nehmen (Brinckmann et al. 2010, S. 35; Zumholz und Ripsas 2009).

Insbesondere für das Gründungsgeschehen in Deutschland ist die Feststellung von Brinckmann et al. (2010, S. 26) wichtig, dass kulturelle und gesellschaftliche Kontexte den Zusammenhang zwischen Businessplan-Erstellung und Erfolg signifikant beeinflussen. In Gesellschaften, in denen – wie in Deutschland – eine Kultur der Unsicherheitsvermeidung vorherrscht, wird oft zu lange an bestehenden Plänen festgehalten (ebd., S. 36). In solchen risikoaversen Umfeldern führt ein hoher Grad an Formalisierung – wie er sich in Bezug auf Businesspläne in den letzten Jahrzehnten entwickelt hat – leicht zu einer verringerten strategischen Flexibilität und reduziert die Offenheit für Veränderungen (Grichnik et al. 2008, S. 2; Ripsas et al. 2008, S. 11). So kann gerade in Ländern wie Deutschland die verstärkte Nutzung von analytischen Planungsinstrumenten wie dem Businessplan womöglich zum Problem werden. Weiter befördert durch die mythische Überhöhung der Bedeutung des Businessplans, kann es dazu kommen, dass die Gründer zu sehr am einmal aufgestellten Plan festhalten (wollen). Dadurch wird es ihnen erschwert, flexible Antworten auf veränderte Marktgegebenheiten zu finden, und unternehmerisches Verhalten in volatilen Umfeldern wird behindert (Matthews und Human 2000, S. 2–8). Die Fähigkeit, dynamisch auf sich wandelnde Bedingungen zu reagieren, ist jedoch gerade für den langfristigen Unternehmenserfolg häufig von entscheidender Bedeutung (Gibb und Scott 1985, S. 599–600). Wo sie verloren geht, wird der Unternehmenserfolg gefährdet.

Es ist also zunächst festzustellen, dass die zum Zusammenhang zwischen Unternehmenserfolg und Erstellung bzw. Güte eines Businessplans kursierenden Mythen durch die Forschung nicht belegt werden. Im Gegenteil scheint der Businessplan gerade für Gründungen und junge Unternehmen oder innovative Geschäftsmodelle eher weniger geeignet. Hinzu kommt für das deutsche Gründungsgeschehen, dass sich aufgrund der kulturellen Prägungen in unserer Gesellschaft mit der Nutzung von Instrumenten wie dem Businessplan womöglich dem Unternehmenserfolg abträgliche Gefahren verbinden.

Ohne damit prinzipiell gegen den Einsatz von Businessplänen Stellung nehmen zu wollen, möchten wir festhalten, **dass der Mythos, Businesspläne seien dem Unternehmenserfolg förderlich, unserer Meinung nach grundsätzlich und gerade in Bezug auf das deutsche Gründungsgeschehen nicht haltbar ist. Wir vertreten die Position, dass der Businessplan bestenfalls einer von mehreren Einflussfaktoren auf den Erfolg des Vorhabens ist.** Er ist, wo er aufgestellt und angewendet wird, Teil des Entwicklungsprozesses, den das Unternehmen bzw. der Unternehmer durchläuft und in dem die Unternehmer lernen, wie sie ihr Unternehmen bestmöglich führen und am Markt positionieren.

Für den Unternehmenserfolg sind aber andere Faktoren von gleicher, wenn nicht größerer Relevanz. So nennt beispielsweise Weber (2012, S. 10) das Zusammenspiel von Gründungsidee und passender Gelegenheit als entscheidende Erfolgsfaktoren, verbunden mit einem Mindestmaß an Fähigkeiten und Kompetenzen aufseiten der Gründer. Hierzu gehören Beurteilungsfähigkeit, Intuition und Kreativität, Ausbildung und Erfahrung ebenso wie die Ressourcen, auf die sie zugreifen können.[9] Weiteren Einfluss haben selbstverständlich die Art und Struktur

---

[9] In diesem Zusammenhang birgt der Schwerpunkt, der durch den Businessplan auf die aggregierte Darstellung von Daten und Fakten gelegt wird, die Gefahr in sich, dass solche ,weichen' Faktoren aus dem Blick geraten. Sie sind aufgrund des reduzierenden, analytischen Charakters des Businessplans darin schlecht darstellbar. Dabei ist bei vielen Dienstleistungen die persönliche und soziale Kompetenz der Gründer entscheidend für das Gelingen des Projektes. Der starke Fokus auf den Businessplan mag insofern in einigen Fällen sogar zu Fehlschlüssen hinsichtlich der Erfolgsaussichten führen.

der Branche, das Unternehmensumfeld, die Zukunftsaussichten, Wettbewerbs-
und Differenzierungsstrategien oder die Größe und das Entwicklungsstadium des
Unternehmens. In ihrer Gesamtheit bilden die genannten Faktoren den Unterneh-
menskontext, also das Umfeld, in dem sich Gründer mit ihren Vorhaben bewegen.
Der sich um den Businessplan rankende Mythos und die Suggestion, es gäbe einen
Zusammenhang zwischen Businessplan und Erfolg, verstellen den Blick auf das
Wechselspiel all dieser Faktoren.

Zu diesem gehört womöglich auch eine potenziell negative Wirkung des
Businessplans auf den Unternehmenserfolg, die sich daraus ergeben kann, dass
er, wie weiter oben dargestellt, in aller Regel für Dritte geschrieben wird. Die
von außen an die Gründer herangetragenen Erwartungen bzw. der Zwang zum
Einhalten bestimmter bürokratischer Anforderungen erzeugen einen Anpas-
sungsdruck, der oft Veränderungen der originären Geschäftsidee nach sich zieht
(Gibson und Cassar 2002, S. 173). Dies führt tendenziell zu einer strukturellen
Angleichung der neu entstehenden Unternehmen (DiMaggio und Powell 1983,
S. 149). Das kann aber nicht nur bezogen auf die Perspektiven des einzelnen
Unternehmens, sondern womöglich noch mehr auf der gesellschaftlichen Ebene
von Nachteil sein. Wenn nämlich die Unternehmen sich einander zunehmend an-
gleichen, geht der Gesellschaft und Volkswirtschaft das kreative Moment der Innovation zumindest teilweise verloren. In der Folge kommt es zu einer Adaption
der Geschäftsmodelle, und am Markt setzen sich weniger innovative Unternehmen auf Kosten der Entwicklung wirklich innovativer Geschäftsmodelle und/
oder Produkte durch.

6.4 „Businessplan" ist nicht gleich „Planung"

Aus dem Lager derjenigen, die behaupten, dass es einen Zusammenhang zwischen Businessplan und Unternehmenserfolg gibt, wird immer wieder ein damit
verwandter Gedanke vorgebracht, dass nämlich mangelnder Unternehmenserfolg
Resultat von mangelnder Planung sei. Dies führt zurück zu einem noch nicht be-
handelten Teilaspekt des Mythos Businessplan, nämlich der Vorstellung, dass der
Businessplan als Indiz für sinnvolle Planungsaktivitäten und sogar als Indikator
für deren Güte dienen könne. An anderer Stelle haben wir bereits betont, dass wir
den Businessplan als **Ergebnisdokument** betrachten, das den **Planungsprozess**
selbst nicht oder nur sehr bedingt widerspiegelt. Unserer Ansicht nach ist ein überzeugend wirkender Businessplan kein zwingender Beweis dafür, dass gut geplant
wurde. Andererseits kann aus dem Fehlen eines Businessplans ebenso wenig ge-

schlossen werden, dass nicht oder schlecht geplant worden wäre. Im Folgenden wollen wir diese These erhärten.

Schon Dwight D. Eisenhower erkannte, dass die Relation zwischen formalen Plänen und sinnvollen Planungsprozessen lockerer ist als vielfach angenommen:

„Plans are nothing – planning is everything." (Zitiert in Hannon 2001, S. 258–259).[10]

Eisenhowers Bemerkung verweist auf den grundsätzlichen Unterschied zwischen einem (Business-)Plan als formalem Dokument und der rationalen Aktivität des Planens bzw. *„business planning"*, wie es im Englischen heißt. Vom einen automatisch auf das andere zu schließen oder umgekehrt, kann zu gefährlichen Fehlschlüssen führen.

Der englische Ausdruck *„business planning"* erfasst die Aktivität des Planens im von uns betrachteten Zusammenhang sehr gut. Er beschreibt den Prozess, in dem sich Unternehmensgründer darum bemühen, sich vorab ein Bild über die mögliche Zukunft zu machen. Dazu sammeln, analysieren und evaluieren sie die ihnen zur Verfügung stehenden Informationen. Sie identifizieren Möglichkeiten, Chancen und Risiken, wägen sie gegeneinander ab, entwickeln Strategien und erarbeiten notwendige Schritte zu deren Umsetzung. All dies ist von erheblicher Bedeutung für den späteren Unternehmenserfolg – es kann aber ebenso gut in informeller wie in formeller Weise erfolgen. Am Ende des Prozesses **kann** daher die Dokumentation der Erkenntnisse in einem schriftlichen Businessplan stehen; das Ergebnis der Planungsaktivitäten **muss aber nicht** zwangsläufig in diese Form gebracht werden.

Warum legen wir auf diese Unterscheidung Gewicht? Der Grund ist, dass angesichts der in der Praxis ständig erhobenen Forderung, Businesspläne zu schreiben bzw. vorzulegen, der Planungsprozess selbst einigermaßen in den Hintergrund gerückt ist. So legen beispielsweise Bücher, die das Thema „Wie schreibt man einen Businessplan?" behandeln, den Schwerpunkt regelmäßig auf dessen Inhalt. Die Frage aber, wie man zu den darzustellenden Inhalten kommt, also der **Prozess des Planens,** wird in den allermeisten Fällen sträflich vernachlässigt. Unserer Meinung nach kommt es jedoch weniger auf den Businessplan als schriftliches Endprodukt an – das ja zudem vielfach gar nicht mehr von den Gründern, den Unternehmern selbst stammt –, sondern auf dessen Entstehung bzw. die ihm zugrunde liegende Aktivität des Planens.

Die Vorbehalte gegen die vereinfachende Verknüpfung von Businessplan und durchdachter Planung werden von der Forschungslage zum Thema bestätigt. **Ver-**

---

[10] „Pläne sind nichts, Planen ist alles." [Eigene Übersetzung].

schiedene Studien weisen darauf hin, dass der Zusammenhang zwischen dem
Businessplan und den tatsächlich geleisteten Planungsaktivitäten äußerst re-
lativ ist (Burke et al. 2010, S. 408; Aldrich und Martinez 2001, S. 53; Wildavsky
1973, S. 129). Wie bereits erwähnt ist der Businessplan nicht selten wenig mehr
als das Ergebnis einer Anpassung der Gründer an institutionelle Vorschriften bzw.
externe Anforderungen. In der Praxis führt dies sogar dazu, dass der Inhalt des
formellen, schriftlichen Businessplans mit der eigentlichen, operativen Tätigkeit
des Unternehmens in manchen Fällen kaum noch etwas zu tun hat (Karlsson 2005;
Delmar und Shane 2002, S. 2–3).

Wir haben bereits gezeigt, dass die Empfehlung, bei der Erstellung einen Berater zumindest hinzuziehen, im Gründungsbereich allgemein üblich ist. Tatsächlich können Businesspläne sogar im Internet käuflich erworben werden.[11] Aus dem
großen Angebot in diesem Bereich muss die Schlussfolgerung gezogen werden,
dass diese Umgangsweise mit der Erstellung von Businessplänen in Deutschland
weit verbreitet ist. Die Marktlage unterstreicht so, dass Businesspläne für Gründer
vor allem zielgerichtete Investitionen darstellen und vielfach eben nicht das Ergebnis von selbstreflexiven Planungsprozessen sind. Wo Gründer ihre Businesspläne schlicht kaufen oder von Beratern schreiben lassen, planen sie nicht oder
zumindest nicht selbst. In diesen Fällen entgeht ihnen auch der Lerneffekt, der im
Idealfall mit der Erstellung des Businessplans für das eigene Unternehmen verbunden ist.

Die Antwort auf die Frage, ob ein Businessplan vorliegt oder nicht, lässt sich
also nicht mit den Polen „Planung Ja/Nein" in Relation setzen. Verlässlich lässt
sich daran bestenfalls eine Aussage über einen bestimmten Grad an Formalisierung knüpfen (Brinckmann et al. 2010, S. 29). Businesspläne sind inzwischen vielfach hoch formalisierte und standardisierte Dokumente und deshalb für die sich
wiederholenden bürokratischen Abläufe in Kredit- und Förderinstituten besonders
brauchbar.[12] Grundsätzlich ist ein hoher Grad an Formalisierung für Planungsaktivitäten als solche jedoch weder notwendig, noch kann er als Indikator für deren
Güte dienen. Denn Planungsprozesse und -aktivitäten können eine Vielfalt von
Formen annehmen. Sie reichen von informell im Kopf vorhandenen Plänen bis zu
im Ergebnis formell und sorgsam ausgearbeiteten Businessplänen (Richbell 2006,

---

[11] Eine eBay-Abfrage vom 26. Okt. 2011, 13:35 Uhr, ergab mehr als 1900 Angebote fertiger
Businesspläne für diverse Branchen (Businessplan | eBay).
[12] Zugleich birgt ein hoher Grad an Formalisierung aber auch die Gefahr in sich, dass aus
einer bestimmten, sich immer wieder wiederholenden Aktivität ein nichtssagendes bzw. be-
deutungsloses Ritual wird. Der englische Sprachgebrauch kennt hierfür die idiomatische
Wendung „going through the motions", der im Deutschen vielleicht am ehesten „so tun als
ob" entspricht.

S. 497). Leider hat der Fokus auf ausgearbeitete Businesspläne dazu geführt, dass informelle Planungsaktivitäten häufig aus der Betrachtung ausgeschlossen werden oder zumindest als weniger qualifiziert gelten.

Doch dieser eingeschränkte Blickwinkel berücksichtigt die Komplexität von Planungsaktivitäten in (Gründungs-)Unternehmen nicht ausreichend. Studien, die diese Aktivitäten differenzierter betrachten, indem sie hinsichtlich des Planungsumfanges und dessen Formalisierung z. B. zwischen vier und mehr Stufen unterscheiden,[13] kommen – wenig überraschend – auch zu anderen Ergebnissen (Gibb 2007, S. 78–79). So zeigen beispielsweise Frese et al. (2000, S. 2–14) und auch Hannon und Atherton (1998, S. 105), dass in den meisten kleinen Unternehmen zu einem gewissen Grad geplant wird. Dies geschieht jedoch selten formal und schriftlich oder gar über einen Zeithorizont von mehreren Jahren hinweg.

Diese Beobachtung kann prinzipiell nicht sonderlich überraschen: Unternehmensgründer sind in der Regel weder professionell ausgebildete Manager noch formelle Planer. Sie stützen sich öfter auf intuitive und subjektive Einschätzungen, die nicht immer im Einklang mit der objektiven Natur und Struktur eines Businessplans stehen. Vor diesem Hintergrund sind informelle Planungsaktivitäten für Gründer oft effektiver und nützlicher als die Ausarbeitung eines formellen, schriftlichen Businessplans. Dies bestätigen Untersuchungen wie diejenige von Wang et al. (2006, S. 9), nach deren Erhebungen von 468 kleinen und mittleren Unternehmen zwar zwei Drittel einen Plan für ihr Unternehmen hatten, von dieser Gruppe jedoch nur etwa die Hälfte einen formellen Businessplan ausgearbeitet hatte.[14]

Natürlich sind Planungsaktivitäten grundsätzlich von Vorteil für Unternehmen und Unternehmensgründungen. Die starke Fokussierung auf formelle Businesspläne vernachlässigt jedoch, dass Unternehmensgründer aus informellen Planungsaktivitäten ebenso Nutzen für sich ziehen, und zwar nicht notwendig weniger. Im Gegenteil konnte mehrfach nachgewiesen werden, dass die Formalisierung von Planungsaktivitäten mittels der Erstellung von Businessplänen die Unternehmensergebnisse nicht verbessert (Brinckmann et al. 2010, S. 36). Einige Autoren ver-

---

[13] Eine differenzierte Betrachtung wenden z. B. Honig und Karlsson (2004, S. 36) an, indem sie explizit vier Formen eines Businessplans vorgeben: kein schriftliches Dokument vorhanden (ausschließlich im Kopf vorhanden), informell schriftlich für interne Zwecke, formell schriftlich verfasst für externe Zwecke oder etwas anderes. Auch Gibb (2007, S 78–79) betont, dass der Begriff Planung eine Reihe von Interpretationsmöglichkeiten zulässt. Er unterscheidet z. B. zwischen dem Prozess des jährlichen Budgetierens, der Planung eines bestimmten Projektes oder Ereignisses, der Entwicklung verschiedener strategischer Szenarien und dem sehr formalen mehrjährigen Businessplan.

[14] In der Untersuchung gaben 67 % (33 %) an, einen (keinen) Businessplan zu haben. Von den 67 %, die einen Businessplan hatten, war er bei circa der Hälfte formeller, schriftlicher Natur.

treten sogar die Position, dass die formelle Erstellung von Businessplänen gerade bei Unternehmensgründungen eher kontraproduktiv ist. Nach ihrer Ansicht werden dadurch wichtige Ressourcen verbraucht, die dem Unternehmen später nicht weiter zur Verfügung stehen (Hannon und Atherton 1998, S. 105).

Ein Mangel an formeller Planung muss nach allen zur Verfügung stehenden Erkenntnissen jedenfalls nicht gleichbedeutend mit einem schlecht gemanagten Unternehmen sein. Der Verzicht auf einen Businessplan bedeutet keineswegs, dass Unternehmensgründer sich nicht intensiv mit ihrem Vorhaben beschäftigen würden. Die Empfehlung, sich auf die Unternehmensgründung sorgfältig vorzubereiten, wird von der überwiegenden Mehrzahl von ihnen vielmehr sehr ernst genommen. Allgemein kann ihre Vorbereitung und Planung als gründlich und durchdacht bewertet werden. Jedoch wägen Gründer gut ab, was sie an Vorbereitung und Informationen für ihren individuellen Fall benötigen.

Dort, wo sie auf bestimmte Vorbereitungs- und Planungsaktivitäten verzichten, ist dies – bei genauer Betrachtung des Einzelfalls – oftmals sinnvoll. Aufgrund ihrer begrenzten Ressourcen ist es für junge Unternehmen wahrscheinlicher, dass sie ihre Ziele eher durch formlose Entscheidungspraktiken als durch formelle Businesspläne erreichen. Perry (2001, S. 203–205) geht sogar so weit zu sagen, dass eine formelle, schriftliche Unternehmensplanung erst bei Unternehmen mit mehr als fünf Mitarbeitern sinnvoll wird. Für kleinere Unternehmen seien aufgrund des begrenzten Geschäftsfeldes und der geringeren Komplexität eher einfache und intuitive Planungsaktivitäten förderlich.

▶ **Zusammenfassend kann festgehalten werden, dass das formelle Ergebnisdokument Businessplan kein ausreichender Indikator ist, um das Planungsverhalten in Unternehmen zu messen. Weder kann von einem formal überzeugend wirkenden Businessplan ohne Weiteres auf sinnvolle Planungsaktivitäten geschlossen werden, noch darf der Verzicht auf dieses Instrument vereinfachend als ein Anzeichen für einen Mangel an Planung interpretiert werden.**

Auch in Bezug auf diesen zentralen Aspekt des Mythos Businessplan spiegeln die damit verbundenen Behauptungen nur sehr bedingt die reale Situation wider. Die Überhöhung der formalen Aspekte des Businessplans birgt womöglich eher die Gefahr in sich, dass Unternehmensgründer sich wesentlich darauf konzentrieren, den formalen Anforderungen zu genügen. Das kann nicht nur zu einer verzerrten Darstellung der tatsächlichen Erfolgsaussichten führen, sondern im schlechtesten Fall Ressourcen binden, die für tatsächlich notwendige Unternehmensaktivitäten benötigt werden und diese damit behindern oder gar ersetzen.

Für Unternehmensgründer sind geeignete Planungsmaßnahmen als solche wichtiger als das Schreiben eines formellen Businessplans. Letzterer ist für viele von ihnen nur eine und nicht einmal die entscheidende Komponente eines weitaus größeren Prozesses der Umsetzung und Gestaltung des Unternehmens. Dieser Aspekt wird übersehen, wenn das Ausmaß von Planung mit dem Formalisierungsgrad des Businessplanes gleichgesetzt wird. Aus diesem Grund ist es wichtig, den Fokus vom **Ergebnis**dokument Businessplan hin zum Planungs**prozess** zu verschieben und diesen vor allem als Lernprozess für Unternehmensgründer zu verstehen.

Bisher haben wir in diesem Kapitel die für die öffentliche Lobbyarbeit der Businessplan-Industrie zentralen Aspekte des Mythos Businessplan untersucht. Nun wollen wir uns mit der eingangs erwähnten Annahme beschäftigen, die dem Instrument maßgeblich zugrunde liegt, über die aber kaum je gesprochen wird: Businesspläne gehen von der Voraussetzung aus, dass die Zukunft „berechenbar" wäre. Wir werden im Folgenden prüfen, inwieweit dies im Bereich des Gründungsgeschehens tatsächlich angenommen werden kann.

6.5 Zwischen Fakten und Fiktion – Prognosen im Businessplan

In jedem Businessplan spielen Prognosen eine zentrale Rolle, also Aussagen über wahrscheinliche Ereignisse, Zustände oder Entwicklungen in der Zukunft (Ries 2011, S. 81–84). Sie beruhen auf Beobachtungen aus der Vergangenheit und auf theoretisch fundierten, objektiven Verfahren. Sie gehen davon aus, dass gewisse Grundstrukturen des beobachteten Feldes in der Vergangenheit und Zukunft unverändert bleiben (Grinyer 1971, S. 208). Die dahinter stehende Annahme ist als „Stabilitätshypothese" bekannt (Schaich et al. 2012). Die Stabilitätshypothese ist die Grundlage, auf der man versucht, aus der bisherigen auf die weitere Entwicklung zu schließen (siehe Abb. 6.2). Auf diesem Vorgehen basieren wesentliche Inhalte des Businessplans, wie die Ziele, Strategien und Maßnahmen des (zukünftigen) Unternehmens (Mintzberg und Fischer 1995, S. 270–271). Businessplänen liegt also implizit eine äußerst voraussetzungsreiche Annahme zugrunde, die allerdings selten explizit formuliert wird und die von den meisten Anwendern kaum hinterfragt wird: die Vorstellung, dass mit den Methoden der strategischen Planung und mithilfe von wirtschaftswissenschaftlichen Prognosen die Zukunft berechenbar(er) würde. Im Weiteren wollen wir untersuchen, inwieweit diese Annahme in unserem Kontext berechtigt ist.

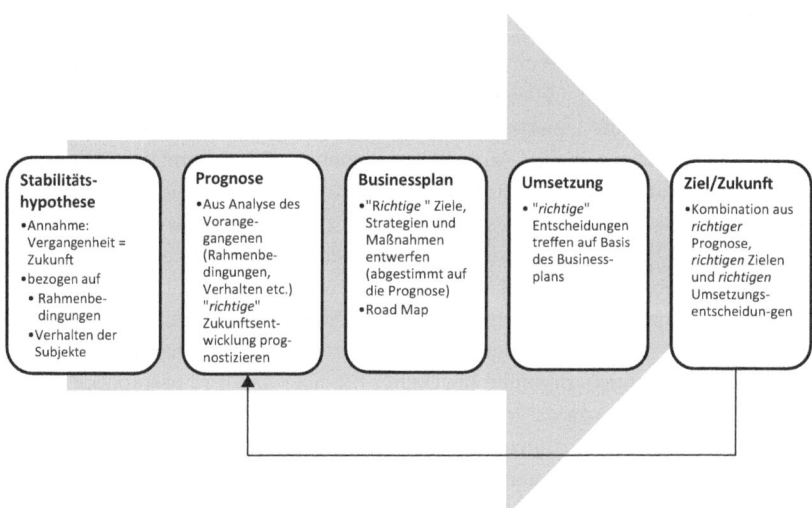

Abb. 6.2 Zusammenhang zwischen Businessplänen und Prognosen (Quelle: Lahn 2015, S. 89).

6.5.1   Prognosen in den Wirtschaftswissenschaften

Der Gedanke, dass durch die Verwendung analytischer Instrumente die künftige Entwicklung des Umfeldes ausreichend genau vorhergesagt werden kann, ist in der traditionellen Betriebswirtschafts- und Managementlehre tief verwurzelt (Courtney et al. 1997, S. 81). Auf Basis dieser Vorhersagen werden Strategien entwickelt und Entscheidungen getroffen, mit dem Ziel, die Zukunft zu erfassen (Wiltbank et al. 2006). Inspiriert von den Erfolgen der Naturwissenschaften und beflügelt durch neue Instrumente, wie Hochleistungsrechner und mathematisch immer komplexere Modelle, breitete sich insbesondere seit den 1970er-Jahren zunehmend der Glaube aus, dass durch immer weiter verfeinerte Methoden die Zukunft auch in den Wirtschaftswissenschaften vorhersagbar und kontrollierbar würde (Makridakis et al. 2010, S. 84). Die verschiedenen Krisen der letzten Jahre allein zeigen, dass dieser Glaube bestenfalls bedingt begründet ist.

Eine der Ursachen für mögliche Abweichungen zwischen der prognostizierten und der tatsächlich eintretenden Zukunft ist natürlich, dass diese der Vergangenheit zwar ähneln kann, es aber nicht zwangsweise tun muss, geschweige denn mit ihr identisch wäre. Aus der Vergangenheit extrapolierte Modelle und Beziehungen können sich einer möglichen Zukunft bestenfalls annähern, aber keine akkuraten Vorhersagen über sie treffen (Liedtka und Ogilvie 2011, S. 8–20). Denn während die von den Naturwissenschaften untersuchten Gegenstände naturwissenschaftlichen Gesetzmäßigkeiten unterliegen und sich von den Prognosen der Naturwissenschaftler nicht beeinflussen lassen, sind die Forschungsobjekte in den Wirtschaftswissenschaften meist gleichzeitig bewusst handelnde Subjekte (Ghoshal 2006, S. 77–81). Sie können daher ihr Verhalten nach den darüber aufgestellten Prognosen ausrichten, indem sie entweder genau das tun, was prognostiziert wurde (selbsterfüllende Prophezeiung), oder genau das Gegenteil (selbstzerstörende Prophezeiung) – oder etwas völlig anderes. Dies erschwert nicht nur die empirische Prüfung von wirtschaftswissenschaftlichen Prognosen, sondern kann vor allem dazu führen, dass die weitere Entwicklung durch die Vorhersage selbst beeinflusst wird.

Selbst, wenn die untersuchten Individuen die über ihr Verhalten angestellten Prognosen nicht kennen, ist nicht mit Sicherheit davon auszugehen, dass sie sich weiterhin so verhalten wie zu dem Zeitpunkt, als die Prognose aufgestellt wurde. Denn in den Wirtschaftswissenschaften spielen die das menschliche Verhalten bestimmenden Erwartungen und Absichten eine wichtige Rolle (Gilboa et al. 2008). Die Absichten eines Individuums sind aber immer nur der momentane Ausdruck einer höchst komplexen Gemengelage aus inneren Grundeinstellungen, Überzeugungen und/oder Erwartungen sowie auf diese bezogenen Empfindungen. Sie sind also zeitgebunden und können sich im Laufe der Zeit immer wieder verändern – was natürlich auch die Verlässlichkeit der Prognosen tangiert.

Erwartungen und Absichten von Individuen sind höchst subjektiver Natur. Es handelt sich bei ihnen nicht um theoretisch und objektiv fundierte Daten, wie sie für Prognosen und ökonomische Analysen idealerweise verwendet werden sollten. Wo aber subjektiv beeinflusste Faktoren zur Basis von Modellen und Methoden werden, führt dies oftmals zu höchst unwissenschaftlichen und nicht selten falschen Ergebnissen (Ghoshal 2006, S. 77–81). Wirtschaftswissenschaftliche Prognosen sind also nur bedingt objektiv und als Planungsgrundlage nur bedingt verlässlich. Ihnen wohnt grundsätzlich ein nicht zu vernachlässigendes Maß an Unsicherheit inne, auf das leider viel zu selten hingewiesen wird. Aus diesem Grund sollten sie zumindest von Aussagen begleitet werden, welche die ihnen zugrunde liegenden Annahmen spezifizieren (Makridakis et al. 2009, S. 799).

Die Selbstverständlichkeit, mit der Businesspläne immer wieder unhinterfragt eingesetzt und vor allem vielfach zur zentralen Entscheidungsgrundlage gemacht werden, ist vor diesem Hintergrund einigermaßen fragwürdig. Jeder Teil der Ereigniskette, an deren Ende die im Businessplan prognostizierte Zukunft stehen soll, basiert auf Annahmen und ist mit Unsicherheit behaftet. In der Folge wollen wir einige Aspekte diesbezüglich näher beleuchten.

6.5.2   Die Zukunft ist nicht immer stabil

Alle Formen von Vorhersagen – egal ob bewertend oder statistisch – gehen davon aus, dass Muster oder Verhältnisse existieren, die mit den betrachteten Phänomenen in Zusammenhang stehen. Unter Bezug darauf leiten sie die Prognose in einer kausalen Folge aus den Entwicklungen der Vergangenheit ab; sie basieren also auf einem Verständnis von Ursache- und Wirkungs-Beziehungen (Carland und Carland 2003, S. 2).

Die dazu am häufigsten genutzte Methode ist die „Extrapolation" von Daten aus der Vergangenheit auf die Zukunft: Bekannte Zustände, existierende Trends oder wiederkehrende Muster werden analog zu ihrer bisherigen Entwicklung auf die Zukunft übertragen. Extrapolation funktioniert jedoch nur unter stabilen Bedingungen gut (Mintzberg und Fischer 1995, S. 273; Liedtka und Ogilvie 2011, S. 8–20). In der Realität sind die Bedingungen allerdings nicht immer stabil, oftmals sogar alles andere als das. Viele Zukunftsszenarien sind entscheidend von Unsicherheit, Ungewissheit und Risiken geprägt. Dadurch wird die Berechenbarkeit zukünftiger Ereignisse teilweise erheblich eingeschränkt.

Für einmalige Ereignisse – sogenannte Unwägbarkeiten im positiven wie im negativen Sinne – fehlen schon per Definition Muster bzw. Vergangenheitsdaten. Es lassen sich für sie keine Modelle konstruieren. Wo sie die Entwicklung beeinflussen oder unerwartet auftreten, ist es quasi unmöglich, zu korrekten Prognosen zu kommen (Taleb 2007). Beispiele für solche Unwägbarkeiten sind technische Innovationen, Preisanstiege, Veränderungen des Konsumverhaltens oder Änderungen in der Gesetzgebung.

Eine hinsichtlich der Frage der Berechenbarkeit der Zukunft wichtige Unterscheidung führte bereits 1921 Knight ein. Er differenziert zwischen den Begriffen „Risiko" und „Unsicherheit": Von „Risiko" spricht er, wo die Wahrscheinlichkeit dafür, dass ein Ereignis eintritt, kalkulierbar oder gar bekannt ist. Im Gegensatz dazu zeichnen sich „unsichere" Situationen dadurch aus, dass sie zwar Aktionen erfordern, aber Riskoanalysen unmöglich sind, weil die Wahrscheinlichkeiten, dass mögliche Alternativen eintreten, nicht bekannt sind und sich auch nicht kalkulieren lassen. Diese Unterscheidung ist für Unternehmensgründer von hoher Bedeutung, da sie besonders häufig mit „Unsicherheiten" im Sinne der Definition von Knight konfrontiert sind. Dies hat unserer Ansicht nach entscheidende Auswirkungen auf die Anwendungsmöglichkeiten von Businessplänen.

Abb. 6.3 Known-Knowns-
Situationen (Quelle: Courtney, H. et al. 1997, S. 70).

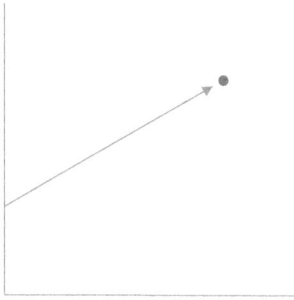

Es gibt verschiedene Abstufungen von Unsicherheit. Der Umgang mit ihnen sollte mit dem Grad der Ungewissheit korrelieren und an ihn angepasst werden. Makridakis et al. (2009, S. 806) definieren drei verschiedene Ausgangspositionen:

*   *Known Knowns*: Dinge, die wir wissen;
*   *Known Unknowns*: Dinge, von denen wir wissen, dass wir sie nicht wissen;
*   *Unknown Unknowns*: Dinge, von denen wir nicht wissen, dass wir sie nicht wissen.

Known Knowns sind die beste Grundlage für Prognosen, da sie kaum oder gar keine Unsicherheit beinhalten. Auf ihrer Basis ist es denkbar, ein Zukunftsszenario zu entwickeln, das mit sehr großer Wahrscheinlichkeit genau so eintrifft (siehe Abb. 6.3). In unserer heutigen Wirtschaft sind Situationen, in denen die zukünftige Entwicklung beinahe zwingend als bekannt angenommen werden kann, allerdings eher selten.[15] Am ehesten ist eine präzise Prognose in einer stark regulierten Branche oder in Branchen mit hohen Eintrittsbarrieren möglich.

In Bezug auf die *Known Unknowns* müssen verschiedene Situationen unterschieden werden. Zunächst einmal gibt es solche, für die präzise Wahrscheinlichkeiten berechenbar sind, also klassische Risikosituationen nach Knight (siehe Abb. 6.4).[16]

---

[15] Als Beispiel könnten eventuell die garantierten Einspeisevergütungen für Strom im Rahmen des Erneuerbare-Energien-Gesetzes (EEG) gelten, wobei auch in solchen Zusammenhängen unerwartete Änderungen des politischen Willens die zuvor aufgestellten Prognosen obsolet werden lassen könnten.

[16] Dazu zählen beispielsweise klassische Entweder-oder-Situationen, wie das Werfen einer Münze.

Abb. 6.4 Known
Unknowns bzw. klassische
Risikosituationen (Quelle:
Courtney, H. et al. 1997,
S. 70).

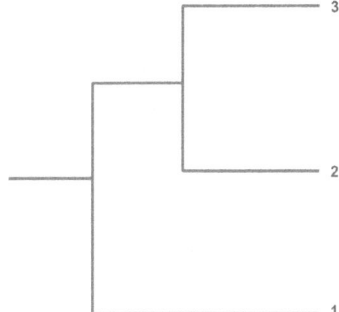

Abb. 6.5 Known
Unknowns, bei denen
Schätzungen möglich sind
(Quelle: Courtney, H. et al.
1997, S. 71).

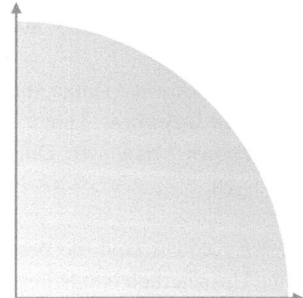

Daneben gibt es *Known Unknowns*, von denen wir zwar wissen, dass sie eintreffen können oder werden, allerdings nicht wissen, wann, wo und in welcher Intensität dies geschehen wird. Ihnen ist ein gewisser Grad an Unsicherheit eigen. Die Wahrscheinlichkeit des Eintreffens dieser *Known Unknowns* kann nicht genau quantifiziert, sondern bestenfalls geschätzt werden (siehe Abb. 6.5).

Zu ihnen gehört z. B. das Auftreten von Blasen auf dem Finanzmarkt und deren späteres Platzen, in dessen Folge es zu Rezessionen und Finanzkrisen kommt. Der Vorgang wiederholt sich in unregelmäßigen Abständen immer wieder. Wann genau es jedoch wieder so weit sein wird und in welchem Ausmaß bzw. mit welchen konkreten Folgen, ist nicht bekannt (Koll 2009, S. 82).

Im Umgang mit *Known Unknowns* dieser Art bedarf es einer ausreichenden Basis an quantitativen Daten, um die Wahrscheinlichkeit des Auftretens einschätzen und möglichst präzise Prognosen über die Zukunft erstellen zu können. Zu diesen Daten zählen auch in der Vergangenheit aufgetretene Abweichungen. Diese Daten werden daraufhin analysiert, wie sich die Abweichungen verteilen und ob sie von-

Abb. 6.6 Zukunfts-
szenarien in Unknown-
Unknowns-Situationen
(Quelle: Courtney, H. et al.
1997, S. 71).

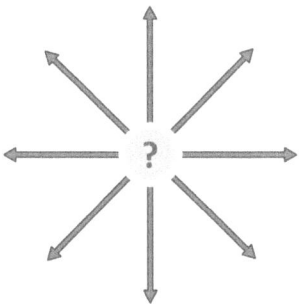

einander unabhängig sind. Damit das Schätzmodell statistisch korrekt ist, müssen die Fehler einer bekannten, berechenbaren Verteilung unterliegen[17] und unabhängig voneinander sein. Gleichzeitig wird angenommen, dass künftige Fehler in Art und Häufigkeit denen der Vergangenheit ähneln werden. Nur unter diesen Bedingungen kann die Wahrscheinlichkeit des Eintreffens der jeweiligen Unsicherheit mehr oder weniger korrekt geschätzt werden. Je größer der Verstoß gegen diese Annahmen ist, desto wahrscheinlicher sind Fehlprognosen für die Zukunft (Makridakis et al. 2009, S. 806).

Unknown Unknowns schließlich sind der klassische Fall Knight'scher „Unsicherheit". Bei ihnen handelt es sich in der Regel um höchst außergewöhnliche Ereignisse, die außerhalb unserer Vorstellungskraft liegen, bevor sie eintreten. Oft ist noch nicht einmal bekannt, dass es sie überhaupt gibt. Sie sind vollständig unkalkulierbar, sodass es unmöglich ist, ihren Einfluss auf künftige Entwicklungen zu prognostizieren (siehe Abb. 6.6).

Die aus *Unknown Unknowns* resultierenden Folgen können sowohl positiv als auch negativ sein. Häufig stehen sie im Zusammenhang mit beträchtlichen politischen, sozialen oder wirtschaftlichen Veränderungen (Courtney et al. 1997, S. 82–90). Beispiele hierfür sind die Situation in der ehemaligen DDR direkt nach der Grenzöffnung Anfang 1990, der Terroranschlag des 11. September 2001 auf das New Yorker World Trade Center oder die Erfindung des Internets.

Aus den Eigenschaften der *Known Knowns*, *Known Unknowns* und *Unknown Unknowns* ergibt sich – vereinfacht gesagt – ein grundsätzlicher Unterschied im Hinblick auf Prognosen und deren Verlässlichkeit: Wo die Stabilitätshypothese gilt, also von einer ausreichenden Kontinuität zwischen Vergangenheit und Zukunft ausgegangen werden kann, lassen sich auf der Basis der vorhandenen Daten ausreichend präzise Prognosen für die künftige Entwicklung erstellen. Sie bleiben

---

[17] Z. B. der Normalverteilung nach Gauß.

zwar voraussetzungsreich und können sich – beispielsweise bei sich ändernden Rahmenbedingungen – schnell als unzuverlässig erweisen. Sie sind aber aufgrund der Möglichkeiten, die sie zur Quantifizierung von Unsicherheit bieten, hilfreich für viele Anwendungen und Bereiche innerhalb der Wirtschafts- und Geschäftswelt (Risseeuw und Masurel 1994, S. 313; Makridakis et al. 2009, S. 794).

Eine solche Basis für seriöse Prognosen fehlt jedoch bei *Known Unknowns* oder *Unknown Unknowns*, in denen die Stabilitätshypothese nicht gilt und bei denen das ihnen innewohnende Maß an Unsicherheit nicht quantifizierbar ist (Makridakis et al. 2009, S. 795; Knight 1921). Ereignisse dieser Art können nicht in statistischen Modellen abgebildet werden, weil sie so selten und einzigartig sind. Verbunden mit dem Umstand, dass sie in aller Regel unerwartet eintreten, sind sie zudem schwer vorstellbar. Deshalb wird die Möglichkeit ihres möglichen Eintreffens oftmals nicht einmal in Betracht gezogen. Selbst wo dies doch der Fall ist, tendiert der Mensch allgemein dazu, die Wahrscheinlichkeit solcher unwahrscheinlichen Ereignisse zu unterschätzen und herunterzuspielen (Taleb 2013). Aufgrund dessen ist er häufig auch nicht in der Lage, sich deren Auswirkungen und Konsequenzen vor Augen zu führen.

Solche Ereignisse werden von Prognostikern häufig ignoriert, weil sie besonders selten und zudem schwer bis gar nicht vorhersagbar bzw. berechenbar sind. Dies kann als Lösung allerdings nur sehr bedingt befriedigen, da es sie ja trotz allem gibt. Unwägbarkeiten dieser Art kann im Allgemeinen nur dadurch begegnet werden, dass man sich auf die Möglichkeit ihres Eintretens vorbereitet – ein Beispiel dafür aus einem anderen Bereich ist der Bau erdbebensicherer Häuser – bzw. schnell auf sie reagieren kann. Es sei noch einmal betont, dass solche Unwägbarkeiten keinesfalls ausschließlich negative Folgen haben müssen – sie können häufig auch die Geburtsstunde für neue, kreative Geschäftsmodelle sein (Sarasvathy 2008; Taleb 2013).

Dies führt uns zurück zu unserem allgemeinen Thema und der Frage, welche Rolle Prognosen im Rahmen von Unternehmensgründungen spielen können und sollten.

6.5.3 Prognosen im Rahmen der Unternehmensgründung

Im uns interessierenden Kontext ist es grundsätzlich schwierig, Vorhersagen über die Zukunft aus der Vergangenheit abzuleiten: Unternehmensgründungen haben nun einmal keine eigene Vergangenheit. Zwar kann dieser Mangel durch Branchenkennzahlen bzw. -vergleichszahlen teilweise behoben werden. Gleichwohl verfügen Gründer in der Regel nur bedingt über die Informationen, die notwendig wären, um einigermaßen verlässliche Prognosen zu erstellen. Für viele Förderprogramme müssen die notwendigen Anträge inklusive des Businessplans jedoch bereits vor der Umsetzung des Vorhabens gestellt werden. Zu diesem Zeitpunkt fehlt den Gründern oft noch das direkte Marktfeedback. Dieses erhalten sie überwiegend erst nach der Bewilligung der Fördergelder, wenn sie ihre Pläne umsetzen. Fehlannahmen im Businessplan sind dann aber umso schwieriger auszumerzen. Im Zweifel stellt dies die Unternehmensgründer vor ungeahnte neue Hürden (Linder und Cantrell 2001, S. 14).

Hinzu kommt ein weiterer Faktor: Die fehlende Datenbasis öffnet Raum dafür, dass subjektive Aspekte in die Prognosen einfließen. Der Mangel an objektiven Erfahrungs- und Vergleichsdaten hat daher immer wieder zur Folge, dass Businesspläne stark von den subjektiven Absichten, Erwartungen und Hoffnungen der Gründer beeinflusst sind. Der Grad an Rationalität und Objektivität, der ihnen zugrunde liegt, ist insofern zusätzlich eingeschränkt, auch wenn wir betonen, dass sich viele Gründer in der Planung ihres Vorhabens um intensive Analysen und Kalkulationen bemühen.

▶ Zugespitzt lässt sich deshalb formulieren, **dass es sich bei vielen, wenn nicht den meisten Businessplänen und den darin gegebenen Informationen weniger um Fakten als um Fiktionen handelt.** Sie sind oft eher Ausdruck von (subjektiven) Erwartungen über die Zukunft als valide Prognosen.

Insbesondere dort, wo es sich um innovative Geschäftsmodelle handelt, ist die Wahrscheinlichkeit gering, dass sich die Gründer in Bereichen bewegen, deren zukünftige Entwicklung kalkulierbar wäre.[18] Sie haben es eher mit *Known Unknowns* oder gar *Unknown Unknowns* zu tun. Gleichwohl können innovative Gründer derzeit nicht auf Businesspläne verzichten, wenn sie finanzielle Fördermittel beantragen wollen. Diese Situation muss fast zwangsläufig dazu führen, dass sie den formalen Anforderungen in Bezug auf die erwarteten Prognosen nur „irgendwie" Genüge tun.

Eine weitere Schwierigkeit ist, dass oft Vorhersagen über mehrere Jahre hinweg gefordert werden.[19] Langfristige Prognosen für Perioden von zwei und mehr Jahren gelten jedoch grundsätzlich als notorisch ungenau (Klandt 1999, S. 94–95).

---

[18] Gleichwohl können sie derzeit nicht auf Businesspläne verzichten, wenn sie die Beantragung von finanziellen Fördermitteln anstreben. So wird ein Businessplan mit den darin enthaltenen Prognosen „irgendwie" aufgestellt.

[19] Um eine Finanzierung bei einer Bank bzw. Förderbank zu erhalten, werden Businesspläne verlangt, die eine Finanzplanung bzw. -vorschau für mindestens drei Jahren enthalten.

Man muss sich die Anforderung an die Gründer noch einmal deutlich in ihrer Gesamtheit vor Augen führen: Von ihnen wird eine langfristige Planung auf Grundlage von unsicheren Informationen und ohne die geringste Berührung mit dem Markt gefordert. Jeder einzelne dieser Aspekte schränkt die Verlässlichkeit von Prognosen jedoch erheblich ein. Vor diesem Hintergrund können Gründer die Zukunft eigentlich nur zufällig treffend antizipieren (Kraus et al. 2007, S. 392–393). Es ist daher wenig verwunderlich, dass es in Businessplänen häufig zu Fehlprognosen kommt (Delacroix und Carroll 1983, S. 289). In vielen Fällen hat dies zur Folge, dass die Gründung früher oder später scheitert.

   Negative Entwicklungen dieser Art können dadurch befördert werden, dass der unreflektierte Glaube an die Berechenbarkeit der Zukunft und die Verlässlichkeit der eigenen Prognosen bei Gründern die Illusion erzeugen, dass sie die Zukunft kontrollieren könnten (Wiltbank et al. 2006). Dies birgt die Gefahr, dass sie keine oder nicht ausreichende Schutzvorkehrungen in Bezug auf unerwartete Ereignisse oder Veränderungen in ihrer Umwelt treffen (Sarasvathy 2012, S. 8–9). Stattdessen wiegen sie sich womöglich in falscher Sicherheit. Der Glaube an die Berechenbarkeit der Zukunft und die Illusion, „an alles gedacht" zu haben, können dazu beitragen, dass Gründer die Flexibilität verlieren, adäquat auf negative Veränderungen zu reagieren. Außerdem mögen sie aber auch dazu führen, dass Gründer Chancen, die sich aus unerwarteten Entwicklungen ergeben, nicht für sich nutzen (Makridakis und Taleb 2009, S. 841).

6.5.4 Auf die Art der Gründung kommt es an!

Businesspläne basieren auf Prognosen über die Zukunft. Gute Prognosen sind aber, wie wir gezeigt haben, nur unter stabilen Bedingungen möglich. Aus der Reihe von Daten und Informationen, die für ihre Erstellung notwendig sind, fehlen im Kontext von Unternehmensgründungen naturgemäß Vergangenheitsdaten, sodass nur bedingt extrapoliert werden kann.

▶   **Imitative Unternehmensgründungen,** die bereits etablierte
      Geschäftsmodelle nachahmen, **können für ihre Prognosen immerhin
      auf Branchenvergleichszahlen und Daten ähnlicher Art zurückgreifen. Im Gegensatz dazu bieten sich bei innovativen Unternehmensgründungen,** die auf neuen, bisher unbekannten Geschäftsmodellen
      beruhen, **so gut wie keine Anhaltspunkte für verlässliche Prognosen** (Courtney et al. 1997, S. 85–90).

Innovative Unternehmensgründungen bewegen sich häufig in einem Feld höchster Unsicherheit und es fehlt ihnen schlicht an der notwendigen Datenbasis. Dadurch wird die Extrapolation aus der Vergangenheit unmöglich. Bei Gründungen dieser Art zeigt sich erst am Markt, ob das Geschäftskonzept Erfolg hat und Kunden gewinnen kann.[20] Wir halten dies für einen zentralen Unterschied, der für den Umgang mit und die Rolle von Businessplänen im deutschen Gründungsgeschehen und in den Prozessen der Gründungsförderung Konsequenzen haben sollte.

6.6 Was vom Mythos übrig blieb …

Im Verlauf dieses Kapitels haben wir uns mit verschiedenen zentralen Facetten des Mythos Businessplan beschäftigt, um zu sehen, inwieweit er dem Vergleich mit der Realität standhält. Im Ergebnis hat der Mythos erhebliche Risse bekommen.

So ist zwar unbestritten geblieben, dass der Businessplan unter den aktuell gegebenen Bedingungen eine zentrale Rolle im Zugang zu Fördermitteln und Krediten spielt. Diese Rahmenbedingungen sind jedoch nicht in Stein gemeißelt. Sie könnten auch geändert werden und unsere Betrachtungen legen nahe, dass es an der Zeit wäre, dieses zu tun. Vor allem aber hat sich gezeigt, dass diese entscheidende Rolle des Businessplans letztlich nur weniger als ein Drittel der Unternehmensgründer in Deutschland betrifft. Abgesehen davon, dass diese dann, wie wir an anderer Stelle gezeigt haben, oftmals in nachteiliger Weise in der Mittelverwendung eingeschränkt sind, hat die überwiegende Mehrheit der Gründer überhaupt keinen Bedarf an Finanzmitteln von externen Kapitalgebern.

Warum auch diese Gruppe gleichwohl immer wieder aufgefordert wird, Businesspläne zu schreiben, erscheint angesichts der Erkenntnisse über den geringen Nutzen, den Gründer mit diesem Instrument verbinden, umso fragwürdiger: Über die Kapitalakquise hinaus bleibt keine der ihm unterstellten Funktionen in der Praxis erhalten. Selbst unter denjenigen, die damit Mittel einwerben konnten, ist das Instrument umstritten. Das Aufwand-Nutzen-Verhältnis von Businessplänen wird negativ bewertet und sie werden praktisch ausschließlich für Dritte geschrieben.

---

[20] Als Beispiel sei die Idee des „Kochhauses" genannt, die im Grundsatz den Aufbau eines Supermarktes übernimmt, ihn aber in Form eines „begehbaren Kochbuchs" zu einem neuen Gedanken entwickelt. Zwar gab es für „normale" Supermärkte natürlich Branchenvergleichszahlen, sie konnten jedoch für dieses innovative Geschäftsmodell nicht als valide Grundlage zur Prognose der potenziellen Kundenzahl und Umsätze herangezogen werden. Erst die Markteinführung hat die Tauglichkeit des Konzepts erwiesen. Inzwischen gibt es neben der 2010 eröffneten Stammfiliale in Berlin weitere Filialen in verschiedenen deutschen Städten (Kochhaus 2013).

Die immer wieder behaupteten Möglichkeiten der späteren Nutzung, z. B. im Hinblick auf die Entwicklung eines Unternehmenscontrollings, werden kaum je realisiert. Vielmehr enden die meisten Businesspläne nach erfolgter Kapitalakquise unbeachtet in der Schublade.

Die angebliche positive Relation des Businessplans zum Unternehmenserfolg wird von der Forschungslage ebenfalls nicht erhärtet. Im Gegenteil ist der Businessplan offenbar gerade für Gründungen und junge Unternehmen oder innovative Geschäftsmodelle eher weniger geeignet. Seine Stärken liegen mehr in der Anwendung auf bereits am Markt etablierte Unternehmen oder Geschäftsmodelle. Daneben weisen die vorliegenden Studien darauf hin, dass gerade in risikoaversen Gesellschaften wie der deutschen mit der Nutzung von Instrumenten wie dem Businessplan einige Nachteile verbunden sind, insbesondere eine Einbuße an Flexibilität.

Auch der behauptete Zusammenhang zwischen Businessplänen und deren Güte mit zuvor erfolgten, sinnvollen Planungsaktivitäten erweist sich als Schimäre. Weder beweist die Existenz eines formell überzeugenden Businessplanes umfassende, gute Planung, noch kann das Fehlen dieses Dokuments als Indiz für nicht geleistete Planung gewertet werden. Tatsächlich erscheinen einfache Planungsaktivitäten, die weniger Zeit und Ressourcen benötigen, im Rahmen von Unternehmensgründungen allgemein ausreichend, wenn sie nicht sogar vielfach zielführender sind.

Zu guter Letzt hat sich außerdem gezeigt, dass die implizite Grundlage des Businessplans, der Glaube an die Berechenbarkeit der Zukunft mittels der Methoden und Modelle der strategischen Planung, im für uns relevanten Bereich des Gründungsgeschehens auf recht wackligen Füßen steht. In diesem Umfeld sind Prognosen grundsätzlich mit einem gewissen, nicht selten erheblichen Maß an Unsicherheit konfrontiert, das verlässliche Aussagen über die künftige Unternehmensentwicklung erheblich erschwert und sie vielfach eher in den Bereich der Fiktion rückt.

Insgesamt muss daher festgestellt werden, dass die Mythen, welche die Businessplan-Industrie um das von ihr beworbene Produkt strickt, zwar von professioneller Lobbyarbeit zeugen, aber die Realität stark verzerren. Dies hat zu teilweise radikaler Kritik geführt. So fordert beispielsweise Gumpert (2002): *„Burn your Businessplan"*. Er vertritt damit sicher eine Extremposition, aber selbst in der polemischen Form, in der er seine Kritik vorträgt, trifft sie in der Tendenz vielfach den Kern (ebd., S. 18–19):

- *„They all seem to look the same."* – „Sie sehen alle gleich aus." Dies ist als Resultat der allgegenwärtigen Anleitungen, Vorlagen und Businessplan-Software mit Mustergliederungen etc. sowie der unermüdlichen Arbeit der professionellen Businessplan-Schreiber, -Coaches und -Trainer wenig verwunderlich.

- „*They all seem to sound the same.*" – „Sie klingen alle gleich." Neben dem oben erwähnten Aspekt bezieht sich Gumpert damit auf die häufig überzogenen Umsatz- und Gewinnprognosen, überambitionierte Geschäftsmodelle und inhaltsleere Sprechblasen im üblichen Fachjargon.
- „*They have little relation to reality.*" – „Sie haben wenig Bezug zur Realität." Vielfach sind Businesspläne eher Versprechen an Dritte, deren Realitätsgehalt mit dem der Werbeindustrie gleichgesetzt werden muss.
- „*No one uses them to run their business.*" – „Niemand setzt sie zur Unternehmensführung ein." Der Zweck von Businessplänen ist in der Praxis eben nur die Einwerbung von Kapital – als Mittel der Unternehmensplanung und -führung dienen sie praktisch nie.

Zu all diesen Kritiken kommt eine weitere: Die Konzentration auf Daten und Prognosen im Businessplan lässt andere wesentliche Informationen bzw. Faktoren eines Geschäftsmodells, insbesondere die persönliche Kompetenz der Gründer, in den Hintergrund rücken. Gerade im Bereich der Unternehmensgründungen und der jungen Unternehmen, die häufig darauf angewiesen sind, bei schwacher Datenlage und großer Unsicherheit flexibel zu reagieren, sind diese Kompetenzen jedoch von zentraler Bedeutung.

6.7   Ist der Businessplan noch zu retten?

Nachdem nun aber der „Mythos Businessplan" an der Realität zerbrochen ist, stellt sich die Frage, welcher Stellenwert dem Instrument im Rahmen des Gründungsgeschehens weiter zugewiesen werden sollte.

▶   **Wir plädieren nicht für eine grundsätzliche Abkehr von der Nutzung von Businessplänen, sondern vielmehr für deren differenzierte Verwendung.**

Bei nüchterner, nicht mehr mythisch verklärter Betrachtung hat das Instrument Businessplan wie jedes andere Hilfsmittel bestimmte Stärken und Schwächen. Viel wäre bereits gewonnen, wenn ein offener Diskurs darüber geführt würde. Dann würde beispielsweise stärker ins Bewusstsein der am Gründungsgeschehen beteiligten Akteure gerückt, dass der Businessplan nicht für jedes Vorhaben gleich gut geeignet ist. Sein Nutzen für Unternehmensgründer ist abhängig von ihren Zielen, dem Unternehmenskontext und der Innovationskraft des Vorhabens.

Ebenso wichtig ist es, sich vor Augen zu halten, dass zwischen der Planung in neu zu gründenden Unternehmen und in bereits bestehenden, langfristig am Markt etablierten Unternehmen fundamentale Unterschiede existieren. In der Gründungsphase fehlen zwangsläufig viele Informationen, die zum verlässlichen Einsatz von Prognosen und der auf ihnen basierenden strategischen Planungen notwendig wären. Unternehmensgründungen sind grundsätzlich mit deutlich höherer Unsicherheit konfrontiert, wobei der Grad der Unsicherheit mit dem des Innovationspotenzials korreliert. Daher ist der **Businessplan umso weniger geeignet, je innovativer ein Gründungsvorhaben** ist. Denn innovative Gründungsvorhaben können weder auf Vergangenheitsdaten noch auf Vergleichszahlen zurückgreifen und ihr Innovationsgehalt erschwert oder verhindert den direkten Vergleich mit Wettbewerbern.

Der Businessplan kann eher bei imitativen Gründungen nützlich sein, die auf am Markt bereits vorhandenen Geschäftsmodellen basieren. Hier kann bei der Erstellung auf Vorerfahrungen mit dem Geschäftsmodell und dem Aufbau des Unternehmens zurückgegriffen werden. In diesem Bereich kann das Instrument beispielsweise unter Bezugnahme auf Branchenkennzahlen helfen, die grundsätzliche Tragfähigkeit einer anvisierten Gründung nachzuweisen. Ein Businessplan kann also in der Anwendung auf imitative Gründungen als Prüfstein dienen und Gründer davon abhalten, aller Wahrscheinlichkeit nach unprofitable oder zu risikoreiche Projekte weiterzuverfolgen. Zugleich kann der Businessplan – unter Rückgriff auf die Vorgehensweise und Erfahrungen anderer, bereits etablierter Unternehmen gleicher Art – imitative Gründer als Leitfaden beim Aufbau des eigenen Unternehmens, der dazu notwendigen Infrastruktur sowie für notwendige Investitionen unterstützen.

Doch auch in Bezug auf die Nutzung von Businessplänen im Kontext imitativer Gründungen müssen einige Vorbehalte formuliert werden. Gründer, die keine externen Finanzmittel benötigen, sind aller Wahrscheinlichkeit nach besser beraten, informelle Planungsansätze zu verfolgen. Sie verursachen weniger Aufwand und sind dabei in aller Regel nicht weniger zielführend. Außerdem erleichtern sie das flexible Reagieren auf sich verändernde Situationen. Die langfristig ausgelegte, detaillierte Planung im Rahmen von Businessplänen setzt im Gegensatz dazu einen deutlich engeren, starren Rahmen, der bei Gründern zu einer gefährlichen Inflexibilität führen kann (Lange et al. 2007, S. 2; Hannon 2001, S. 262). Schon für Henri Fayol, einen der frühesten und bekanntesten Befürworter der strategischen Planung, war der eigentliche Zweck der Planung nämlich gerade nicht, Flexibilität zu fördern, sondern vielmehr ihre Notwendigkeit zu reduzieren (zitiert in Hayes 1985, S. 114). Die dysfunktionale Konsequenz der Beschränkung von Flexibilität ist insofern schon aufgrund seiner historischen Entwicklung im Instrument des Businessplans angelegt.

Nun sind aber gerade junge Unternehmen darauf angewiesen, flexibel zu bleiben, wenn sie Erfolg haben wollen (Bhidé 2000). Flexibilität bedeutet für ihren Fall, schnell und trotzdem überlegt handeln zu können. Insbesondere in der Gründungsphase und den ersten Jahren eines Unternehmens ist eine gewisse Toleranz gegenüber dem Ungewissen notwendig, denn in dieser Zeit ist vieles im Fluss. Unerwartete Situationen und ungewollte oder notwendige Abweichungen von der ursprünglichen Planung erfordern flexible Reaktionen und die Fähigkeit zum schnellen Nach- oder Umsteuern. Sich dynamisch an die Veränderungen im Marktumfeld anpassen zu können, ist entscheidend für die Entwicklung und das Fortbestehen neu gegründeter und junger Unternehmen.

Diese Notwendigkeit anerkennend, wird oft die Empfehlung ausgesprochen, den Businessplan kontinuierlich zu überprüfen und anzupassen. Angesichts des damit verbundenen Zeitaufwands ist dies jedoch nur schwer in die Tat umzusetzen. Abgesehen davon ist der Vorschlag als Lösungsansatz per se nur schwer einsichtig. Insofern ist es wenig überraschend, dass gemäß der dazu vorliegenden empirischen Studien selbst die Gründer, die sich vornehmen, ihren Businessplan stetig zu aktualisieren, spätestens nach sechs Monaten damit aufhören. Dass vonseiten der Businessplan-Industrie auch in diesem Punkt die Forderung an die Gründer erhoben wird, „mehr Bewusstsein" für die Notwendigkeit der fortlaufenden Aktualisierung des Businessplans zu entwickeln, überrascht ebenso wenig, wie es am eigentlichen Problem vorbeigeht:

▶ **Die Prognosen im Businessplan sind per se mehr oder weniger unzuverlässig, der Arbeitsaufwand des Instruments für die Bedürfnisse von Gründern viel zu hoch und das Instrument setzt einen für die Anfangsphase eines Unternehmens zu starren Rahmen.**

Womöglich könnte der Inflexibilität in Businessplänen besser begegnet werden, indem z. B. verschiedene Szenarien integriert werden, die es erleichtern, auf plötzliche Änderungen zu reagieren. Dabei darf jedoch nicht vergessen werden, dass manche Ereignisse grundsätzlich nicht planbar sind. In diesen Fällen kann der Businessplan nur als Orientierung dienen (Ripsas 1998, S. 150–151; Taleb 2013). Eine solche Änderung der Wahrnehmung und des Stellenwerts von Businessplänen würde zu einem Trend passen, der sich in der Forschungsliteratur zum Gründungsgeschehen seit einigen Jahren beobachten lässt: Businesspläne und strategische Planung scheinen an Bedeutung zu verlieren. Stattdessen wird der Fokus verstärkt auf den Prozess des Lernens gelegt, der offener für iterative, fortlaufende Veränderungen ist und von der Anlage her besser zu der Situation und den Notwendigkeiten von Gründungen passt.

Ob das starre Instrument Businessplan angesichts dieser Entwicklung und der von uns aufgezeigten Nachteile zumindest im Bereich der imitativen Gründungen noch eine Zukunft hat, wird sich erst noch zeigen müssen. Wir plädieren diesbezüglich zumindest für einen erheblich differenzierteren Umgang damit. Es muss im Einzelfall geprüft werden, ob die Erstellung eines Businessplans den jeweiligen Gründern einen tatsächlichen Nutzen bringen würde oder ob nicht vielmehr andere Formen der Planung und Beratung besser zu ihrer Situation und ihren Bedürfnissen passen.

Wo es um innovative Gründungen geht, ist noch deutlich größere Skepsis angezeigt. Je größer Unsicherheit und Ungewissheit sind, desto weniger sind langfristige Planungsaktivitäten, wie sie mittels des Businessplans durchgeführt werden, hilfreich und angebracht. Denn die Unsicherheit, mit der innovative Gründungen in besonderer Weise konfrontiert sind, ist die Achillesferse der strategischen Planung und somit auch des Businessplans. Vor allem in sehr dynamischen Umfeldern kann er mit der sich wandelnden Realität häufig nicht annähernd Schritt halten (Risseeuw und Masurel 1994, S. 317–321). Wenn neue Unternehmen unter sehr ungewissen und dynamisch-wechselhaften Bedingungen arbeiten, sind andere Herangehensweise deshalb deutlich besser geeignet – und notwendig.

Gründer, die innovative Geschäftsmodelle entwickeln bzw. an den Markt bringen wollen, benötigen Instrumente, die ihnen helfen, schnell zu reagieren und das Geschäftsmodell auf der Basis der Rückmeldungen von Kunden und anderen Stakeholdern flexibel anzupassen. Die Gründer müssen darin unterstützt werden, bei Bedarf zu improvisieren, kognitiv zu adaptieren und aus den eigenen Fehlern zu lernen (Hüther 2009, S. 84). Hierin liegt für innovative Gründungen der Schlüssel zu dauerhaftem unternehmerischen Erfolg. Die zentrale Aufgabe der Akteure im Umfeld des deutschen Gründungsgeschehens ist, ihnen die dazu notwendigen Informationen und Instrumente in die Hand zu legen. Mit einigen Methoden, die in diesem Kontext von größerem Nutzen sein können als der Businessplan, wollen wir uns im nächsten Kapitel beschäftigen.

Literatur

Aldrich, Howard E., und Martha Argelia Martinez. 2001. Many are called, but few are chosen. An evolutionary perspective for the study of entrepreneurship. *Entrepreneurship Theory and Practice* 25 (4): 41–56.

Ashamalla, Maali H., John N. Orife, und Ivan Abel. 2008. Business plans: Are they relevant to venture capitalists? *Journal of Small Business and Entrepreneurship* 21 (4): 381–392.

Betsch, Oskar, Alexander P. Groh, und Kay Schmidt. 2000. *Gründungs- und Wachstumsfinanzierung innovativer Unternehmen*. München: Oldenbourg (Lehr- und Handbücher der Betriebswirtschaftslehre).

Bhidé, Amar. 2000. *The origin and evolution of new businesses.* Oxford: Oxford University Press.

Brännback, Malin, Alan L. Carsrud, und Jerome A. Katz. 2011. Perceptual differences and perceptual problems in providing government support for new venture creation. In *Handbook of research on new venture creation,* Hrsg. Kevin Hindle und Kim Klyver, 280–298. Cheltenham: Edward Elgar.

Brinckmann, Jan, Dietmar Grichnik, und Diana Kapsa. 2010. Should entrepreneurs plan or just storm the castle? A meta-analysis on contextual factors impacting the business planning–performance relationship in small firms. *Journal of Business Venturing* 25 (1): 24–40.

Bruns, Volker, und Margaret Fletcher. 2008. Banks' risk assessment of Swedish SMEs. Venture Capital. *Venture Capital* 10 (2): 171–194.

Burke, Andrew, Stuart Fraser, und Francis J. Greene. 2010. The multiple effects of business planning on new venture performance. *Journal of Management Studies* 47 (3): 391–415.

Businessplan | eBay. 2011. http://www.ebay.de/sch/?_nkw=businessplan&rvr_id=276960644531&clk_rvr_id=276960644531. Zugegriffen: 26. Okt. 2011.

Carland, JoAnn C., und James W. Carland. 2003. A model of entrepreneurial planning and its effect on performance. ASBE CONFERENCE PAPERS. http://www.sbaer.uca.edu/research/asbe/2003/pdfs/hub/01Carland&.pdf. Zugegriffen: 13. April 2011.

Courtney, H., J. Kirkland, und P. Viguerie. 1997. Strategy under uncertainty. *Harvard Business Review* 75 (6): 66–79.

Delacroix, Jacques, und Glenn R. Carroll. 1983. Organizational foundings: An ecological study of the newspaper industries of Argentina and Ireland. *Administrative Science Quarterly* 28 (2): 274–291. http://www.jstor.org/stable/2392621.

Delmar, Frédéric, und Scott Shane. 2002. What firm founders do. A longitudinal study of the start-up process. Babson College. Babson College. http://www.babson.edu/entrep/fer/babson2002/XX/XX_P1/XX_P1.htm. zuletzt aktualisiert am 12.03.2003. Zugegriffen: 27. Juli 2011.

DiMaggio, Paul J., und Walter W. Powell. 1983. The iron cage revisited: Institutional isomorphism and collective rationality in organizational fields. *American Sociological Review* 48 (2): 147–160.

Frese, Michael, van Marco Gelderen, und Michael Ombach. 2000. How to plan as a small scale business owner: Psychological process characteristics of action strategies and success. *Journal of Small Business Management* 38 (2): 1–18.

Ghoshal, Sumantra. 2006. Bad management theories are destroying good management practices. *Academy of Management Learning and Education* 4 (1): 75–91.

Gibb, Allan. 2007. Creating the entrepreneurial university. In *Handbook of research in entrepreneurship education. A general perspective,* Hrsg. Alain Fayolle, 67–103. Cheltenham: Edward Elgar.

Gibb, Allan, und Mike Scott. 1985. Strategic awareness, personal commitment and the process of planning in the small business. *J Management Studies* 22 (6): 597–631.

Gibson, Brian, und Gavin Cassar. 2002. Planning behavior variables in small firms. *J Small Bus Man* 40 (3): 171–186.

Gilboa, Itzhak, Andrew W. Postlewaite, und David Schmeidler. 2008. Probability and uncertainty in economic modeling. *Journal of Economic Perspectives* 22 (3): 172–188.

Grichnik, Dietmar, Jan Brinckmann, und Diana Kaps. 2008. Who needs a business plan? – A meta-analysis of the planning performance relationship. FGF Förderkreis Gründungs-

Forschung e. V. Hrsg.: G-Forum 2008. 12. Interdisziplinäre Jahreskonferenz zur Grün-
    dungsforschung. Dortmund, 6.–7. November. http://www.fgf-ev.de/DWD/_111327/up-
    load/media_4094.pdf, zuletzt geprüft. Zugegriffen: 14. April 2011.
Grinyer, Peter H. 1971. The anatomy of business strategic planning reconsidered. *Journal of
    Management Studies* 8 (2): 199–212.
Gumpert, David E. 2002. *Burn your business plan! What investors really want from entre-
    preneurs.* Needham: Lauson Pub.
Gumpert, David E., und Julian E. Lange. 2004. Do business plans matter? How venture
    capitalists evaluate entrepreneurs for investment. Summary. Babson College.
Hannon, Paul D. 2001. The business plan – A 21st Dinosaur. In Heinz Klandt (Hrsg) In-
    tEnt95. Internationalizing entrepreneurship education and training; proceedings of the
    IntEnt-Conference, Edith Cowan University, Perth/Bunbury, Australia, June 25–28,
    1995. Lohmar, Köln: Eul (FGF-Entrepreneurship-Research-Monographien, 18).
Hannon, Paul D., und Andrew Atherton. 1998. Small firm success and the art of orienteering:
    The value of plans, planning, and strategic awareness in the competitive small firm. *Jour-
    nal of Small Business and Enterprise Development* 5 (2): 102–119.
Hayes, Robert H. 1985. Strategic planning-forward in reverse? *Harvard Business Review*
    (November–December):111–119.
Honig, B., und Thomas Karlsson. 2004. Institutional forces and the written business plan.
    Journal of Management 30 (1): 29–48.
Hüther, Gerald. 2009. Selbstzweifel: Blockaden überwinden. Interview. *Die Bank: Zeit-
    schrift für Bankpolitik und Praxis* (10):82–84.
Karlsson, Thomas. 2005. *Business plans in New Ventures. An Institutional Perspective.* Dis-
    sertation. Jönköping University, Jönköping.
Klandt, Heinz. 1999. *Gründungsmanagement. Der integrierte Unternehmensplan.* Mün-
    chen: Oldenbourg (7).
Knight, Frank Hyneman. 1921. *Risk, uncertainty and profit.* Boston: Houghton Mifflin
    (Hart, Schaffner & Marx Prize Essays; 31).
Kochhaus | Das begehbare Rezeptbuch. 2013. http://www.kochhaus.de/. Zugegriffen: 15.
    Sept. 2013.
Koll, Willi. 2009. Was erwartet die Politik von Prognosen? *Wirtschaftsdienst* 89 (2): 79–100.
    (zuletzt geprüft am 21.09.2013).
Kraus, Sascha. 2006. *Strategische Planung und Erfolg junger Unternehmen.* 1. Aufl. Wies-
    baden: Deutscher Universitäts-Verlag.
Kraus, S., R. Harms, und E. Schwarz. 2006. Einsatz und Erfolgswirkung strategischer Pla-
    nung in jungen Unternehmen: Eine empirische Analyse linearer und nichtlinearer Zu-
    sammenhänge. http://www.fgf-ev.de/DWD/_111327/upload/media_3602.pdf, zuletzt
    aktualisiert am 12.12.2006. Zugegriffen: 13. April 2011.
Kraus, Sascha, Rainer Harms, und Erich J. Schwarz. 2007. Zur Relevanz der strategischen
    Planung für das Wachstum junger KMU. *Zeitschrift für Management* 2 (4): 374–400.
Lahn, Stefanie. 2015. *Der Businessplan in Theorie und Praxis. Überlegungen zu einem zent-
    ralen Instrument der deutschen Gründungsförderung.* Wiesbaden: Springer Gabler.
Lange, Julian E., William D. Bygrave, Aleksandar Mollov, Michael Pearlmutter, und Sunil
    Singh. 2007. Do business plans make no difference in the real world? A study of 117
    New Ventures. http://www.babson.edu/entrep/fer/2005fer/chapter_xii/paperfr_xii3.html.
    zuletzt aktualisiert am 14.01.2011. Zugegriffen: 13. April 2011.

Liedtka, Jeanne, und Tim Ogilvie. 2011. *Designing for growth. A design thinking tool kit for managers*. New York: Columbia Business School Pub., Columbia University Press.

Linder, Jane C., und Susan Cantrell. 2001. Five business-model myths that hold companies back. *Strategy & Leadership* 29 (6): 13–18.

MacMillan, Ian C., und Subba P. N Narasimha. 1987. Research notes and communications: Characteristics distinguishing funded from unfunded business plans evaluated by venture capitalists. *Strategic Management Journal* 8 (6): 579–585.

Makridakis, Spyros, und Nassim Taleb. 2009. Living in a world of low levels of predictability. Special section: Decision making and planning under low levels of predictability. *International Journal of Forecasting* 25 (4): 840–844.

Makridakis, Spyros, Robin M. Hogarth, und Anil Gaba. 2009. Forecasting and uncertainty in the economic and business world. Special section: Decision making and planning under low levels of predictability. *International Journal of Forecasting* 25 (4): 794–812.

Makridakis, Spyros, Robin M. Hogarth, und Anil Gaba. 2010. Why forecasts fail. What to do instead. *MIT Sloan Management Review* 51 (2): 83–90.

Matthews, Charles H., und Sherrie Human. 2000. The little engine that could: Uncertainty and growth expectations of nascent entrepreneurs (Frontiers of Entrepreneurship Research 2000: Proceedings of the Twentieth Annual Entrepreneurship).

Metzger, Georg, und Katrin Ullrich. 2013. KfW-Gründungsmonitor 2013. Tabellen- und Methodenband. Hrsg. v. KfW Bankengruppe. Frankfurt am Main. https://www.kfw.de/PDF/Download-Center/Konzernthemen/Research/PDF-Dokumente-Gr%C3%BCndungsmonitor/Gr%C3%BCndungsmonitor_2013_Tabellen-und-Methodenband.pdf. zuletzt aktualisiert am 13.06.2013. Zugegriffen: 16. Juni 2013.

Mintzberg, Henry, und Ivonne Fischer. 1995. *Die strategische Planung. Aufstieg, Niedergang und Neubestimmung*. München; London: Hanser; Prentice-Hall Internat.

Mohr, Benjamin, Georg Metzger, Katrin Ullrich, Helmut Fryges, Sandra Gottschalk, und Martin Murmann. 2012. KfW ZEW Gründungspanel. Start mit Strategie. Beschäftigungsfluktuation und Finanzierungsverhalten junger Unternehmen. Hrsg. v. Verband der Vereine Creditreform e. V., KfW Bankengruppe und Zentrum für Europäische Wirtschaftsforschung GmbH (ZEW). Mannheim (KfW ZEW Gründungspanel, Jahrgang 5; November 2012). http://ftp.zew.de/pub/zew-docs/gruendungspanel/KfW_ZEW_Gruendungspanel_112012.pdf. Zugegriffen: 16. Juni 2013.

Perry, Stephen C. 2001. The relationship between written business plans and the failure of small businesses in the U.S. *Journal of Small Business Management* 39 (3): 201–208.

Richbell, S. M. 2006. Owner-managers and business planning in the small firm. *International Small Business Journal* 24 (5): 496–514.

Ries, Eric. 2011. *The lean startup*. 1. Aufl. New York: Crown Business.

Ripsas, Sven. 1998. Der Business Plan – Eine Einführung. In *Entrepreneurship. Wie aus Ideen Unternehmen werden*, Hrsg. Günter Faltin, Sven Ripsas, und Jürgen Zimmer, 141–151. München: C.H. Beck.

Ripsas, Sven, und Holger Zumholz. 2011. Die Bedeutung von Business Plänen in der Nachgründungsphase. *Corporate Finanze biz* 7:435–444.

Ripsas, Sven, Holger Zumholz, und Christian Kolata. 2008. Der Businessplan als Instrument der Gründungsplanung – Möglichkeiten und Grenzen. Working Paper. Fachhochschule für Wirtschaft Berlin, Berlin. IMB Institute of Management Berlin. http://www.mba-berlin.de/fileadmin/doc/Working_Paper/Working_Paper_43_online.pdf. Zugegriffen: 30. März 2011.

Risseeuw, Peter, und Enno Masurel. 1994. The role of planning in small firms: Empirical evidence from a service industry. *Small business economics* 6 (4): 313–322.

Rohe, Anna, und Rudolf Grünig. 2010. Strategie unter Unsicherheit. Lehrstuhl für Unternehmensführung; Universität Freiburg. Fribourg, Schweiz (Working papers / Institute for Economic and Social Sciences, University of Fribourg, 412).

Sarasvathy, Saras. 2012. Worldmaking. In *Entrepreneurial action,* Hrsg. Andrew C. Corbett und Jerome A. Katz, Bd. 14, 1. Aufl., 1–24. Bingley: Emerald.

Sarasvathy, Saras D. 2008. *Effectuation. elements of entrepreneurial expertise.* Cheltenham: Elgar.

Schaich, Eberhard, Katrin Schmidt, und Klaus Wübbenhorst. 2012. *Gabler Wirtschaftslexikon.* Stichwort: Prognose. Hrsg. v. Gabler Verlag (Gabler Wirtschaftslexikon). http://wirtschaftslexikon.gabler.de/Archiv/4546/prognose-v9.html. Zugegriffen: 13. Mai. 2012.

Schultz, Christian. 2012. peel: Potsdam Entrepreneurship Experience Lab. Finanzierung. Vortrag am 27.09.2012.

Taleb, Nassim Nicholas. 2007. *The black swan. The impact of the highly improbable.* New York: Random House.

Taleb, Nassim Nicholas. 2013. *Antifragilität. Anleitung für eine Welt, die wir nicht verstehen. Aus dem Englischen von Susanne Held.* München: Albrecht Knaus.

Wang, Calvin, Elizabeth A. Walker, und Janice Redmond. 2006. Ownership motivation and strategic planning in small business. *Journal of Asia Entrepreneurship and Sustainability* II (4): 26–50.

Weber, Mike. 2012. *Informierte Gründungsförderung.* Wiesbaden: Springer Fachmedien.

Wildavsky, Aaron. 1973. If planning is everything, maybe it's nothing. *Policy Science* 4 (2): 127–153.

Wiltbank Robert, Nicholas Dew, Saras D. Sarasvathy, S. Read. 2006. What to do next? The case for non-predictive strategy. *Strategic Management Journal* 27 (10): 981–998.

Zumholz, Holger, und Sven Ripsas. 2009. Gründungsplanung, strategische Planung und Formen der Strategiegenese in neu gegründeten Unternehmen und ihre Relevanz für den Unternehmenserfolg. http://www.emf-berlin.org/fileadmin/downloads/EMF_Praesentation_ZumholzRipsas.pdf. zuletzt aktualisiert am 31.03.2009. Zugegriffen: 8. April 2011.

In unbekannten Gewässern: Alternativen zum Businessplan

7

Zusammenfassung

In diesem Kapitel stellen wir einige grundsätzliche Überlegungen der modernen Entrepreneurship-Forschung vor, mit denen ein wichtiger Perspektivenwechsel auf das Gründungsgeschehen einhergeht. Einige ihrer Denkansätze, die für eine Neuausrichtung der deutschen Gründungsförderung und -beratung Anstöße liefern, erläutern wir näher und untersuchen sie auf ihren möglichen Nutzen in unserem Kontext hin. Dazu gehören die Business Model Canvas, Discovery Driven Planning, die Idee der Konzept-kreativen Gründungen, Blue Ocean Strategy, Effectuation, Bricolage und Design Thinking.

Die Entrepreneurship-Forschung hat in den letzten Jahren Alternativen zu den Methoden der strategischen Planung in die Diskussion rund um das Gründungsgeschehen eingebracht. Im folgenden Kapitel wollen wir zunächst ihre grundsätzlichen Ideen, zentrale Begriffe und neue Akzente, die sie setzt, näher erläutern.

7.1 Ein entscheidender Perspektivenwechsel

Die Entrepreneurship-Forschung setzt dem Mythos Businessplan die starke Betonung der Bedeutung des „Geschäftsmodells" entgegen. Nun beruhen selbstverständlich auch Businesspläne auf einem Geschäftsmodell bzw. einer Geschäftsidee. Wenn die Entrepreneurship-Forschung diesem Begriff also einen höheren Stellenwert verleiht, so rückt sie damit konzeptionell die **Entwicklung des Geschäftsmodells** als entscheidende Tätigkeit in ihrer Bedeutung **vor** den Gründungsprozess des Unternehmens und dessen planerische Vorwegnahme bzw. die **innovative, kreative Arbeit des Entrepreneurs vor** die bürokratische, administrative

© Springer Fachmedien Wiesbaden 2016
S. Kunze, A. Offermanns, *Mythos Businessplan,*
DOI 10.1007/978-3-658-09911-4_7

115

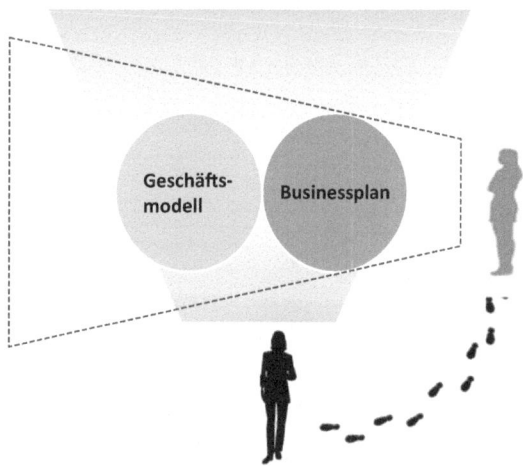

Abb. 7.1 Neue Perspektiven durch die Entrepreneurship-Forschung (Quelle: eigene Darstellung)

des Unternehmers oder des Planers. Der Unterschied liegt also wesentlich in einer **Änderung der Perspektive** bzw. der **Priorität** (siehe Abb. 7.1).

Diese geänderte Sichtweise schließt nicht aus, dass im späteren Verlauf, wenn das Unternehmen wächst, sich das Geschäftsfeld festigt und die Ungewissheit abnimmt, Methoden der strategischen Planung zunehmend an Gewicht gewinnen. Insbesondere für innovative Vorhaben – aber keinesfalls nur diese! – sind in der (Vor-)Gründungsphase jedoch andere Dinge wichtiger: Kreativität, Flexibilität, Improvisations-, Lern- und Anpassungsfähigkeit, schnelles, angemessenes Reagieren in ungewissen bzw. unsicheren Umfeldern und die ausreichende Vorbereitung auf Eventualitäten. Diese Aspekte stellt die Entrepreneurship-Forschung in den Fokus, um ihre Entwicklung und Ausprägung zu befördern.

Die neue Perspektive der Entrepreneurship-Forschung ändert auch ihre Sichtweise auf den Gründungsprozess. Der englische Begriff des *„entrepreneurial process"* unterscheidet sich daher in der Bedeutung vom deutschen Begriff des „Gründungsprozesses", mit dem in der Regel nur die organisatorische Phase der Unternehmensgründung verbunden wird (Pesch 2005). Um diesen Unterschied deutlich zu machen, sprechen wir im Weiteren vom **entrepreneuriellen Prozess**. Was damit gemeint ist, beleuchten wir im folgenden Abschnitt.

7.2   Eine Reise ins Ungewisse – Entrepreneurship und der entrepreneurielle Prozess

Um den entrepreneuriellen Prozess erläutern zu können, wollen wir uns zunächst einige Kernaspekte des Entrepreneurships noch einmal vergegenwärtigen. Zwei Elemente sind in diesem Kontext von zentraler Bedeutung: Marktchancen und unternehmerisch handelnde Individuen – die sogenannten Entrepreneure. Entrepreneurship ist zielgerichtetes Handeln, das Marktchancen schaffen, entdecken, bewerten und ausschöpfen will.[1] Um eine Marktchance für sich zu nutzen, entwickelt der Entrepreneur durch die (Re-) Organisation von Ressourcen und Prozessen ein geeignetes, tragfähiges Geschäftsmodell (Faltin und Ripsas 2011, S. 9). Ein Geschäftsmodell ist die Abstraktion der Funktionsweise eines unternehmerischen Vorhabens bzw. der Art und Weise, wie eine Marktchance ausgeschöpft wird bzw. werden soll. Das entscheidende Merkmal von Entrepreneuren ist in diesem Zusammenhang, dass sie die Tragfähigkeit ihres Geschäftsmodells durch einen möglichst hohen Anteil an Innovation steigern. Innovation ist also eines der wesentlichen Kennzeichen von Entrepreneurship und spielt darin eine zentrale Rolle.[2]

Schon Schumpeter betonte die innovativ-schöpferische Kraft des Entrepreneurs, der durch die Entwicklung und Durchsetzung neuer Kombinationen den ökonomischen Prozess vorantreibt und Werte schafft.[3] Da es der Energie und Intelligenz des Entrepreneurs bedarf, um diese neuen Kombinationen durchzusetzen, nimmt er in Schumpeters Überlegungen eine maßgebliche Position ein. Er stellt die Funktion des Entrepreneurs als Innovator heraus und grenzt sie von denen des Erfinders, Managers und Kapitalgebers ab (Schumpeter 1998, S. 21).[4] Sein Verständnis von Innovationen geht dabei weit über die heutige Vorstellung des Begriffs hinaus, die leider tendenziell auf technische Aspekte verengt ist (Rehfeld 2012, S. 4–5). Schumpeter (1993) benennt als Kombinationen:

---

[1] Eine Marktchance ist die Möglichkeit, ein Produkt oder eine Dienstleistung am Markt gewinnbringend zu verkaufen.

[2] Bis heute gibt es allerdings keine allgemein akzeptierte Begriffsdefinition für „Innovationen". Im Entrepreneurship-Kontext reicht das Kontinuum der Möglichkeiten von der bloßen Kopie bereits erprobter, über innovative Modifikationen existierender bis hin zur Entwicklung gänzlich neuer, bisher nicht vorhandener Geschäftsmodelle. „Innovationen" bewegen sich also innerhalb eines breiten Spektrums, an deren anderem Ende „Imitationen" stehen.

[3] Der sogenannte „Schumpeter'sche Unternehmer" entspricht dem Sinne nach dem Entrepreneur, wie wir ihn charakterisieren. Schumpeters Unterscheidung in „Wirt" und „Unternehmer" lässt sich auf die heute gängige Differenzierung zwischen Unternehmer und Entrepreneur übertragen.

[4] Diese Rollen fallen nur zufällig gelegentlich zusammen.

1. die Einführung eines neuen Produktes oder einer neuen Dienstleistung bzw. die
   Erstellung eines Produktes oder einer Dienstleistung in einer neuen Qualität,
2. die Einführung einer neuen Produktionsmethode,
3. die Erschließung eines neuen Absatzmarktes,
4. die Erschließung einer neuen Quelle für Rohmaterialien oder Halbfabrikate,
5. die Re-Organisation einer ganzen Branche.

Entrepreneurship muss demnach als prozesshaftes Handeln verstanden werden. Es
offenbart sich im unternehmerischen Handeln des Entrepreneurs, im **entrepreneuriellen Prozess**. Abbildung 7.2 stellt den Prozess, den wir in der Folge im Einzelnen erläutern, grafisch dar.[5]

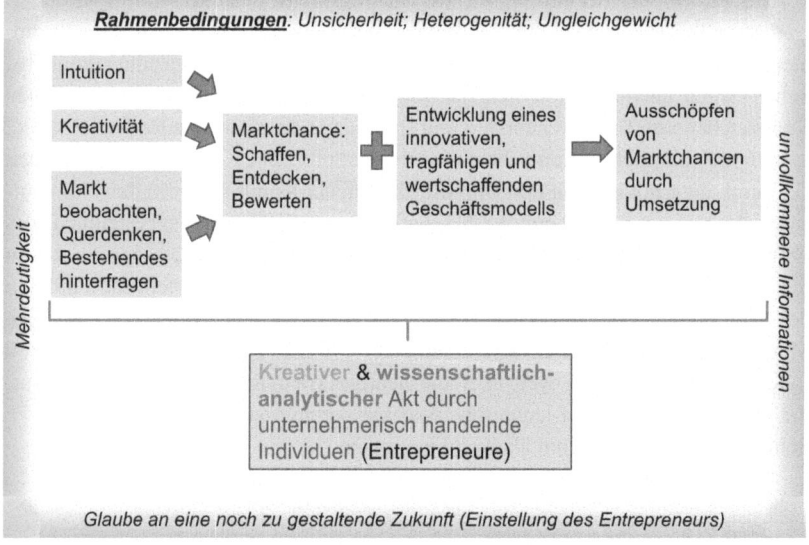

Abb. 7.2 Entrepreneurship und der entrepreneurielle Prozess (Quelle: eigene Darstellung)

---

[5] Die grafische Darstellung hat den Nachteil, dass der Verlauf des Prozesses womöglich als
geradlinig und linear erscheinen mag. Dieser Eindruck wäre jedoch falsch, wie wir weiter
unten erläutern werden.

Unternehmerisch handelnde Individuen können Marktchancen entdecken bzw. sogar neue schaffen, indem sie den Markt beobachten, querdenken und herrschende Konventionen hinterfragen. Neben der Fähigkeit zur Analyse des Bestehenden sind Eigenschaften wie Kreativität, Einfallsreichtum und Intuition erforderlich, um Neues denken und Ideen oder Visionen über noch nicht Vorhandenes entwickeln zu können. Um die gesehene Marktchance auszuschöpfen, entwickeln Entrepreneure ein entsprechendes Geschäftsmodell mit dem Ziel, durch eine Form der Kommerzialisierung[6] Werte zu schaffen. Diese können sowohl materieller wie immaterieller Art sein. Einige Entrepreneure sind in ihrem unternehmerischen Handeln angetrieben durch Ziele wie wirtschaftliches Wachstum, Gewinnmaximierung und die Erlangung von Reichtum. Andere verfolgen Motive wie Selbstverwirklichung, Realisierung einer Vision, Freude am (faszinierenden) Neuen oder sind getrieben vom Streben nach Macht, Erfolg und gesellschaftlicher Anerkennung. Der Innovationsgehalt bzw. die Einzigartigkeit des Produkts oder der Dienstleistung sind zwar Erfolgsdeterminanten, werden aber häufig erst im Ergebnis bzw. bei der Umsetzung am Markt sichtbar.

Die Umsetzung des Geschäftsmodells kann in unterschiedlicher Form erfolgen. Entrepreneurship wird häufig mit der Gründung eines neuen Unternehmens gleichgesetzt. Dies ist sicher auch die geläufigste Form. Es kann sich aber auch in anderen Formen zeigen, z. B. in einer Unternehmenserneuerung, Intrapreneurship[7] und ähnlichen Varianten.[8]

Der entrepreneurielle Prozess ist als kreativer **und** wissenschaftlich-analytischer Akt zu verstehen. Erst im Zusammenspiel beider Teilakte kommt es zum unternehmerischen Handeln im Sinne des Entrepreneurships. Für den kreativen Teil des Prozesses ist der Entrepreneur als Mensch wichtig, denn die menschliche Eigenschaft der Kreativität ist unabdingbar für die Entstehung und Entwicklung von Innovationen.[9] **Kreativität** bezeichnet den

---

[6] Der Begriff Kommerzialisierung bezieht sich hier auf die ökonomisch nachhaltige und tragfähige Umsetzung. Damit ist nicht zwangsläufig eine gewinnmaximierende Umsetzung gemeint.

[7] Intrapreneurship wird auch als Corporate Entrepreneurship oder Corporate Venturing bezeichnet. Intrapreneurship ist die Entwicklung und Umsetzung eines entrepreneuriellen Vorhabens innerhalb einer bestehenden Organisation, um eine Marktchance zu nutzen und Werte zu schaffen.

[8] Es ist wichtig, sich vor Augen zu halten, dass nicht jede Unternehmensgründung mit entrepreneuriellem Handeln verbunden ist – beispielsweise sind imitative Gründungen nicht dazu zu zählen –, ebenso wie entrepreneurielles Handeln nicht zwangsläufig in einer Unternehmensgründung münden muss (Corbett und Katz 2012, S. ix). Es kann auch innerhalb bereits bestehender Unternehmen stattfinden – oder ganz außerhalb der Form eines Unternehmens.

[9] Einige Autoren rücken die Tätigkeit von Entrepreneuren daher auch in die Nähe derjenigen von Künstlern (Fürstenberg 2012; Barry 2011).

geistige[n] Schöpfungsakt, der bisher unvereinbar Geglaubtes zu etwas Neuem in einer bisher nicht dagewesenen eigenen Qualität zusammenfügt. (Hüther und Schmid 2010, S. 137)

Es geht also nicht nur um das Neue einer Idee, sondern zugleich um den aus ihr zu gewinnenden Nutzen. Eine in diesem Sinne kreative Idee wird wiederum erst durch ihre Umsetzung zu einer Innovation (siehe hierzu auch Abb. 7.3). Im kreativen Akt des Entrepreneurs verbinden sich kognitives Denken, Fantasie und dynamisch-schöpferische Tätigkeit. Er ist die Basis dafür, Marktchancen zu entdecken bzw. zu schaffen, und für die kreative Zusammenstellung der Mittel bzw. die Neukombination von Ressourcen und Prozessen, um die Marktchance auszuschöpfen. Zu deren Bewertung und für die konkrete Umsetzung der Idee bedarf es wiederum der wissenschaftlich-analytischen Herangehensweise. Sie ist erforderlich zur Koordination der Umsetzung und zur Organisation bzw. operativen Anordnung der Ressourcen, Komponenten und Prozesse in ökonomisch tragfähiger Weise. Beide Teilakte – der kreative ebenso wie der wissenschaftlich-analytische – sind also gleichermaßen wichtig. Erst ihr symbiotisches Zusammenwirken macht den entrepreneuriellen Prozess aus. Der zentrale Akteur ist dabei immer der Entrepreneur mit seinen individuellen Fähigkeiten, subjektiven Wertvorstellungen und Erfahrungen. Seine Entscheidungen und sein Handeln beeinflussen den Verlauf und das Ergebnis des Prozesses maßgeblich.

Häufig prägen Unsicherheit, Heterogenität, Ungleichgewichte, lückenhafte Informationen und Mehrdeutigkeit die Rahmenbedingungen des Entrepreneurships.

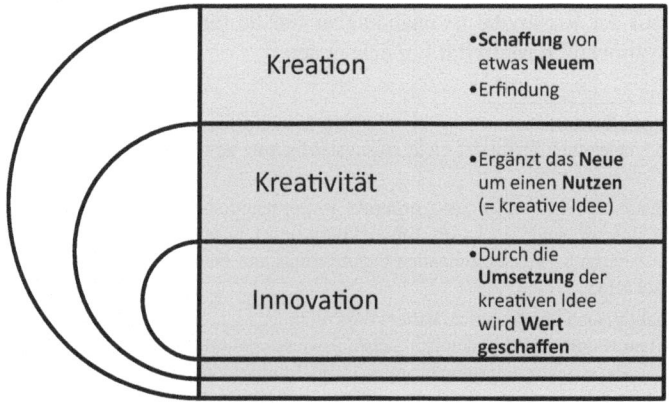

Abb. 7.3 Unterscheidung zwischen Kreation, Kreativität und Innovation (Quelle: Lahn 2015, S. 22)

Sie sind nicht ohne Risiko für den Entrepreneur, bieten zugleich aber auch Gelegenheiten, die Zukunft zu gestalten, und bilden häufig die Basis für neue Marktchancen (Sarasvathy 2001b; Drucker 1998, S. 65).[10] Entrepreneure verstehen Veränderungen daher als Chance. Zugleich beeinflussen oder verändern sie durch ihr Handeln, beispielsweise die von ihnen geschaffenen und ausgenutzten Marktchancen, selbst die Umfeld- und Rahmenbedingungen. Daraus entstehen wiederum neue Ansätze für daran anschließendes entrepreneurielles Handeln. Es besteht also eine komplexe Wechselbeziehung zwischen den Entrepreneuren und den sie umgebenden Rahmenbedingungen, die erhebliche positive Auswirkungen auf die Entstehung und Entwicklung von Entrepreneurship haben kann.

Da der entrepreneurielle Prozess, wie auch die erwähnte Wechselbeziehung zeigt, in einem dynamischen und sich wandelnden Umfeld stattfindet, verläuft er keineswegs geradlinig oder linear. Vielmehr handelt es sich in der Realität eher um einen iterativen, adaptiven Prozess, dessen Bestandteile sich gegenseitig beeinflussen und dessen einzelne Schritte häufig parallel ablaufen. Oft fallen Ergebnisse einzelner Handlungen anders aus als erwartet und führen zu Anpassungen im Geschäftsmodell oder gar zur Entdeckung völlig neuer unternehmerischer Gelegenheiten. In jeder Phase wirken Erfahrungen, Überlegungen und Handeln wechselseitig aufeinander ein.

Halten wir fest:

▶ **Entrepreneurship** ist das Erkennen oder Schaffen und Nutzen von Marktchancen durch die Entwicklung und Umsetzung eines innovativen, wertschaffenden und tragfähigen Geschäftsmodells.

▶ Ein **Entrepreneur** ist, wer im Sinne dieser Definition handelt, unabhängig von seiner Position und/oder den Eigentumsverhältnissen.

▶ Der **entrepreneurielle Prozess** ist der Vorgang, in dem der Entrepreneur durch Einsatz von Kreativität, Intuition, innovativem Handeln, Analysefähigkeit und Durchsetzungsvermögen Entrepreneurship offenbart.

---

[10] Zu den von Drucker (1998, S. 65) identifizierten Quellen für innovative Marktchancen gehören: unerwarteter Erfolg, Misserfolg oder unerwartete unternehmensfremde Ereignisse; Inkongruenz zwischen der (Markt-)Realität und der Wahrnehmung; unbefriedigte Bedürfnisse und Notwendigkeiten; Branchen- und Marktstrukturen; Demografie i. s. v. Veränderungen in Alter, Lebensstil und/oder Ausbildung; Wandel in der allgemeinen Wahrnehmung und Sichtweise und neues Wissen durch neue Technologien und Erfindungen.

7.3   Der Kern des Entrepreneurships: das Geschäftsmodell

Wie gerade gezeigt, ist die Gründung eines Unternehmens für den Entrepreneur nur **eine** Form der Umsetzung seines Vorhabens und seiner Ziele. Es muss demnach ein Unterschied zwischen dem Grundprinzip, nach dem Werte geschaffen werden, und der Form, in der dies geschieht, gemacht werden. Wenn also Faltin und Ripsas (2011) ihrem Artikel den Titel „Das Gestalten von Geschäftsmodellen als **Kern des Entrepreneurship**" geben, zielen sie mit dem Begriff „Geschäftsmodell" auf dieses Grundprinzip.

▶   Das *Geschäftsmodell als Grundprinzip* und das *Unternehmen als Form* zu dessen Umsetzung können, müssen jedoch nicht zwangsläufig deckungsgleich sein.

Da diese Unterscheidung zunächst ungewohnt erscheinen mag, müssen wir den Begriff des Geschäftsmodells noch etwas näher beleuchten. In der Konzeption des Geschäftsmodells steckt nach Faltin (2015) die zentrale entrepreneurielle Herausforderung und Leistung. Das Geschäftsmodell bildet das zentrale Bindeglied zwischen einer Erfindung bzw. Idee und der Generierung von Wert (siehe Abb. 7.4).

Die Logik und Schlüssigkeit der zugrunde liegenden Idee ist entscheidend für den Erfolg des Entrepreneurs. Sie allein reicht jedoch nicht aus. Es geht nicht um flüchtige Einfälle oder die einfache Nutzung sich bietender Geschäftsgelegenheiten, sondern vielmehr um die systematische Ausarbeitung eines innovativen Geschäftsmodells. Die Entwicklung einer Idee zu einem ausgereiften Geschäftsmodell ist ein teils langwieriger (Denk-)Prozess, bei dem es gilt, bestehende Konventionen zu hinterfragen, neue Sichtachsen anzulegen und Analogien zu bilden. Aus Erfahrungen und Fehlern lernend, passt der Entrepreneur die Idee in Iterations- und Denkschleifen immer wieder an, bis deren Machbarkeit überzeugend nachgewiesen ist (*proof of concept*) (Faltin 2008).

Abb. 7.4 Zusammen-
spiel zwischen Erfindung,
Geschäftsmodell und
Wert (Quelle: Darstellung
angelehnt an Stähler 2002,
S. 69)

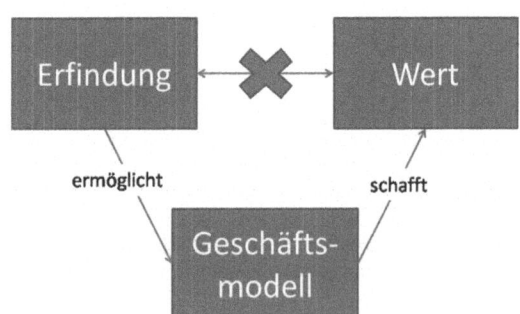

Anders als beim Businessplan, der kaum Prioritäten setzt und allen Punkten annähernd gleiche Bedeutung zumisst, konzentriert sich das Geschäftsmodell auf die Kerninhalte: den Kundennutzen, die Architektur der Wertschöpfung sowie die Einnahmequellen (Stähler 2002, S. 41–42). Es gibt Antwort auf folgende zentrale Fragen:

* Welcher Nutzen wird für den Kunden gestiftet?
* Wie wird das Produkt oder die Leistung erstellt?
* Wodurch wird das Geld verdient?

Der Kundennutzen, in der Regel die Befriedigung eines Kundenbedürfnisses, gibt dem gesamten Geschäftsmodell erst die Daseinsberechtigung. Er nimmt eine zentrale Rolle ein und beeinflusst die Ausgestaltung der Architektur und der Einnahmequellen des Unternehmens (Stähler 2002, S. 43).

Das Geschäftsmodell liefert den originären Beitrag des Entrepreneurships, nämlich eine innovative Antwort auf die Frage, wie eine Organisation Werte für ihre Kunden schafft. Blank (2013, S. 5) bringt die Rolle von Geschäftsmodellen im Entrepreneurship auf den Punkt:

[W]hile existing companies **execute** business models, start ups **look** for one.[11]

Es sei noch einmal betont, dass die Entrepreneurship-Forschung die spätere Erstellung eines formellen Businessplanes keineswegs ausschließt, wo dies notwendig erscheint (Osterwalder und Pigneur 2011, S. 272). Entscheidend ist jedoch, dass sie **den zentralen Fokus auf die Entwicklung des Geschäftsmodells legt, während die Erstellung des Businessplanes zu einer davon abgeleiteten Tätigkeit** wird.

7.4 Lernen und Vorbereitetsein werden wichtiger als Pläne und Prognosen

Die Entrepreneurship-Forschung hat noch weitere neue Perspektiven in das Gründungsgeschehen eingeführt. So hat sie beispielsweise mit der sogenannten „*Learning School*" auf den auch von uns beschriebenen Umstand reagiert, dass die übertriebene Bedeutung, die dem Instrument Businessplan beigemessen wird, den im Kontext von Unternehmensgründungen notwendigen Planungs**prozess** selbst in

---

[11] Übersetzen lässt sich diese Aussage wie folgt: „Während etablierte Unternehmen Geschäftsmodelle ausführen, entwickelt ein Start-up ein Neues." [Eigene Übersetzung, Hervorhebungen im Original].

den Hintergrund gerückt hat. Die *Learning School* betont stattdessen nachdrücklich den Stellenwert von Planungsprozessen und -aktivitäten, die sie als aktiven Lernprozess versteht, in dem das Wissen um das zukünftige Unternehmen kontinuierlich erweitert wird (Neck und Greene 2011). Bei der Entwicklung von Geschäftsmodellen sollten, so ihre Empfehlung, Planen und Lernen Hand in Hand gehen. Idealerweise bilden planerische und experimentelle Elemente dabei eine Symbiose (Frese 2011, S. 108). Zukünftige bzw. überarbeitete Pläne basieren zweckmäßigerweise auf den durch vorangegangene Aktivitäten gesammelten Erfahrungen und Informationen. Erst im Verlauf dieses **Prozesses des Lernens durch experimentelle und analytische Planung** zeigt und entfaltet sich das wirkliche Potenzial eines Geschäftsmodells und ggf. des zu gründenden Unternehmens.

Ein weiterer Akzent, der durch den Fokus der Entrepreneurship-Forschung auf innovative Gründungen ebenfalls neu gesetzt wird, ergibt sich aus der Schwierigkeit von Prognosen in ungewissen, unsicheren Umfeldern. Da Vorhersagen unter diesen Verhältnissen unzuverlässig bis unmöglich sind, sinkt der Stellenwert von auf Prognosen basierenden Planungen. Gemäß der Erkenntnisse der Entrepreneurship-Forschung ist es in solchen Umfeldern viel wichtiger, auf Eventualitäten vorbereitet zu sein (Makridakis et al. 2009, S. 799). Es gilt also vor allem, die Fähigkeit von Unternehmensgründern zu stärken, auf unerwartete Geschäfts- und/oder Marktentwicklungen zu reagieren.

Es wäre beispielsweise ein Ansatz, weniger mit konkreten Plänen für bestimmte Ereignisse oder Entwicklungen zu arbeiten, sondern stattdessen Notfallpläne zu entwerfen, die in verschiedenen Szenarien greifen können. Hierzu gilt es, Gruppen von Ereignissen zu definieren und Pläne zu erstellen, die für alle gleichermaßen zur Anwendung kommen können. Ein Beispiel aus einem anderen Bereich, mit dem sich die gemeinte Vorgehensweise gut veranschaulichen lässt, sind Evakuierungspläne für Gebäude. Sie sind in mehreren Szenarien einsetzbar, sei es bei Feuer, einem terroristischen Anschlag oder bei sonstigen Ereignissen, die eine Evakuierung notwendig erscheinen lassen. Der Lösungsansatz für den Umgang mit Unsicherheit besteht darin, **auf verschiedene Ereignisse vorbereitet zu sein** und nicht ein bestimmtes Ereignis vorherzusagen (Makridakis et al. 2009, S. 799). Optimal ist es, wenn durch entsprechende Pläne oder die Bildung von Reserven auch für Ereignisse vorgesorgt werden kann, die derzeit noch außerhalb der Vorstellungskraft liegen (Makridakis et al. 2009, S. 811).

„Vorbereitet zu sein" bedeutet nicht nur, den potenziellen Schaden durch unerwartete negative Entwicklungen oder Ereignisse soweit als möglich begrenzen zu können. Unvorhergesehene Ereignisse können das Vorhaben zwar gefährden, sie können es aber auch bereichern. Um allerdings entsprechend reagieren und die sich bietenden Chancen nutzen zu können, muss man wiederum vorbereitet sein. Zu den Möglichkeiten, in durch Ungewissheit und Unsicherheit geprägten

Umfeldern Strategien für die Zukunft zu entwickeln und vorbereitet zu sein, zählen beispielsweise die folgenden:

- Grundlegend wichtig ist, sich nicht der Illusion von Kontrolle hinzugeben, sondern zu akzeptieren, dass genaue Vorhersagen in diesen Kontexten nicht möglich sind (Sarasvathy 2008).
- Es können Schutzstrategien erwogen und entsprechende Maßnahmen ergriffen werden, wie z. B. der Abschluss von Versicherungen für den Fall des Eintritts von Eventualitäten.
- Wichtig ist außerdem, aufmerksam zu sein und zu bleiben, um Risiken und Chancen wahrnehmen zu können.
- Ein weiterer Weg ist die aktive Vorbereitung auf (noch unbekannte) Eventualfälle, indem z. B. Notfallpläne erstellt oder Reserven angelegt werden (Taleb 2013).
- Außerdem kann es sinnvoll sein, das eigene Portfolio zu diversifizieren und nicht alles auf eine Karte zu setzen. In den Bereich solchen Vorgehens gehören auch Gründungen im Nebenerwerb,[12] bei denen die Unternehmensgründer z. B. neben ihrer Angestelltentätigkeit ein Unternehmen gründen, oder die Gründung mehrerer Unternehmen, um die Risiken zu streuen.

Über diese allgemeinen Ratschläge hinaus sind innerhalb der Entrepreneurship-Forschung verschiedene Denkansätze zur Konzeption von Geschäftsmodellen entstanden.

7.5 In unbekannten Gewässern navigieren: (Neu-)Ansätze zur Geschäftsmodellentwicklung

In den vorangegangenen Kapiteln wurde gezeigt, dass dem Businessplan ein linear-kausaler Denkansatz zugrunde liegt, dessen Stärken sich in stabilen Umfeldern und bei imitativen Gründungen entfalten können. Doch innovative Entrepreneure arbeiten in dynamischen Umfeldern, in denen sie einem erhöhten Grad an Unsicherheit ausgesetzt sind. Sie dringen in gänzlich neue Märkte vor oder schaffen diese sogar erst. Wenn der viel gepriesene Businessplan für sie aber nun nicht das geeignete Mittel ist, wie sollen sie herausfinden, was das beste Ziel bzw. die beste Vorgehensweise für ihr Vorhaben ist?

---

[12] In der Praxis der Gründungsförderung werden Nebenerwerbsgründungen in Förderprogrammen leider häufig explizit ausgeschlossen. Diversifizierung wird in diesem Bereich nicht gefördert.

Die Entrepreneurship-Forschung hat für diesen Zweck praxisorientierte Denkansätze entwickelt. Einige ausgewählte Ideen stellen wir im Folgenden kurz vor, um sie im Anschluss zu bewerten und ihre Relevanz im Entrepreneurship-Kontext zu diskutieren. Fast alle entstanden um die letzte Jahrtausendwende oder sogar schon vorher. In Deutschland wurden sie jedoch über ein Jahrzehnt kaum wahrgenommen.[13] Erst seit Kurzem werden sie zunehmend diskutiert. Wir wollen sie weiter ins Gespräch bringen und dazu beitragen, dass ihnen im deutschen Gründungsgeschehen die lange überfällige Beachtung geschenkt wird, die sie verdienen.

Wir möchten allerdings betonen, dass es uns im ersten Schritt zunächst vorrangig darum geht, den Lesern einen Überblick über die Bandbreite der Ansätze zu liefern. Dabei bleiben wir notwendigerweise einigermaßen an der Oberfläche. In diesem Kontext können wir nur die Grundprinzipien und -ideen darstellen sowie einige zum Verständnis wichtige theoretische Hintergründe liefern. Damit wollen wir vor allem das Interesse der Leser an eigener Vertiefung dieser Themen wecken, hoffen aber zugleich, Sie persönlich durch diese Übersicht in Kontakt mit Ideen zu bringen, die Ihnen in Ihrer individuellen Situation als Gründer und Entrepreneure oder Gründungsberater nützlich sein können. Im zweiten Schritt werden wir im folgenden Kapitel, „Die Entrepreneure in den Blick nehmen", einige Beispiele dafür geben, in welchen Situationen der eine oder andere dieser Denkansätze im Rahmen der Gründungsförderung und -beratung eine Bereicherung sein könnte und fruchtbar und produktiv einsetzbar wäre.

7.5.1   Ein Unternehmen wie gemalt: die Business Model Canvas

Ein Werkzeug, das bei der Entwicklung von Geschäftsmodellen helfen kann, ist die Business Model Canvas von Osterwalder und Pigneur (2011).[14] Sie hat in den letzten Jahren zunehmend an Popularität gewonnen und Eingang in die Praxis der Gründungsberatung gefunden. Sogar im Kontext einiger Businessplan-Wettbewerbe wird sie – leider mit den Ursprungsgedanken verfälschenden Abwandlungen – inzwischen als Alternative akzeptiert.

---

[13] Eine Ausnahme bildet bis zu einem gewissen Grade die Business Model Canvas.

[14] Die folgenden Darstellungen zur Business Model Canvas basieren wesentlich auf Osterwalder und Pigneur 2011. Auf einzelne Verweise wird daher weitgehend verzichtet und dem interessierten Leser ein Blick in das Original empfohlen.

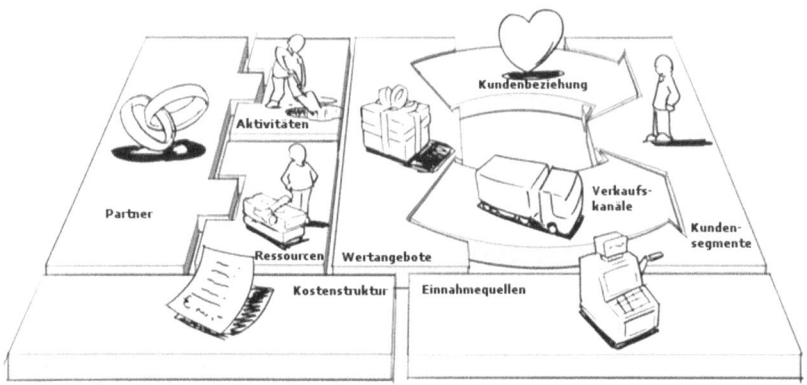

Abb. 7.5 Business Model Canvas (Quelle: nach Osterwalder und Pigneur 2011)

Bei der Business Modell Canvas handelt es sich um die auf eine DIN-A4-Seite komprimierte Visualisierung eines Geschäftsmodells. Insofern ist die deutsche Übersetzung „Gemälde" für „Canvas" durchaus passend. Der Fokus der visuellen Darstellung liegt auf den folgenden neun zentralen Bausteinen:

1. Kundensegmente,
2. Wertangebote,
3. Verkaufskanäle,
4. Kundenbeziehungen,
5. Einnahmequellen,
6. (Schlüssel-)Ressourcen,
7. (Schlüssel-)Aktivitäten,
8. (Schlüssel-)Partner,
9. Kostenstruktur.

Die neun Bausteine werden in eine logische Abfolge gebracht und in einer Grafik zusammengefasst (siehe Abb. 7.5). Vereinfacht gesprochen legt die linke Seite der Business Model Canvas den Schwerpunkt auf die Effizienz und die rechte Seite auf den Wert des Geschäftsmodells.

Zu den **Kundensegmenten** zählen alle Menschen und Organisationen, für die durch das Geschäftsmodell Werte geschaffen werden. Dazu gehören zahlende Kunden ebenso wie reine Nutzer. Wichtig ist, dass auch nicht zahlende Kunden explizit einbezogen werden. Obwohl sie teilweise Leistungen oder Produkte kostenlos in

Anspruch nehmen, fällt ihnen in manchen Geschäftsmodellen, wie z. B. Multi-Sided Platforms oder Free-Modellen,[15] eine Schlüsselposition zu.

Multi-Sided Platforms und Free-Modelle

In Multi-Sided Platforms werden zwei oder mehrere unterschiedliche, aber voneinander abhängige Kundengruppen durch das Geschäftsmodell zusammengebracht. Die Plattformen schöpfen Wert als Vermittler. Beispiele für Multi-Sided
Platforms sind Kreditkarten, z. B. Visa, oder Spielekonsolen wie Wii. Kreditkarten verknüpfen Händler mit Karteninhabern. Dahingegen verknüpfen Spielekonsolen Spieleentwickler und Spieler. Entscheidend ist, dass die Plattform
alle Gruppen gleichzeitig anziehen und bedienen muss, um Wert zu schöpfen.
Der Wert einer Plattform für eine bestimmte Benutzergruppe hängt maßgeblich
von der Nutzeranzahl auf der „anderen Seite" der Plattform ab.

In Free-Modellen profitiert mindestens ein Nutzersegment kontinuierlich
von einem kostenfreien Angebot. Ein Beispiel hierfür sind Online-Games, die
man grundsätzlich kostenlos spielen kann, für die dann aber auch bestimmte
Waffen, Artefakte etc. gegen Geld erworben werden können. Die nicht zahlen-
den Nutzer machen das Spiel mit bekannt und „werben" so zahlende Nutzer.

Wertangebote sind alle Produkte und Dienstleistungen. Für jedes Kundensegment
sollte es mindestens ein spezifisches Produkt bzw. eine spezifische Dienstleistung
geben, durch das/die für das entsprechende Segment Wert geschaffen und/oder ein
Problem der Kunden gelöst wird.

Verkaufskanäle beschreiben die Wege und Berührungspunkte, auf oder an
denen die Interaktionen mit den Kunden stattfinden. Durch die Verkaufskanäle
gelangen die Wertangebote zu den Kunden. Welche Beziehungen mit ihnen eingegangen werden, wird in der Rubrik **Kundenbeziehungen** benannt. Wie Einnahmen generiert und welche Preismechanismen angewendet werden, wird unter
Einnahmequellen dargestellt.

Unter **Ressourcen** werden die für das Geschäftsmodell notwendigen Infrastruk-
turen und Kapazitäten, unter **Aktivitäten** alle notwendigen Aktivitäten zur Wert-
erstellung zusammengefasst. **Partner** sind vor allem Lieferanten und Netzwerk-
partner, die zur Erstellung des Wertangebotes beitragen. Unter **Kostenstruktur**

---

[15] In Multi-Sided Platforms werden zwei oder mehrere unterschiedliche, aber voneinander
abhängige Kundengruppen durch das Geschäftsmodell zusammengebracht. In Free-Modellen profitiert mindestens ein wesentliches Kundensegment kontinuierlich von einem kostenfreien Angebot.

werden alle Kosten subsumiert, die im Zusammenhang mit dem Geschäftsmodell anfallen.

Die grafische Darstellung auf einer Seite ermöglicht die ganzheitliche Betrachtung des Geschäftsmodells auf einen Blick und schärft den Blick für die wesentlichen Bestandteile, auf die sie sich beschränkt und fokussiert. Ursache-Wirkungs-Beziehungen sowie die wechselseitigen Abhängigkeiten zwischen den einzelnen Bausteinen werden so sichtbar. Zugleich wird schnell deutlich, welche Auswirkungen Veränderungen innerhalb eines Bausteins auf alle anderen haben. Für die praktische Anwendung der Business Model Canvas wird empfohlen, Stichworte auf Post-it-Zettel zu schreiben und die Zettel zum einfachen „Füllen" der jeweiligen Bausteine zu nutzen. Dies ermöglicht schnelle Änderungen und Anpassungen der Canvas, die so bei der Zusammenarbeit in entrepreneuriellen Teams als anschauliche Diskussionsgrundlage dienen kann.

Die Business Model Canvas ist, wie aus ihrer Beschreibung leicht ersichtlich ist, ein sehr praxisorientiertes Werkzeug. Die einheitliche Abbildung ermöglicht eine gemeinsame Sprache bei der Beschreibung von verschiedenen Geschäftsmodellen bzw. Geschäftsmodell-Versionen. Als übersichtliche und komprimierte Darstellung des Geschäftsmodell-Konzepts kann die Canvas leicht als Blaupause für die Umsetzung in entsprechende Systeme, Strukturen und Prozesse dienen.

Die Business Model Canvas ist weniger ein Denkansatz als vielmehr ein konzeptionelles Werkzeug. Ihre Wurzeln liegen in der strategischen Managementlehre. Deutlich wird dies unter anderem dadurch, dass in ihr logische Ursache-Wirkungs-Beziehungen beschrieben werden. Sie ist im Grundsatz, wie der Businessplan, ein kausales Instrument und entspringt ursprünglich einer linearen Denkweise. Den Grundgedanken der strategischen Planung folgend baut sie ebenfalls auf Vorhersagen und Prognosen auf, was ihre Akzeptanz durch die Akteure der deutschen Gründungsförderung sicher befördert hat.

Anders als der Businessplan fokussiert sie sich jedoch auf Kernkomplexe des Geschäftsmodells. Deren Visualisierung in Form der Canvas ermöglicht die schnelle Beschreibung und Erfassung von Geschäftsmodellen. Im Gegensatz zum Businessplan, in dem viele Einzelpunkte nacheinander beschrieben werden, hat die Business Model Canvas zum Ziel, die Kerninhalte konzentriert und in ihren Zusammenhängen bzw. Wechselbeziehungen darzustellen. Dabei kann sie durchaus Grundlage für den ausführlichen Businessplan sein.

Die Autoren und andere Befürworter der Business Model Canvas treten grundsätzlich für einen opportunen Umgang mit dem Tool ein (Osterwalder und Pigneur 2011, S. 167). So soll die Canvas nur der Startpunkt für viele Iterationsschleifen sein. Annahmen, auf deren Basis das Geschäftsmodell fußt, sollen möglichst schnell in der Praxis getestet und das Geschäftsmodell je nach Ergebnis angepasst werden. Für jede Iteration des Geschäftsmodells soll eine neue Canvas erstellt werden. Mit dieser Vorgehensweise lehnt sich die Business Model Canvas stärker an den tatsächlichen Ablauf des entrepreneuriellen Prozesses an und sollte insofern nicht als reine, abschließende Ergebnisdokumentation wahrgenommen werden. Sie baut eine Brücke zwischen dem formellen Businessplan-Ansatz und kreativeren Ansätzen, wie sie weiter unten vorgestellt werden.

Parallelen zu den folgenden Denkansätzen finden sich auch in der starken Berücksichtigung der Kundenperspektive. Dies zeigt sich unter anderem darin, dass Osterwalder und Pigneur (2011) in ihrer Argumentationsfolge die Kundensegmente als Erstes auflisten. In der praktischen Anwendung empfehlen sie außerdem Materialien und Techniken, z. B. die Empathie-Karte,[16] die sich in kreativeren Denkansätzen ebenfalls wiederfinden.

Zusammenfassend offenbart die Business Model Canvas deutliche Vorteile gegenüber dem Businessplan. Hierzu zählt beispielsweise der wesentlich geringere Zeitaufwand, der zu ihrer Erstellung notwendig ist (Stähler 2012).[17] In der praktischen Anwendung ermöglicht die Business Model Canvas schnellere Iterationen und Überarbeitungen. Die Visualisierung legt zudem wechselseitige Abhängigkeiten zwischen den einzelnen Geschäftsmodellbausteinen offen. Die Auswirkungen von Veränderungen auf angrenzende Bausteine können so schnell erkannt werden. Außerdem setzt die Business Model Canvas bei der Geschäftsmodell-Konzeption an und ist insofern wesentlich stärker auf die Vorgründungsphase ausgerichtet als der Businessplan. Sie kann aber auch in der Gründungs- und Nachgründungsphase als Grundlage für weitere, schnelle Anpassungen des Geschäftsmodells an geänderte Marktlagen, gemachte Erfahrungen oder neue Erkenntnisse dienen.

In Anlehnung an die Business Model Canvas von Osterwalder und Pigneur sind in den vergangenen Jahren weitere Varianten entstanden, wie z. B. die Lean Canvas von Maurya (2012, S. 5–6) oder die *fluidminds* Business Model Canvas von Stähler (2013). Diese verwenden zum Teil andere Begriffe und setzen andere Schwerpunkte. Allen gemein ist aber, dass sie die Entwicklung von Geschäftsmodellen strukturieren und sich auf ihre visualisierte, auf den Punkt gebrachte Darstellung konzentrieren.[18]

---

[16] Die Empathie-Karte ist ein Werkzeug zur Erfassung von Kundenbedürfnissen. Für nähere Erläuterungen siehe Osterwalder und Pigneur (2011, S. 135).

[17] Besucher des Entrepreneurship Summits 2012 sprachen davon, dass sie eine Business Model Canvas innerhalb eines halben Tages erstellen. Für die Erstellung eines ausführlichen Businessplans benötigten sie hingegen zwei bis drei Wochen.

[18] Eine gute Übersicht zur Entwicklung von Geschäftsmodell-Ansätzen im Verlauf der letzten Jahre bzw. Jahrzehnte hat Sundelin (2010) zusammengestellt.

7.5.2   Einen Schritt nach dem anderen machen: Discovery Driven Planning

Discovery Driven Planning ist eine Planungstechnik, die 1995 erstmalig von McGrath und MacMillan vorgestellt wurde. Ihre Hauptthese ist, dass in von großer Unsicherheit geprägten Umfeldern ein anderer Ansatz verfolgt werden sollte als derjenige, der dem Einsatz formeller Businesspläne zugrunde liegt. Konventionelle Planungsansätze bewerten die Güte eines Plans im Allgemeinen danach, in welchem Maß die Ergebnisse den Vorausplanungen entsprechen. Discovery Driven Planning geht hingegen von der Überzeugung aus, dass sich Planungsparameter im Laufe des Prozesses ändern (müssen), weil neue Informationen hinzukommen. Aus diesem Grund wird der jeweils geltende Plan von Anfang an als nur temporär und Änderungen unterworfen betrachtet.

Anstatt Gründungsunternehmen Planungsmethoden für vorhandene, voraussagbare und bekannte Geschäftsmodelle aufzuzwingen, berücksichtigt Discovery Driven Planning, dass am Anfang eines neuen, innovativen Vorhabens zwangsläufig wenig bekannt ist und viel angenommen wird bzw. werden muss. Annahmen werden daher nicht wie Fakten behandelt, sondern als Hypothesen angesehen, die es zu testen und zu hinterfragen gilt. Während sich das Vorhaben entwickelt, werden diese Annahmen systematisch in Wissen umgewandelt. Wenn neue Daten hinzukommen, aufgedeckt bzw. erkannt werden, werden sie in den sich in fortwährender Entwicklung befindlichen Plan eingebunden. Das gesamte Potenzial des Vorhabens wird erst im Laufe des Prozesses deutlich.

Zur Finanzierung solcher Vorhaben befürwortet das Discovery Driven Planning Methoden, wie sie in ähnlicher Form als „Stufenkreditvergabe" aus der Mikrofinanzierung bekannt sind: Es erfolgt nicht etwa eine komplette Finanzierung am Anfang und auf Basis eines einzigen Planes, der zudem mindestens teilweise auf unbewiesenen Annahmen aufbaut. Vielmehr wird die Finanzierung an das Erreichen wichtiger Meilensteine bzw. den Gewinn von Erkenntnissen gekoppelt. Stellen sich Annahmen im Verlauf der Zeit als falsch heraus, können der Plan und die Finanzierung an die veränderte, neue Informationslage angepasst werden. Dies mag zwar den bürokratischen Aufwand erhöhen, hat jedoch zwei entscheidende Vorteile: Lerneffekte können direkt in die Planung integriert werden und die stufenweise Vergabe der Mittel begrenzt das (finanzielle) Risiko für die Kapitalgeber und die Entrepreneure gleichermaßen.

Eines der Werkzeuge, die vom Discovery Driven Planning eingesetzt werden, ist die umgedrehte Erfolgsrechnung. Sie beginnt nicht, wie sonst üblich, mit einer Schätzung der möglichen Einnahmen, um daraufhin die nachfolgenden Zeilen in der Erfolgsrechnung auszufüllen und schließlich die möglichen Gewinne zu antizipieren. Vielmehr geht sie von den notwendigen Gewinnen aus. Die Erfolgsrechnung wird dann von unten nach oben ausgefüllt, um am Ende zu bestimmen, wie hoch die Einnahmen sein müssen bzw. wie hoch die Kosten sein dürfen, um die Gewinnerwartungen zu erreichen.[19]

Die Nutzung dieses Instruments deutet bereits an, dass es sich beim Discovery Driven Planning um einen vorsichtigen und vorausschauenden Ansatz handelt. Er zielt darauf ab, einen Schritt nach dem anderen zu gehen, und rät zur immer wieder neuen Überprüfung der einzelnen Schritte. Entrepreneure sollen ihr Geschäftsmodell zunächst mit begrenztem Ressourceneinsatz überprüfen und dessen Tragfähigkeit nachweisen. Das Konzept beinhaltet insofern zumindest implizit auch die Erstellung eines *proof of concept*.

Das Discovery Driven Planning ist einer der ersten Ansätze, die den Faktor Unsicherheit bei innovativen Unternehmensgründungen als signifikanten Unterschied zu etablierten Geschäftsmodellen bzw. bestehenden Unternehmen thematisieren und Wege vorschlagen, wie damit in der Praxis umgegangen werden kann. Discovery Driven Planning lehnt sich zwar immer noch stark an den konventionellen Ansatz des Businessplans an, versucht aber, durch eine sich kontinuierlich weiterentwickelnde Planung dessen Grenzen zu überwinden. Das schrittweise Vorgehen und die ständige Anpassung des Plans an neue Informationen tragen der Erkenntnis Rechnung, dass innovative Vorhaben nicht über Nacht entstehen, sondern sich im Laufe der Zeit entwickeln, und dass in diesem Prozess Informationen generiert werden, die anfangs (noch) nicht vorhanden waren. Discovery Driven Planning fordert Entrepreneure dazu auf, diese Informationen nicht zu ignorieren, sondern wichtig zu nehmen und bewusst in den weiteren Prozess einzubeziehen.

Hinsichtlich der Finanzierung innovativer Vorhaben schlagen McGrath und MacMillan (1995) eine risikoreduzierte Herangehensweise vor. Diese erfordert, das Geschäftsmodell fortwährend zu hinterfragen und die darin enthaltenen Annahmen zu testen. Insbesondere bei Vorhaben, bei denen ein anfänglicher, konkreter *proof of concept* unmöglich ist, können Entrepreneure so zunächst im Kleinen prüfen, ob ihre Idee funktioniert, bevor sie ihr Geschäftsmodell skalieren.

Discovery Driven Planning setzt in der Vorgründungsphase an, eröffnet dabei jedoch die Möglichkeit, schnell zur eigentlichen Gründung zu gelangen, indem zunächst kleiner begonnen wird. In der Orientierung auf die schnelle, dabei aber

---

[19] Die umgekehrte Erfolgsrechnung wird in ähnlicher Form (Monatsbudget) in der Beratungspraxis der FIRMENHILFE in Hamburg eingesetzt. Durch die Erstellung eines persönlichen Monatsbudgets kann in jedem individuellen Fall eruiert werden, wie viel am Ende des Tages aus der unternehmerischen Tätigkeit für den Einzelnen übrig bleiben muss und ob dies mit dem gewählten Geschäftsmodell nachhaltig erreichbar ist. Die FIRMENHILFE ist ein durch die Stadt Hamburg finanziertes Beratungsangebot für Hamburger Selbstständige, Freiberufler und Kleinunternehmer und besteht seit 2001 (www.firmenhilfe.org).

vergleichsweise risikoarme Umsetzung des Vorhabens entfaltet der Ansatz seine Stärken vor allem in der frühen Gründungsphase. Durch die ständige Integration neuer Erkenntnisse und Erfahrungen reicht die Tragweite des Ansatzes bis in die Nachgründungsphase, wobei mit zunehmender Etablierung und Verfestigung des Geschäftsmodells der Nutzen abnimmt. Der Ansatz der umgekehrten Erfolgsrechnung kann insbesondere für Gründer sinnvoll sein, die wenig Kapital einsetzen können oder wollen bzw. mit einer Gründung im Nebenerwerb beginnen.

7.5.3 Auf die Idee kommt es an: Konzept-kreative Gründungen

Von Faltin (2008) stammt der Begriff der „Konzept-kreativen Gründungen", den er als Teilmenge aller Gründungen in die Entrepreneurship-Lehre und Forschung einführte. Sie sind einerseits von technologieorientierten Gründungen abzugrenzen, die auf technologischen, patentierten Entwicklungen aus der Forschung beruhen. Andererseits unterscheiden sie sich von imitativen Gründungen, die ein am Markt bereits vorhandenes Geschäftsmodell kopieren und sich ohne konkreten Marktvorteil einem hohen Wettbewerbsdruck aussetzen.

Konzept-kreative Gründungen haben, ebenso wie technologieorientierte Gründungen, einen innovativen Charakter. Er besteht jedoch nicht in einer technischen Neuerung, sondern in der neuartigen Gestaltung von Geschäftsprozessen, durch die etablierte Strukturen infrage gestellt werden. Die Nutzeninnovation besteht in der Entdeckung bzw. Schaffung einer Marktchance, die unerfüllte oder bisher verborgene Kundenwünsche befriedigt. Dabei sind nicht Ressourcen, wie beispielsweise Kapital, für den Erfolg entscheidend, sondern vor allem die kreative Geschäftsidee, die das Vorhaben von den Mitbewerbern abgrenzt und dem Geschäftsmodell Wettbewerbsvorteile verschafft.

Die Gründungsforschung und -praxis legte ihren Schwerpunkt bisher meist darauf, dass Gründer betriebswirtschaftliche Kenntnisse und Fähigkeiten besitzen sollten. Faltin betont stattdessen den **kreativen** Beitrag der Person des Gründers bzw. der Gründerin und die Bedeutung der eher kreativen und innovativen Aspekte des Entrepreneurships. Während die gängige Gründungsliteratur impliziert, dass Unternehmer alles können und wissen müssten, nimmt Faltin eine andere Perspektive ein. Er arbeitet drei Funktionen heraus, die Unternehmern konventionell zugeschrieben werden: Dazu gehören die Funktion als Eigentümer, die als Manager und die als Innovator, der „Neues in die Welt bringt". Entrepreneure kennzeichnen sich dadurch, dass sie sich auf die Funktion des Innovators konzentrieren. Mit dem Begriff „Entrepreneur" grenzt Faltin dessen im Kern innovatorische Tätigkeit deutlich von der mit dem Begriff „Unternehmer" häufiger assoziierten Eigentümer- und Managerfunktion ab und lehnt sich dabei an Schumpeter an.

In der Funktion des Innovators bzw. der Innovatorin besteht die Arbeit für den Entrepreneur darin,

*   ein eigenes, innovatives Geschäftsmodell[20] zu entwickeln, zu implementieren und fortlaufend weiterzuentwickeln;
*   das Geschäftsmodell an sich verändernde (Rahmen-)Bedingungen anzupassen;
*   den Markt genau zu beobachten und neue Trends bzw. technologische Entwicklungen frühzeitig zu identifizieren;
*   Grundsatzentscheidungen vorzubereiten und zu treffen;
*   Mitarbeiter für die eigene Idee zu begeistern.

Die Güte eines Konzept-kreativen Geschäftsmodells lässt sich mit drei Parametern bewerten:

*   **Einfach**: Die Komplexität wurde auf ein Mindestmaß reduziert. Einzelne Schritte und Prozesse sind klar und überschaubar.
*   **Skalierbar**: Bei Wachstum des Unternehmens können Synergieeffekte genutzt werden.
*   **Minimiertes Risiko**: Das Risiko für den Entrepreneur ist auf ein Mindestmaß reduziert. Risiken zu minimieren bedeutet in diesem Zusammenhang auch, den Kapitalbedarf möglichst gering zu halten, um Verluste an (öffentlichen) Mitteln zu minimieren.

Zusammenfassend geht es bei Konzept-kreativen Gründungen um folgende Aspekte:

*   Vorhandenes zu entdecken, d. h. bisher nicht gesehene Potenziale in existierenden Technologien oder vorhandenen Ressourcen zu erkennen;
*   die Funktion vor die Konvention zu stellen und dadurch existierende Dogmen radikal zu hinterfragen;
*   Vorhandenes neu zu kombinieren, z. B. durch eine neuartige Kombination von Ressourcen oder Vorgehensweisen;
*   mehr als nur eine Funktion zu erfüllen, indem man sich die Frage stellt, wie bestimmte Ressourcen möglicherweise noch benutzt werden könnten;
*   Probleme als Chance zu verstehen und ihre Potenziale zu erkennen.

Wie sich diese Aspekte in der Praxis darstellen, illustrieren die folgenden Beispiele.

---

[20] Faltin (2008) verwendet alternativ auch die Begriffe „Ideenkonzept" und „Entrepreneurial Design".

Vorhandenes entdecken in der Praxis

Das Faxgerät war keineswegs eine technologische Neuerung, als es seit den 1970er-Jahren seinen Siegeszug antrat: Die grundlegende Technologie war schon Mitte des 19. Jahrhunderts bekannt. Ein anderes Beispiel ist die Entdeckung des aus Brasilien stammenden Bankmanagers Sergio Rial, dass die in seinem Heimatland als Abfall betrachteten Hühnerfüße in China als Delikatesse galten und sich daraus ein Geschäftsmodell machen ließ.

Funktion vor die Konvention stellen in der Praxis

Bike- oder Carsharing-Anbieter wie Car2go oder StadtRAD Hamburg haben das Mobilitätsangebot – nicht nur in Hamburg – revolutioniert. Zuvor herrschte die Konvention, dass man ein Auto oder Fahrrad kaufte, wenn man es öfter benutzen wollte. Bei funktionaler Betrachtung stellt man jedoch fest: Fahrräder und Autos im Privatbesitz stehen die meiste Zeit ungenutzt herum. Muss das sein? Es ist doch viel ressourcenschonender, wenn sie von mehreren Menschen am Tag genutzt werden können. Diesen Gedanken haben Anbieter von Sharing-Systemen zum Geschäftsmodell gemacht. Carsharing-Anbieter gibt es mittlerweile in jeder größeren deutschen Stadt. StadtRAD Hamburg ist ein öffentliches Fahrradleihsystem, das von der Bahn im Auftrag der Stadt Hamburg betrieben wird. Für die Nutzer entsteht praktisch kein Aufwand mehr: Reparaturen, Wartung etc. übernimmt der Anbieter. Der Clou: Die ersten 30 min der Nutzung sind kostenfrei. Das ist sicher einer der Gründe, warum es mit über zwei Millionen Nutzungen pro Jahr zum am stärksten genutzten Leihfahrradsystem Deutschlands geworden ist.

Vorhandenes neu kombinieren in der Praxis

Henry Ford schaute sich beispielsweise die fließbandartige Arbeitsweise mit je einem Handgriff pro Arbeiter von der Vorgehensweise in Schlachthäusern ab und revolutionierte durch die Übertragung des Prinzips die Fertigungsweise in der Industrie. Ein alternatives Beispiel ist die Idee des südafrikanischen Töpfers Thijs Nel, die aus Lehm gebauten Häuser der Slums Johannesburgs in Übertragung des Prinzips der Fertigung von Tassen durch Brennen haltbarer zu machen. Eine Neukombination anderer Art sind die im Internet zahlreich vorhandenen Ideen, aus IKEA-Möbeln durch geänderte Formen des Zusammenbaus bzw. der Zusammenstellung von Bauelementen völlig neue Möbel zu kreieren.

Mehr als nur eine Funktion erfüllen in der Praxis

Tagsüber sind die Staatlichen Museen zu Berlin für die Besucher geöffnet. Außerhalb ihrer regulären Öffnungszeiten können sie für exklusive Events, wie eine Abendveranstaltung, einen Empfang oder ein Sommerfest, angemietet werden. So bleiben die Gebäude nachts nicht zwangsläufig ungenutzt. Gleichzeitig wird z. B. das vornehme Dinieren zwischen Künstlern der Moderne in der Neuen Nationalgalerie zu einer weiteren Einnahmequelle für die Berliner Museen.

Zur Entwicklung und Umsetzung von Konzept-kreativen Gründungen bietet sich nach Faltin (2008) ein arbeitsteiliges Vorgehen an: das **Gründen mit Komponenten**. Gemeint ist, dass ähnlich wie bei einem Baukastensystem das unternehmerische Konzept wo immer möglich mittels bereits vorhandener Komponenten zusammen- bzw. umgesetzt wird. Heutzutage gibt es professionelle Anbieter für spezialisierte Komponenten unterschiedlichster Art. Der Entrepreneur kann diese Komponenten in sein Konzept einpassen und die fertigen Teilstücke zu einem neuen Ganzen zusammenfügen. Das Geschäftsmodell kann so schon im Vorfeld virtuell gedacht werden.

Für das Gründen mit Komponenten schlägt Faltin folgendes Vorgehen vor:

1. Geschäftsmodell mit Komponenten konzipieren,
2. professionelle Komponentenanbieter finden und
3. das Zusammenspiel der Komponenten koordinieren und kontrollieren.

Das Gründen mit Komponenten reduziert die Ansprüche an den Konzept-kreativen Entrepreneur. Er muss nicht mehr jeden Produktionsschritt bis ins Detail kennen oder können. Seine Aufgabe besteht vielmehr im Finden geeigneter Anbieter und deren Koordination innerhalb des Prozesses. In der Arbeit kann er sich so kompromisslos auf seine originäre Funktion als Innovator fokussieren.

Die Zusammenarbeit mit professionellen Anbietern bietet dem Entrepreneur von Anfang an viele Vorteile. Zu ihnen gehören:

• geringe Investitionskosten, da der klassische Investitionsaufwand entfällt;
• geringe Fixkosten, da große, effiziente Produktioneinheiten genutzt werden können, ohne sie selbst aufzubauen und zu betreiben;
• weitestgehend variable Kosten, die zudem nur bei generierten Umsätzen wirklich anfallen;[21]
• von Anfang an professionelle Arbeit und Arbeitsergebnisse;

---

[21] Dies führt in der Konsequenz dazu, dass ein Umsatzwachstum möglich ist, ohne dass parallel das Unternehmen, z. B. in Form von Mitarbeitern, mitwächst. Das Unternehmen ist weniger anfällig für wachstumsbedingte Krisensituationen.

- Offenheit und Flexibilität bleiben gewahrt;
- Nutzung bzw. Einkauf der jeweils preiswertesten oder technologisch am weitesten entwickelten Lösung am Markt.

Faltin (2008) leitet das Komponentenmodell aus unserem Alltagsleben ab, in dem schon heute in vielen Bereichen auf Spezialisten zurückgegriffen wird. Er überträgt diese Handlungsweise auf den Entrepreneurship-Kontext und sprengt so den Rahmen der konventionellen Denkweise, nach der Unternehmensgründer in allen Bereichen ihres Unternehmens selbst Experten sein sollten oder gar müssten. Die Voraussetzungen für das Gründen mit Komponenten sind in der heutigen Geschäftswelt alle gegeben: neuartige Infrastruktur durch IT und Internet, Virtualität und niedrige Kommunikationskosten, eine hoch entwickelte Arbeitsteilung und Spezialisierung, standardisierte Märkte, Börsen und Produktqualitäten sowie die Verfügbarkeit professioneller Anbieter bzw. Dienstleister in den unterschiedlichsten Bereichen.

Die konsequente Anwendung dieser Art der Arbeitsteilung eröffnet Unternehmensgründern völlig neue Möglichkeiten, ihr Unternehmen gedanklich zu fassen. Zugleich verändert sie das Problem der Umsetzung von Grund auf, sowohl quantitativ als auch qualitativ. Die Herausforderung liegt bei dieser Vorgehensweise in der Koordination und Abstimmung der Komponenten und nicht mehr darin, alles selbst zu produzieren. Was früher unter „Umsetzung" verstanden wurde, kann mithilfe des Gründens mit Komponenten ganz anders organisiert, delegiert, komponiert und ausgegliedert werden. Die wesentliche Aufgabe von Unternehmensgründern besteht dann in der ständigen Marktbeobachtung, der Reaktion auf Marktveränderungen und der Weiterentwicklung für die Zukunft. Faltin (2008, S. 70) drückt den Gedanken so aus:

> Als Gründer müssen Sie **an** Ihrem Unternehmen arbeiten, nicht notwendigerweise **in** Ihrem Unternehmen.

In Deutschland wurde der Innovationsgehalt von Unternehmensgründungen bisher in aller Regel auf Basis der von ihnen angebotenen technischen Neuerungen bewertet. Doch weder führen technologische Gründungen automatisch zu erfolgreichen Unternehmensgründungen, noch müssen bahnbrechende Innovationen zwangsläufig auf neuen Technologien basieren. Durch Konzept-kreative Gründungen, deren Bedeutung für die Volkswirtschaft bisher weitgehend unterschätzt wurde, können ebenfalls erhebliche innovative (Gründungs-)Potenziale entdeckt und entfaltet werden.

Faltin räumt der Entwicklung des Geschäftsmodells einen entscheidenden Stellenwert ein. Er kritisiert die Konzentration der gängigen Gründungsliteratur und -lehre auf betriebswirtschaftliche Umsetzungsaspekte. Während andere die „Idee" häufig als „gegeben" voraussetzen, legt Faltin besonderen Wert auf die (systematische)

Entwicklung eines innovativen Geschäftsmodells und sieht hier die Kernkompetenz und -leistung des Entrepreneurs. Im Gegensatz zu flüchtigen, spontanen Einfällen etabliert er die „Idee" im Sinne eines ausgereiften Geschäftsmodells als zentralen Begriff im Zusammenhang mit Unternehmensgründungen und hebt hervor, dass das Design des Geschäftsmodells entscheidend für den Unternehmenserfolg ist.

Durch seine Arbeit – hier sind insbesondere die Bestseller-Bücher „Kopf schlägt Kapital" und „Wir sind das Kapital" sowie der jährlich stattfindende und von ihm initiierte Entrepreneurship Summit zu nennen – hat Faltin es in den letzten Jahren geschafft, andere Zielgruppen für Entrepreneurship zu begeistern. So hat er z. B. durch die **konsequente Unterscheidung zwischen Betriebswirtschaft und Entrepreneurship** und durch die **Betonung des kreativen Aktes im Entrepreneurship in Abgrenzung zum administrativen Verwalten der Betriebswirtschaft** auch Menschen ohne fundierte betriebswirtschaftliche Ausbildung für das Thema gewinnen können.[22]

Das Modell der Konzept-kreativen Gründung legt besonderes Gewicht auf die Vorgründungsphase. Im Prinzip findet hier die entscheidende Arbeit des Entrepreneurs statt. In dieser Phase werden ggf. auch die möglichen Komponenten ausgewählt und angeordnet. Das Gründen mit Komponenten reduziert zudem die notwendigen organisatorischen Leistungen in der Gründungsphase, sodass das Geschäftsmodell schnell Werte schaffen kann. Im weiteren Verlauf kann es bei Erfolg leicht skaliert werden.

7.5.4   Neue Fischgründe erschließen: Blue Ocean Strategy

Mit der Blue Ocean Strategy zeigen die Autoren Kim und Mauborgne (2005) weitere Möglichkeiten auf, innovative Geschäftsmodelle systematisch zu entwickeln. Sie nutzen die metaphorische Unterscheidung in rote und blaue Ozeane, um unterschiedliche Marktumfelder zu charakterisieren. Rote Ozeane sind durch einen „blutigen" Wettbewerb zwischen den am Markt agierenden Wettbewerbern gekennzeichnet. Als rote Ozeane gelten alle bereits existierenden Branchen und bekannten Märkte. Ihre Grenzen und die Anbieter im Markt sind weitgehend bekannt. Wer in roten Ozeanen agiert bzw. agieren will, muss Wettbewerber ausbooten oder überflügeln, um den eigenen Markanteil zu vergrößern. Denn hier übersteigt das Angebot häufig die Nachfrage, sodass das Gewinn- und Wachstumspotenzial begrenzt ist.

Die Betriebswirtschafts- und Managementlehre konzentriert sich (bisher) darauf, Wettbewerbsstrategien für solche roten Ozeane zu entwickeln, wie z. B. Nischenstrategien oder das Streben nach Preis- oder Qualitätsführerschaft. Wer den

---

[22] Nicht nur die Verkaufszahlen seiner Bücher, sondern auch die Besucherzahlen des Entrepreneurship Summit belegen dies eindrucksvoll. Mit rund 1500 Teilnehmern und über 150 Rednern zählt der jährlich stattfindende Entrepreneurship Summit zu den größten Veranstaltungen für Entrepreneure und Unternehmensgründer in Europa.

Fokus auf rote Ozeane legt, akzeptiert damit jedoch zugleich wachstumshemmende Faktoren, beispielsweise einen begrenzten Wirkungskreis und die Notwendigkeit, Wettbewerber zu überbieten. Kim und Mauborgne (2005) schlagen stattdessen vor, über die reine Wettbewerbsanalyse hinauszugehen und sich durch **Nutzeninnovationen** blaue Ozeane zu schaffen. Unter „Nutzeninnovation" ist in diesem Zusammenhang die Anpassung bzw. Schaffung eines Nutzens für Kunden zu verstehen, deren Bedarf durch bisherige Produkte am Markt noch nicht befriedigt wurde. Dabei geht es nicht zwangsläufig um bereits bekannte, sondern eher um latent vorhandene, bisher noch unerkannte Bedürfnisse. Durch deren Befriedigung schaffen Nutzeninnovationen neue Märkte und vermeiden den direkten Wettbewerb zu bisherigen Anbietern. Sie können aber deren Produkte sehr wohl verdrängen.

Blaue Ozeane dienen als Bild für endlose Weiten, in denen (unbegrenzte) Nutzeninnovationen möglich sind. Darunter fallen alle Branchen und Märkte, die bisher noch nicht existieren bzw. noch unbekannt sind. Sie dehnen die bekannten Wettbewerbsgrenzen aus oder gehen sogar über sie hinaus. In blauen Ozeanen sind Wettbewerber keine Gefahr, da die Spielregeln und die Felder, auf denen man miteinander konkurriert, noch nicht definiert sind. Es handelt sich um unerschlossene Märkte, in denen die Nachfrage erst noch geschaffen werden muss und in denen es abseits des bestehenden Wettbewerbs Möglichkeiten für hohe Gewinne und Wachstum gibt. Diese Art blauer Ozeane wurde bisher wenig erforscht und es gibt kaum praktische Hilfestellungen zur Vorgehensweise. Da es sich bei ihnen um unbekanntes Territorium handelt, das noch dazu einen hohen Grad an Unsicherheit aufweist, werden sie von der klassischen Managementlehre häufig als zu risikoreich eingeschätzt.

Unternehmen in roten Ozeanen folgen weitgehend dem konventionellen Businessplan-Ansatz: Sie bemühen sich, ihre Wettbewerber zu schlagen, indem sie versuchen, eine starke (Verteidigungs-)Position innerhalb einer existierenden Industrie bzw. Branche aufzubauen. Demgegenüber nehmen Unternehmen, die in blauen Ozeanen segeln wollen, nicht den Wettbewerb zum Maßstab, sondern bemühen sich stattdessen darum, Nutzeninnovationen zu schaffen. Wo dies gelingt, werden Wettbewerber irrelevant. Ziel ist es, einen großen Nutzenvorsprung für die Kunden und das Unternehmen zu schaffen und dadurch einen neuen, unberührten Markt zu öffnen. Dabei gilt es, zwischen Nutzeninnovationen und technologischen Erfindungen zu unterscheiden, denn eine Erfindung allein ist noch keine Innovation. Nutzeninnovationen entstehen erst, wenn Brauchbarkeit, Preis und Kosten im Einklang miteinander stehen.

Die Autoren beschreiben mehrere Methoden und Werkzeuge, die zur Entwicklung von Nutzeninnovationen und zur Eroberung blauer Ozeane genutzt werden können. Mit ihrer Hilfe sollen in einem strukturierten Prozess Wege gefunden werden, um die am Markt bestehenden Verhältnisse neu zu ordnen. Zwei davon wollen wir exemplarisch vorstellen.[23]

---

[23] Eine komplette Übersicht findet sich auf der Website www.blueoceanstrategy.com.

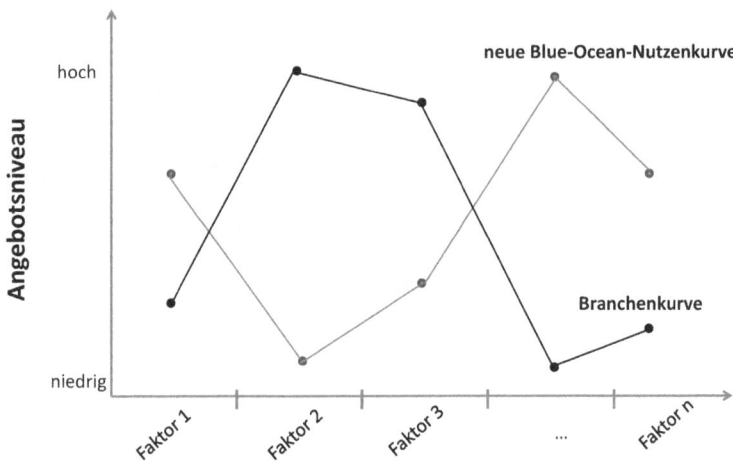

wettbewerbsrelevante Faktoren

Abb. 7.6 Strategische Nutzenkurve (Quelle: angelehnt an Blue Ocean Strategy; eigene Übersetzung)

Das erste ist die **strategische Nutzenkurve**[24]. Sie dient als Mittel, um die strategischen, wettbewerbsrelevanten Faktoren in einer Branche zu analysieren und mithilfe der Ergebnisse Wege in blaue Ozeane zu finden und geeignete Handlungsoptionen abzuleiten (siehe Abb. 7.6).

Die horizontale Achse der strategischen Nutzenkurve beschreibt die wettbewerbsrelevanten Faktoren in der untersuchten Branche. Für jeden wettbewerbsrelevanten Faktor wird das Angebotsniveau der Branche ermittelt und auf der vertikalen Achse abgebildet. Nun lässt sich eine Nutzenkurve für die Branche zeichnen (rote Linie). In einer zweiten Nutzenkurve wird nun die eigene relative Unternehmensleistung in Bezug auf die wettbewerbsrelevanten Faktoren dem Angebotsniveau gegenübergestellt (blaue Linie).

Die strategische Nutzenkurve erfüllt zwei Zwecke: Zum einen verdeutlicht sie den gegenwärtigen Status quo der Branche und ihrer Spielregeln. Mit ihrer Hilfe können diejenigen Felder, auf denen innerhalb einer Branche gegenwärtig miteinander konkurriert wird, eindeutig identifiziert werden. Zum anderen zeigt sie Handlungsoptionen zu der Frage auf, wie der eigene Fokus neu ausgerichtet werden kann. So können sich Unternehmen bzw. Gründungen von der Konzentration auf bekannte Kunden und Faktoren, bezüglich derer bereits starker Wettbewerbsdruck besteht, lösen und sich stattdessen bisher weniger berücksichtigten Faktoren und damit neuen, latenten Kundensegmenten zuwenden.

---

[24] Engl.: *Value Curve* [eigene Übersetzung].

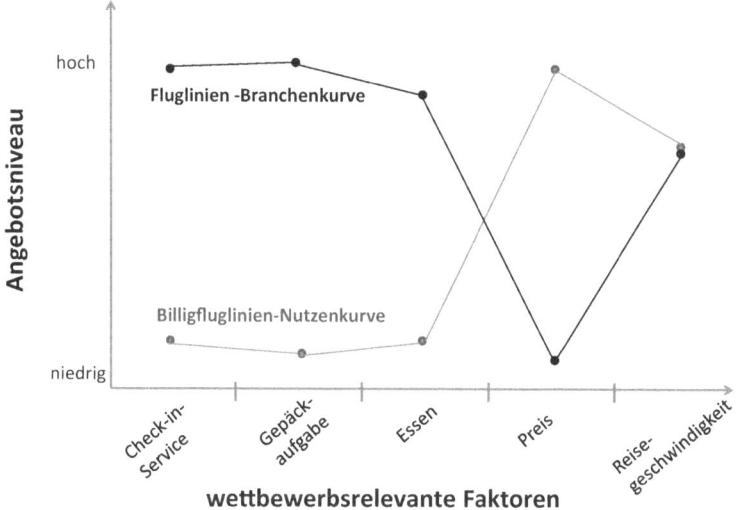

Abb. 7.7 Strategische Nutzenkurve für Billigfluganbieter (Quelle: Lahn 2015, S. 186)

Die Nutzenkurve in der Praxis: easyJet, Ryanair und Co.
Am besten lässt sich die Nutzenkurve an einem Beispiel, wie dem der Billig-fluglinien Southwest Airlines, Ryanair oder EasyJet, verdeutlichen: Sie er-schlossen sich vor einigen Jahren völlig neue Kundensegmente, indem sie sich dagegen entschieden, gängige wettbewerbsrelevante Faktoren zu bedienen, und stattdessen andere in den Mittelpunkt stellten. Vor ihrem Eintritt in den Markt waren z. B. die Verpflegung an Bord und die Mitnahme von aufgegebenem Gepäck grundsätzlich im Preis inbegriffene Dienstleistungen. Die Billigflug-anbieter stellten diese Dienstleistungen nun jedoch **gesondert** in Rechnung. Dafür erhöhten sie die Abflugfrequenz und optimierten den Check-in-Ablauf. Indem sie zuvor scheinbar selbstverständlich zum Produkt gehörende Dienst-leistungen strichen bzw. gesondert berechneten und in anderen Bereichen die Prozesse änderten, konnten sie Flugreisen zu einem niedrigen Preis anbieten. Obwohl die Dienstleistung grundsätzlich dieselbe blieb, konnten sie so neue Kundensegmente erschließen und z. B. Flugreisende für Städtetrips übers Wo-chenende gewinnen. Die strategische Nutzenkurve kann für dieses einfache Beispiel aussehen wie in Abb. 7.7 dargestellt. Die rote Linie stellt die Nutzen-kurve der Branche dar und die blaue die neue strategische Nutzenkurve der Billigfluganbieter.

Abb. 7.8 Nutzeninno-
vationen (Quelle: Blue
Ocean Strategy; eigene
Übersetzung)

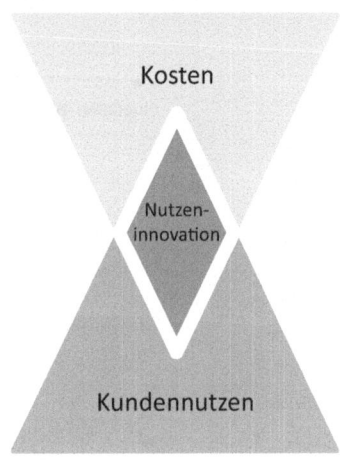

Eine weitere Methode, mit der im Kontext der Blue Ocean Strategy gearbeitet werden kann, ist das **Vier-Aktionen-Format**[25]. Es wird verwendet, um Nutzeninnovationen für Kunden zu schaffen und eine neue Nutzenkurve zu konstruieren. Nach
der konventionellen Managementlogik besteht in roten Ozeanen die Strategie darin, **entweder** Kosten zu reduzieren **oder** den Wert eines Angebotes zu steigern.
Nutzeninnovationen entstehen im Gegensatz dazu, wenn **gleichzeitig** die Kosten
gesenkt werden und der Wert für die Kunden gesteigert wird (siehe auch Abb. 7.8).

Nutzeninnovationen in der Praxis: die Teekampagne

Ein Beispiel hierfür ist die Teekampagne.[26] Aufgrund einer reduzierten Liefer-
kette und der Ausschaltung des Zwischenhandels kann in diesem Geschäftsmodell den Kunden ein qualitativ hochwertiges Produkt zu einem günstigeren
als dem im Handel üblichen Preis angeboten werden. Dabei beschränkt sich die
Teekampagne – anders als der herkömmliche Teehandel – auf eine Teesorte:
Darjeeling. Sie erhöht deren Qualität für die Verbraucher, indem nur Biotee
verkauft wird, der auf Rückstände untersucht wurde. Auf traditionelle, kosten-
intensive Kleinverpackungen wie Teebeutel oder 100-Gramm-Beutel wird verzichtet. Stattdessen wird ein Jahresvorrat in Form einer 1-Kilogramm-Packung

---

[25] Engl.: *Four Actions Framework* [eigene Übersetzung].
[26] Ausführlich beschrieben werden die Idee und das Konzept der Teekampagne bei Faltin
(2008).

angeboten. Schließlich verzichtet die Teekampagne auf stationären Handel und agiert nur als Versandhandel.

Um ein solches Ergebnis zu erreichen, gilt es, die wettbewerbsrelevanten Faktoren einer Branche zu hinterfragen. Vier konkrete Handlungsoptionen stehen dazu zur Verfügung (siehe auch Abb. 7.9):

- **Eliminieren**: Identifikation von bisher vorhandenen Faktoren, die eliminiert werden können.
- **Reduzieren**: Identifikation von Faktoren, die unter den Branchenstandard reduziert werden können.
- **Steigern**: Identifikation von Faktoren, die über den Branchenstandard angehoben werden sollten.
- **Schaffen bzw. Kreieren**: Identifikation von Faktoren, die bisher nicht zum Branchenstandard gehören, aber neu aufgenommen werden sollten.

Die Reduzierung und/oder Eliminierung von bisherigen Wettbewerbsfaktoren ermöglichen Kosteneinsparungen, während die Steigerung und/oder Schaffung neuer Faktoren den Nutzen für die Kunden erhöhen bzw. das Angebot für neue Kundensegmente öffnen. Beispiele für alle genannten Punkte finden sich in der Vorgehensweise der Teekampagne, wie wir sie oben dargestellt haben.

Die Geschichte lehrt eindrucksvoll, dass die Möglichkeiten zum Schaffen neuer Branchen, Produkte und Märkte weithin unterschätzt werden. Man führe sich nur einmal vor Augen, wie viele Unternehmen und Branchen, die wir heute kennen und die inzwischen selbstverständlicher Teil unseres Lebens sind, vor 100, 50 oder zehn Jahren noch nicht existierten und für uns damals kaum vorstellbar gewesen wären. Sicher reicht unsere Vorstellungskraft auch heute nicht aus, um ansatzweise zu erahnen, welche neuen Produkte, Branchen und Märkte es in zehn, 20 oder 50 Jahren geben wird. Hier setzen Kim und Mauborgne (2005) mit der Blue Ocean Strategy an.

Außerhalb der bekannten Märkte und Industrien gibt es viele Möglichkeiten, Nutzen und Werte für bisher noch nicht erschlossene Kundenschichten zu schaffen. Die Blue Ocean Strategy hilft dabei, neue Märkte zu finden und sie zu erschließen. Indem die strategischen Wettbewerbsfaktoren einer Branche zielgerichtet hinterfragt werden, lassen sich mit entsprechender Kreativität Nutzen- und Geschäftsmodellinnovationen systematisch entwickeln.

Der Ansatz der Blue Ocean Strategy stellt gängige Konventionen infrage. Dadurch können die Limitationen des Businessplan-Ansatzes überwunden und potenzielle Unternehmensgründer animiert werden, über bestehende Kundensegmente

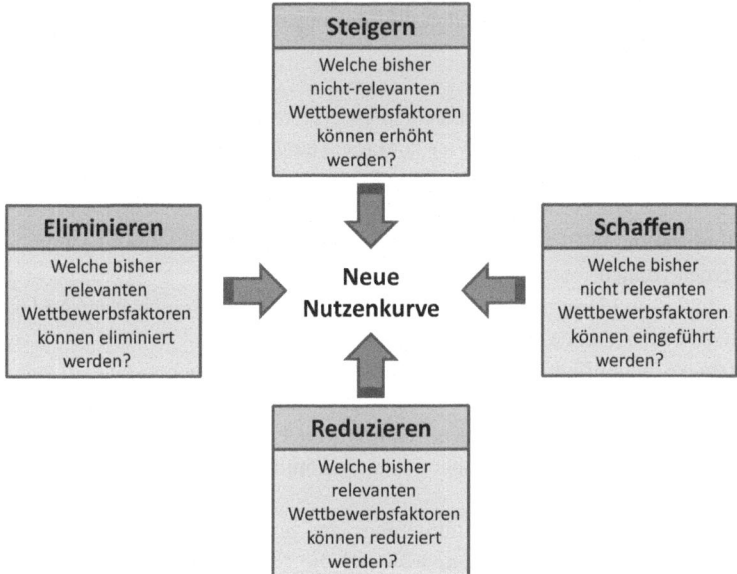

Abb. 7.9 Vier-Aktionen-Format (Quelle: Blue Ocean Strategy; eigene Übersetzung)

und Branchengrenzen hinauszudenken. So können z. B. bisherige Nichtkunden angesprochen werden, um neue Kundensegmente zu generieren. Die Blue Ocean Strategy ist prinzipiell in jeder Phase eines Unternehmens anwendbar, bietet sich aber insbesondere in der Vorgründungsphase als Instrument zur Entwicklung eines innovativen Geschäftsmodells an.

7.5.5 Die Zukunft gestalten, ohne sie zu kennen: Effectuation

Effectuation ist eine Entscheidungslogik, die von Sarasvathy erstmalig 2001 in einem viel beachteten Artikel im Journal of Management vorgestellt wurde (Sarasvathy 2001a). Sie stellt wichtige Entscheidungskriterien der konventionellen Managementtheorien, die Sarasvathy als „Causation-Logik" bezeichnet, auf den Kopf. Ihre Entwicklung basiert auf einer empirischen Untersuchung der Entscheidungsprozesse erfahrener Entrepreneure.

Von den eigenen Mitteln ausgehend – Wer bin ich? Was kann bzw. weiß ich? Wen kenne ich? – entwickelt der Entrepreneur verschiedene Ideen und Handlungsoptionen. Diese sind meist subjektiver Natur und entsprechen seinen individuellen

Präferenzen und Gegebenheiten. Daraufhin teilt der Entrepreneur diese Ideen mit seinem sozialen Netzwerk, mit dem Ziel, diejenigen Stakeholder zu identifizieren, die bereit und willens sind, das Vorhaben zu unterstützen und gemeinsam mit ihm weiterzuentwickeln. So gewinnt er Partner und Mitstreiter für das Projekt.

Diese verfügen wiederum über eigene Mittel, wodurch die vorhandenen Ressourcen und der Umfang der Handlungsmöglichkeiten erweitert werden. Daneben bringen sie aber auch ihre eigenen Vorstellungen und Ziele ein, was zu einer Konkretisierung der Handlungsoptionen führt. Der Prozesszyklus ist dynamischer Natur und wiederholt sich mehrfach. Mit der Zeit nimmt so einerseits die Menge der vorhandenen und nutzbaren Mittel innerhalb des Netzwerkes zu, während andererseits die Ziele immer genauer definiert werden. Das Stakeholder-Netzwerk wird über die Zeit immer enger und die sich herausbildende(n) Geschäftsidee(n) immer konkreter. Aus dem gemeinsamen Know-how und den Vereinbarungen mit denjenigen, die bereit sind, Risiko und Verantwortung zu übernehmen, entstehen nach und nach gänzlich neue Geschäftsideen und Märkte. In diesem Prozess können neue Umweltbedingungen dazu führen, dass sich die zur Verfügung stehenden Mittel ändern, was dann wiederum Einfluss auf die Ziele hat (siehe Abb. 7.10). Entscheidend ist grundsätzlich, über die bisher existierenden Realitäten und Alternativen hinaus zu gehen, nicht lediglich aus dem Bestehenden auszuwählen, sondern durch eine bisher noch nicht vorhandene Kombination der verfügbaren Mittel zu gänzlich neuen Alternativen zu kommen.[27]

Abbildung 7.10 zeigt den dynamischen Effectuation-Prozess.

Sarasvathy formuliert fünf Prinzipien, auf denen Entscheidungen im Sinne der Effectuation-Logik fußen, und grenzt sie von der Causation-Logik ab:[28]

- **Mittelorientierung (*Bird-In-Hand Principle*):**[29] Causation orientiert sich an vorher festgelegten Zielen und deren effizienter Erreichung, für die sie die richtigen Mittel und Wege zu finden sucht. Effectuation orientiert sich dagegen an

---

[27] Um ein einfaches Beispiel zu geben: Die meisten Menschen schauen in Kochbüchern nach, um zu sehen, welches Gericht sie aus den Zutaten, die sie im Haus haben, kochen könnten, und entnehmen diesen vielleicht drei oder vier Möglichkeiten, aus denen sie auswählen. Entrepreneurielle Neugier würde sie dazu führen, *jenseits* der bereits bekannten Gerichte diesen Zutaten neue Kombinationen und Zubereitungsweisen abzuringen, ein neues Rezept zu erfinden und sozusagen den ersten Schritt auf dem Wege zu einem *neuen Kochbuch* zu tun.

[28] Die deutschen Übersetzungen basieren weitgehend auf Faschingbauer (2010), der Effectuation in den deutschen Sprachraum gebracht hat. Die englischen Originalbegriffe werden in Klammern gesetzt. Sie versinnbildlichen in prägnanter Weise den Inhalt der Prinzipien. Zur Abgrenzung gegenüber der Causation-Logik siehe auch Abb. 7.11.

[29] Der Begriff *Bird-In-Hand Principle* nimmt Bezug auf das Sprichwort: „Lieber der Spatz in der Hand, als die Taube auf dem Dach."

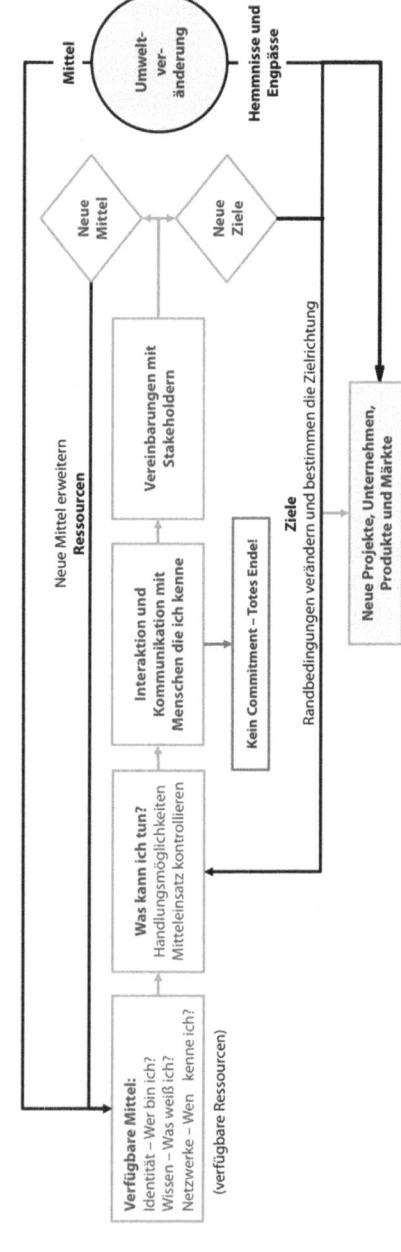

Abb. 7.10 Der Effectuation-Prozess (Quelle: nach Read et al. 2011, S. 116; Übersetzung durch Ambrosch 2013)

den vorhandenen Mitteln. Auf deren Basis werden Handlungsoptionen identifiziert und Zielvorstellungen entwickelt. Die Zielvorstellungen werden laufend
aktualisiert, wann immer sich die Mittelsituation verändert, sind aber im Umgang mit den jeweils aktuell vorhandenen Mitteln richtungsweisend. Mittel-
orientiertes Handeln bedeutet also keinesfalls zielloses Handeln.

- **Hinnehmbarer Verlust** (*Affordable-Loss Principle*): Während sich Causation
  auf die Gewinnmaximierung und die zu erwartenden Erträge konzentriert, wird
  bei Effectuation der hinnehmbare Verlust aktiv in die Überlegungen einbezogen. Letzterer bezeichnet, was der Entrepreneur bereit ist, zu verlieren. Der Einsatz des Entrepreneurs orientiert sich hier nicht an den zu erwartenden Erträgen,
  sondern an seinem individuellen, maximalen Verlustpotenzial. Wie hoch es im
  Detail ist, hängt vom Kontext und den Präferenzen des Einzelnen ab. Der Entrepreneur kann so sein Risiko und den Einsatz von Zeit und Geld vorab bewusst
  selbst begrenzen.
- **Zufälle und Überraschungen** (*Lemonade Principle*):[30] In der Denkweise der
  Causation-Logik wird Unerwartetes als Störung auf dem Weg zum Ziel wahrgenommen. Aus diesem Grund wird versucht, das Unerwartete so gut es geht
  zu antizipieren oder zu vermeiden. Im Gegensatz dazu sieht Effectuation im
  Unerwarteten eine Chance und versucht, es für sich zu nutzen. Zufälle, Unfälle
  und sich verändernde Rahmenbedingungen gelten als normal und sind Teil des
  Prozesses.
- **Strategische Vereinbarungen und Partnerschaften** (*Crazy-Quilt Principle*):[31]
  Die Causation-Logik misst der Analyse von Wettbewerbern und Konkurrenten eine hohe Bedeutung bei und teilt die Umwelt sozusagen in „Freund" und
  „Feind" auf. In der Effectuation-Logik wird die Entwicklung der Geschäftsidee
  stattdessen von externen Stakeholdern stark beeinflusst und zugleich mitgetra-
  gen. Am Anfang ist jedoch die Rolle der einzelnen Stakeholder – ob Kunde,
  Lieferant, Wettbewerber oder Partner – häufig noch nicht klar. Eine detaillierte
  Wettbewerbsanalyse erscheint daher wenig sinnvoll. Allianzen und Partnerschaften sind zielführender. Sie helfen, Unsicherheiten zu reduzieren, und sind

---

[30] Der Begriff *Lemonade Principle* nimmt Bezug auf das englische Sprichwort: „*If life gives
you lemons, make lemonade!*" Übersetzen lässt sich diese Aussage wie folgt: „Wenn das
Leben dir Zitronen gibt, mach Limonade daraus." [Eigene Übersetzung].

[31] Der Begriff *Crazy-Quilt Principle* bezieht sich auf die in Amerika beliebte Handarbeits-
technik des Quilten, bei der durch das Zusammennähen von in Größe, Farbe und Form unterschiedlichen Stoffstücken ein individuelles, neues Bild und Handarbeitsprodukt, wie z. B.
Decken oder Kissen, erzeugt wird.

ein effektiver Weg, weitere Mittel für das Vorhaben zu akquirieren. Strategische Vereinbarungen sind das zentrale Element, um neue Marktchancen zu schaffen.

• **Steuern ohne Vorhersage (*Pilot-In-The-Plane Principle*):**[32] Die Causation-Logik basiert auf Prognosen und Vorhersagen oder, wie Sarasvathy es ausdrückt (2008, S. 17):

[T]o the extent that you can predict the future, you can control it.[33]

Effectuation gründet dagegen auf dem kontrollierten Steuern der Zukunft ohne Vorhersagen (ebd., S. 17):

[T]o the extent that you can control the future, you do not need to predict it.[34]

Das letztgenannte Prinzip bildet eine Klammer um die vorangegangenen und verbindet sie miteinander in einer Logik der nicht prognostischen Steuerung der Zukunft. Die fünf Prinzipien sollen Methoden aufzeigen, die es ermöglichen, die Zukunft bzw. zukunftsgerichtetes Handeln auch unabhängig von Vorhersagen zu steuern. Kontrolliertes Steuern ermöglicht gemäß dem Effectuation-Ansatz, die Zukunft aktiv zu gestalten.

Wie gezeigt wurde, bilden die fünf Prinzipien einen direkten Kontrast zu den Entscheidungskriterien der kausalen Managementlehre (siehe hierzu auch Abb. 7.11).

Die Effectuation-Logik zielt auf mögliche Wege zur Kontrolle einer nicht pro-gnostizierbaren Zukunft ab und unterscheidet sich von Causation darüber hinaus durch ihre Handlungsorientierung.

Während Effectuation in der Theorie einen Gegenpol zu Causation bildet, stehen beide Ansätze in der Praxis nebeneinander auf gleicher Stufe. Der Kontext bestimmt, welche der beiden Logiken zielführender ist. Die Anwendung von Effectuation ist immer dann sinnvoll, wenn **Ungewissheit**, **Zielambiguität** und **Isotropie** aufeinandertreffen.

---

[32] Sarasvathy führt den englischen Begriff auf das Zitat eines ungenannten Professors zurück: *„I like the fact that the plane has an autopilot. But I like even more the fact, that there is a pilot – just in case – don't you?"* Übersetzen lässt sich diese Aussage wie folgt: „Ich mag es, dass Flugzeuge Autopiloten haben. Noch mehr mag ich allerdings, dass – für den Fall der Fälle – auch ein Pilot an Bord ist. Sie nicht auch?" [Eigene Übersetzung].

[33] Übersetzen lässt sich diese Aussage wie folgt: „In dem Maß, in dem die Zukunft prognostiziert werden kann, kann sie auch gesteuert werden." [Eigene Übersetzung].

[34] Übersetzen lässt sich diese Aussage wie folgt: „In dem Maß, in dem die Zukunft gesteuert werden kann, bedarf es keiner Vorhersage." [Eigene Übersetzung].

Abb. 7.11 Effectuation vs. Causation (Quelle: Lahn 2015, S. 194)

Ungewissheit herrscht immer dann, wenn die Wahrscheinlichkeiten für die künftigen Auswirkungen von Handlungen nicht prognostizierbar bzw. berechenbar sind. Effectuation reagiert auf Ungewissheit mit Methoden, die ein Steuern der Zukunft ohne Vorhersagen ermöglichen sollen. **Zielambiguität** bedeutet, dass die Mittelorientierung der Effectuation-Logik das gleichwertige Nebeneinander von verschiedenen Zielen erlaubt (Multivalenz). Welche Ziele in Betracht gezogen werden, wird letztlich durch die vorhandenen Mittel bestimmt und nicht durch von ihnen unabhängig gesetzte Präferenzen. **Isotropie** bezeichnet die bestehende Ungewissheit darüber, was wichtig ist und was nicht. In Situationen, in denen die Zukunft ungewiss ist, ist im Vorfeld von Entscheidungen und Handlungen nicht immer klar, welche Informationen einbezogen werden sollten und welche ignoriert werden können. Indem Entscheidungen auf Basis des hinnehmbaren Verlustes gefällt werden, bleiben Entrepreneure in isotropen Situationen handlungsfähig. Dies ermöglicht ihnen, das Potenzial des Unvorhersehbaren zu erschließen.

Ein Beispiel für eine Situation, in der die Zukunft unberechenbar ist, ist die Einführung eines neuen Produktes in einen neuen Markt. Diese Situation wird in der Ansoff'schen Matrix als Todesquadrant bezeichnet (siehe Abb. 7.12).

Die hier herrschenden Bedingungen werden in der Effectuation-Logik jedoch nicht als nachteilig empfunden. Vielmehr wird in ihnen das Potenzial zu einer unerwarteten unternehmerischen Gelegenheit gesehen. Der Effectuation-Ansatz entwickelt somit gerade im Ansoff'schen Todesquadranten die größte Wirkung.

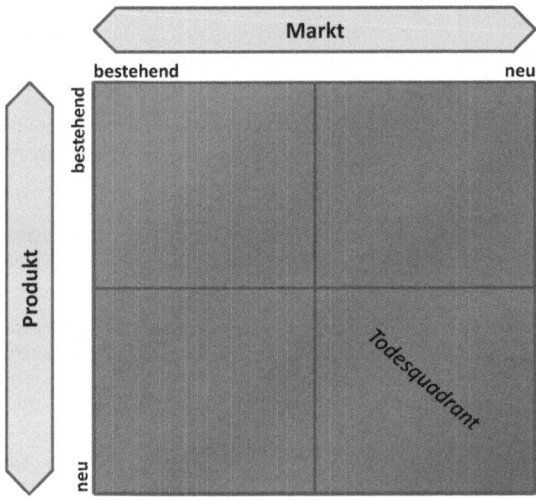

Abb. 7.12 Ansoff'sche Matrix (Quelle: eigene Darstellung, angelehnt an Sarasvathy 2001b, S. 7)

Mit der Effectuation-Logik stellt Sarasvathy die Allgemeingültigkeit des Planungsansatzes infrage und zeigt ein alternatives Vorgehen auf. Grundlage für Entscheidungen sind hier nicht mehr vorher gewissermaßen „willkürlich" definierte Ziele, sondern das Individuum und sein Handeln bestimmen die Entscheidungsfindung.[35] Situationsbezogenes Denken und aktives Handeln werden in den Vordergrund gerückt. Es handelt sich jedoch keinesfalls um eine auch nur im Ansatz chaotische Vorgehensweise. Vielmehr ist Effectuation eine erlernte und erlernbare Methode, zu der spezielle Fähigkeiten, Techniken und Herangehensweisen gehören. In der Praxis nutzen vor allem erfahrene Entrepreneure den Ansatz. Dabei

---

[35] So würde beispielsweise in der Causation-Logik zuerst das Ziel „Gründung eines Restaurants" definiert – ohne dass dieses Ziel dem Erfahrungshintergrund und den Fähigkeiten des Gründers entsprechen müsste – und dann mit dem Businessplan-Ansatz gearbeitet, um zu entscheiden, wie die Lücke zwischen dem Ist-Zustand und dem Ziel-Zustand am effektivsten geschlossen werden kann: Man bräuchte z. B. Räumlichkeiten, Tische, Stühle, einen Koch, Kellner etc. Im Gegensatz dazu würde ein Koch, der sich des Effectuation-Ansatzes bedient, sich die Frage stellen, wozu er diese Kompetenz alles einsetzen könnte. Das könnte u. a. ein Restaurant sein, aber ebenso gut ein Catering-Service, das Abhalten von Kochkursen an einer Volkshochschule, die Eröffnung einer eigenen Kochschule, ein Ladengeschäft mit Delikatessen und Mittagstisch, ein Homecooking-Service usw. Dann würde er mit seinem Netzwerk in einen Dialog über diese Ideen eintreten und Unterstützer suchen. Erst im Verlaufe des Prozesses würde sich auf Basis der gemeinsam kumulierten Mittel und der Interessen der Beteiligten das endgültige Ziel immer klarer herauskristallisieren.

besteht eine positive Korrelation zwischen Erfahrung und der erfolgreichen Anwendung von Effectuation.

Durch Effectuation geprägtes Handeln wird durch eine bestimmte Einstellung gegenüber der Umwelt begünstigt: Wer diesen Ansatz anwendet, sieht seine Umwelt als veränderbar an. In der Sichtweise von Effectuation sind Produkte, Märkte und Marktchancen nicht etwa gegeben, sondern können (auch) erschaffen werden. Unternehmen sind nicht mehr als eine mögliche Form der Umsetzung. Scheitern ist Bestandteil des Prozesses und ermöglicht das Lernen. Dabei konzentriert sich Effectuation weniger darauf, Fehler zu reduzieren, als vielmehr darauf, die **Kosten** von Fehlern zu reduzieren.

Die Anwendung von Effectuation ist vor allem in Situationen mit vielen Unbekannten vorteilhaft. Dabei ist der Gedanke handlungsleitend, dass Unsicherheit nicht notwendigerweise negativ sein muss. Will man etwas gänzlich Neues schaffen, ist es häufig sogar notwendig, das Unerwartete in das Handeln mit einzubeziehen (Meisiek und Haefliger 2011, S. 78–97).[36] Diese Offenheit für Unsicherheit und Unerwartetes steht jedoch keinesfalls im Konflikt mit einer in sich logischen Vorgehensweise. Sie ist zudem effektiv: Vor allem in neuen, nicht vorhersehbaren Marktsituationen übertrifft Effectuation im Ergebnis den Planungsansatz (Huovinen und Tihula 2008). Und gerade dies sind ja die Situationen, denen innovative Entrepreneure sich stellen bzw. denen sie häufig ausgesetzt sind.

Wann Effectuation und wann Causation Anwendung finden (sollten), bestimmt der Kontext. Während Effectuation in mit Unsicherheit behafteten Situationen angebracht ist, eignet sich Causation insbesondere für stabile Situationen mit gefestigten Rahmenbedingungen. Für letztere ist auch der Businessplan als Instrument der Causation-Logik geeignet. Hier berühren sich die Erkenntnisse der Effectuation mit dem, was wir über die Stärken und Schwächen des Businessplans ausgeführt haben. Seine drei zentralen Fragen sind in der Sichtweise des Effectuation-Ansatzes (Hisrich et al. 2010, S. 189):

1. Wo bin ich jetzt?
2. Wo will ich hin?
3. Wie komme ich dorthin bzw. welche Ressourcen benötige ich, um dorthin zu kommen?

Diese Fragen offenbaren die Zielorientierung der kausalen Logik. Ihr Denken und ihre Herangehensweise sind von dem Bestreben bestimmt, die Lücke zwischen

---

[36] Hier zeigen sich Parallelen in der Arbeit und der Vorgehensweise von Künstlern und Entrepreneuren. In beiden Bereichen ist es essenziell, Unerwartetes in den Prozess zu integrieren, um Neues zu kreieren.

Ist- und Soll-Zustand zu schließen. Sie versucht herauszufinden, was getan werden sollte. **Die Effectuation-Logik** nimmt den entgegengesetzten Weg: Basierend auf den eigenen Erfahrungen und Fähigkeiten **sucht** sie **nach dem, was getan werden kann,** und **öffnet so Lücken, in die der Entrepeneur handelnd stoßen kann.** Der Kontrast offenbart sich in den drei zentralen Fragen der Effectuation-Logik:

1. Wer bin ich?
2. Was kann bzw. weiß ich?
3. Wen kenne ich?

Indem sie entrepreneurielle Marktchancen schaffen, verändern Entrepreneure die Welt und das Umfeld, in dem wir leben. So hat z. B. Amazon die Art und Weise, wie Bücher heute gekauft und gelesen werden, nachhaltig gewandelt.[37] Effectuation hilft zu erklären, wie Neues entsteht, und zeigt eine logische Herangehensweise auf, um neue Handlungsoptionen, Produkte und Märkte zu schaffen.

7.5.6   Eine innovative Bastelei: Bricolage

Bricolage wurde erstmalig vom französischen Anthropologen Lévi-Strauss 1968 beschrieben. Seit der originären Konzeption wurde Bricolage in verschiedenen Disziplinen und auf eine große Bandbreite von Phänomenen angewendet. Im Kontext des Entrepreneurships wurde mithilfe von Bricolage beschrieben, wie überzeugende Produkte und Geschäftsmodelle in unsicheren Umfeldern entstehen und wie die Schaffung von Märkten und das Wachstum von neu gegründeten Unternehmen konzeptionell erklärt werden können (Baker et al. 2003).

Das französische Wort „Bricolage" bedeutet, wörtlich übersetzt, „Bastelei". Das Verb *bricoler* wurde ursprünglich für von den Erwartungen abweichende Bewegungen und Handlungen beim Spiel verwendet, z. B. für das Zurückspringen eines Balles auf unerwartete Weise. Ein Bricoleur – zu Deutsch: Bastler – setzt Ressourcen für Zwecke ein, für die sie Fachleuten eigentümlich, wenn nicht gar ungeeignet erscheinen. Denn der Bricoleur benutzt die Ressourcen für andere Zwecke als die, denen sie bisher üblicherweise dienten, aus dem einfachen Grund, dass er nichts anderes zur Hand hat.

Lévi-Strauss unterscheidet zwischen dem Bricoleur auf der einen und dem Ingenieur auf der anderen Seite. Beide können ein bestimmtes Ziel oder Ergebnis

---

[37] Mit dem Kindle als E-Reader hat Amazon es geschafft, dass mittlerweile mehr digitale als gedruckte Bücher verkauft werden (Biermann 2011).

erreichen, unterscheiden sich jedoch in ihrer Herangehensweise dabei. Der Ingenieur plant sein Projekt, ermittelt, welche Ressourcen er dafür benötigt, beschafft
sie sich, nutzt sie für die Umsetzung und gelangt so zum gewünschten Ergebnis.
Im Gegensatz dazu verfügt der Bricoleur bereits über eine begrenzte Anzahl heterogener Ressourcen, muss allerdings dann auch mit ihnen auskommen. Die Zu-
sammensetzung der Ressourcen steht zudem in keinerlei Zusammenhang mit dem
aktuellen Projekt. Dem Prinzip „das kann man immer noch brauchen" folgend
(Phillips und Tracey 2007, S. 316), handelt es sich vielmehr um den Vorrat, der sich
aus vorangegangenen Gelegenheiten angesammelt hat, bzw. die aus vorherigen
Aktivitäten übrig gebliebenen Reste. Keines der Elemente ist an einen genauen,
fest umrissenen Gebrauch gebunden. Das Repertoire des Bricoleurs an Ressourcen
ist also nur bedingt zweckbestimmt.

Steht der Bricoleur einem Problem gegenüber, geht er wie folgt vor: Im ersten
Schritt erfolgt eine retrospektive Betrachtung und Bestandsaufnahme aller verfügbaren Ressourcen. In ihrer Summe bilden sie den „Ideenschatz" des Bricoleurs
(Lévi-Strauss 1968, S. 30). Mit diesem „Schatz" tritt er nun in einen virtuellen
Dialog ein und prüft die einzelnen Ressourcen daraufhin, welche Bedeutung bzw.
welche Rolle sie (noch) für die Lösung des Problems bzw. das gewünschte Ergebnis haben könnten. In diesem Dialog versucht der Bricoleur, mögliche Antworten
auf das vor ihm liegende Problem und damit eine Lösung zu finden, durch die
ein „neues Ganzes" entsteht. Die Gesamtheit der Ressourcen im neuen Ganzen
unterscheidet sich am Ende nur in ihrer Disposition und Anordnung.[38] Für den Ingenieur stellen nicht vorhandene bzw. nicht beschaffbare Ressourcen ein Problem
dar, nicht aber für den Bricoleur, der ausschließlich mit den Ressourcen arbeitet,
die ihm bereits zur Verfügung stehen.[39]

Lévi-Strauss betont, dass dem Prozess der Bricolage etwas Poetisches inne-
wohnt, und würdigt damit den geistigen und kreativen Input des Bricoleurs und
dessen Bedeutung für das Gesamtergebnis. Letzteres entsteht nicht lediglich durch
die Neuanordnung bestehender bzw. vorhandener Ressourcen, sondern ist wesentlich geprägt durch die Findigkeit, den Einfallsreichtum und die Schaffenskraft des
Bricoleurs. Sie sind entscheidende Faktoren für den Erfolg.

Indem er Ressourcen zweckentfremdet, um dadurch etwas Neues zu schaffen,
berührt sich der Bricoleur mit dem Schumpeter'schen Unternehmer, der durch
die Neuordnung bestehender Ressourcen Innovationen schafft. Im Gegensatz zur

---

[38] Aller Wahrscheinlichkeit nach wird am Ende nur ein Teil der verfügbaren Ressourcen in
das „neue Ganze" einfließen. Ein „Restschatz" wird in der Regel bleiben.

[39] Bei der Unterscheidung in Ingenieur und Bricoleur und den daraus abgeleiteten Kenn-
zeichnungen handelt es sich selbstverständlich um idealtypische Ausprägungen, die jeweils
Extreme darstellen.

schöpferischen Zerstörung Schumpeters entzieht Bricolage die Ressourcen jedoch nicht etwa einer anderen Verwendung, sondern nutzt vorhandene, die bisher nicht oder nur unzureichend eingesetzt wurden. Der Bricoleur generiert also neuen Wert, ohne dadurch zwangsläufig Vorhandenes zu zerstören (Baker und Nelson 2005, S. 361).

Die Übertragung des Bricolage-Ansatzes auf den Entrepreneurship-Kontext wurde maßgeblich durch Baker und Aldrich (2000) geprägt. Auf der Basis dieser Übertragung wird im Folgenden vom Entrepreneur gesprochen, der sich aber wie ein Bricoleur verhält. Baker und Nelson (2005, S. 333) definieren Bricolage im Entrepreneurship als:

[M]aking do by applying combinations of the resources at hand to new problems and opportunities.[40]

Das Englische „*making do*" impliziert die Tendenz zum aktiven Handeln bzw. die aktive Auseinandersetzung des Entrepreneurs mit dem Problem oder der Markt-chance. Zwar kennt der Entrepreneur die gängigen Verwendungsformen seiner Res-sourcen, er beschränkt sich jedoch im Umgang mit ihnen nicht auf die gewohnten Standards.[41] Da er mit den Ressourcen, die er zur Hand hat, arbeiten und auskom-men muss, erprobt er aktiv neue Kombinationen und Anwendungsmöglichkeiten. Dies führt zu einer Umnutzung der Ressourcen bzw. zu einer von der bisherigen Nutzung abweichenden. Der Ressourcenbegriff wird dabei sehr weit gefasst und umfasst:

- Elemente physischer Art, wie Rohstoffe, Materialien und Werkzeuge;
- Elemente der Biografie des Entrepreneurs, wie Erfahrungen, Qualifikationen und Fähigkeiten;
- das Netzwerk des Entrepreneurs;
- die Ideen des Entrepreneurs.

Der Ressourcenpool, auf den der Bricoleur zugreifen kann, beinhaltet interne eben-so wie externe Ressourcen. „Intern" bedeutet, dass der Entrepreneur bereits im Be-sitz der Ressource ist und darüber frei verfügen kann. „Extern" sind frei oder sehr

---

[40] Übersetzen lässt sich diese Aussage wie folgt: Bricolage ist „das aktive Handeln durch das Kombinieren der zur Verfügung stehenden Ressourcen und die Anwendung dieser neu-en Kombinationen zur Lösung von Problemen und zum Ausschöpfen von Marktchancen" [eigene Übersetzung].

[41] Hier berühren sich die Überlegungen des Bricolage-Ansatzes mit denjenigen Faltins oder der Effecuation-Logik.

billig verfügbare Ressourcen, die aktuell noch nicht im Besitz des Entrepreneurs sind. Hierunter fallen beispielsweise Dinge, die anderen Unternehmen nutzlos erscheinen und denen sie keinen Wert zumessen, die sie nicht wollen oder gar für Abfall halten. Diese Art Überreste, Abfälle und Bruchstücke ordnet und strukturiert der Bricoleur neu und führt sie einer neuen Verwendung zu (Lévi-Strauss 1968, S. 35). Er erschafft also gewissermaßen „etwas aus dem Nichts".

Geschäftsmodelle aus Abfällen in der Praxis

In der Praxis gibt es eine Reihe von Beispielen, in denen aus Abfallprodukten profitable Geschäftsmodelle entstanden sind. Exemplarisch sei hier z. B. die Verwendung von Kaffeesatz für die Pilzzucht genannt (Pauli 2010) oder das Beispiel der Hühnerfüße, die aus Brasilien nach China exportiert werden, wie Faltin (2008) es beschreibt.

Wie Baker et al. (2003) zeigen, ist Bricolage gut auf den Gründungskontext übertragbar. Unternehmensgründer sind häufig mit dem Problem konfrontiert, dass sie nicht alle Ressourcen bekommen können, die sie brauchen oder haben wollen. Bricolage kann ihnen einen Lösungsansatz aufzeigen. Abbildung 7.13 stellt den Bricolage-Prozess im Entrepreneurship dar.

Der Prozess zeigt die drei Optionen auf, die ein Entrepreneur bei begrenzten Ressourcen hat:

- neuen Herausforderungen aus dem Weg gehen;
- Ressourcen akquirieren;
- Bricolage nutzen, d. h. mit den Ressourcen, die im Moment zur Hand sind, neue Lösungen finden und entsprechend handeln.

Bricolage erklärt ein bestimmtes Verhalten im Entrepreneurship, bei dem durch die Kombination vorhandener Ressourcen neue Produkte und Dienstleistungen entstehen, und zeigt eine Möglichkeit auf, wie Entrepreneure mit Ressourcenengpässen umgehen (können).[42] Der Ansatz bietet allerdings (zumindest bisher) leider keine

---

[42] Als konkretes Beispiel kann die Bootstrapping-Technik bei finanziellen Engpässen angeführt werden. Unter Bootstrapping werden verschiedene Methoden des Handelns trotz bzw. mit begrenzten finanziellen Ressourcen zusammengefasst. Hierunter fällt z. B. das Nutzen von Kreditkartenlimits und persönlichen Ersparnissen, aber auch das Kaufen von gebrauchter anstelle von neuer Geschäftsausstattung. Eine ausführliche Erläuterung und eine Aufzählung verschiedener Methoden finden sich bei Hormozi et al. (2002, S. 760) und Maurya (2012, S. 10–11).

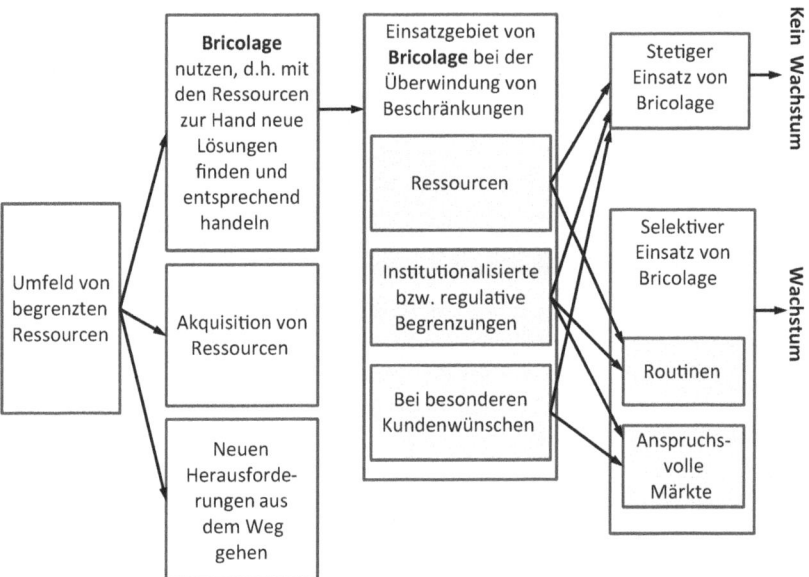

Abb. 7.13 Prozessmodell für Bricolage (Quelle: Fisher 2012, S. 1028, angelehnt an Baker und Nelson 2005, S. 353; eigene Übersetzung)

konkreten Werkzeuge, da es sich zwar um eine intendierte, aber zugleich eher intuitive Vorgehensweise handelt. Aber das Bewusstsein um die Möglichkeit von Bricolage und die damit verbundenen Prozessabläufe kann das Auge für die eigenen Ressourcen schärfen und fordert Entrepreneure dazu auf, mit ihnen in einen lösungsorientierten „Dialog" zu treten, wo der Zugriff auf andere Ressourcen versperrt ist.

Bricolage wird häufig mit improvisiertem Verhalten bzw. Improvisation gleichgesetzt. Tatsächlich gibt es Interdependenzen zwischen beiden. Bei beiden laufen Gestaltung und Umsetzung parallel ab. Beide

- verlassen vorhandene Pfade und ignorieren gängige Verwendungsstandards;
- implizieren einen gewissen Grad an Neuheit und erfolgen nicht zufällig und
- beeinflussen die Strukturen, Prozesse und Strategien des Unternehmens.

Bricolage kann sowohl Teil einer improvisierten Vorgehensweise sein als auch bei der Umsetzung eines Plans angewendet werden.[43] Dabei ist Improvisation wiederum nicht ohne Weiteres mit Bricolage gleichzusetzen.[44]

Bricolage-Verhalten wirkt sich nachgewiesenermaßen positiv auf Aktivitäten in der Gründungsphase aus. Später, in der Festigungs- und Wachstumsphase des Unternehmens, erscheint es jedoch Erfolg versprechender, den Ansatz nur moderat anzuwenden (Senyard et al. 2010). Auch Baker et al. (2003) weisen darauf hin, dass es vor allem die **selektive** Anwendung von Bricolage-Verhalten ist, die sich positiv auf den Vorhabenserfolg auswirkt. Im Übermaß hingegen hemmt es die (Weiter-)Entwicklung.

Zusammenfassend kann festgehalten werden, dass Entrepreneure, die Bricolage nutzen, gedanklich offen für neue Verwendungsmöglichkeiten von Ressourcen sind und eine hohe Toleranz für Ambiguität, Chaos und Rückschläge haben. Sie besitzen ein offenes Auge für Ressourcen und Marktchancen aller Art sowie die kreative, kombinatorische Fähigkeit, diese für sich nutzbar zu machen.

7.5.7 Vom Problem zum Produkt: Design Thinking

Der Design-Thinking-Ansatz hat seinen Ursprung in den klassischen Disziplinen der Gestaltung, die im Englischen mit dem Begriff „Design" verbunden werden. Er wird vor allem mit der Arbeitsweise von Architekten und Designern, die weitestgehend in kleinen Teams zusammenarbeiten, in Verbindung gebracht. Bereits 1964 wurde mit Design Thinking eine Vorgehensweise beschrieben, mittels derer abstrakte Probleme auf dem Wege der Gestaltung und Überarbeitung von Prototypen und Artefakten gelöst werden können (Christoph Alexander in Eppler und Hoffmann 2012, S. 4). 1969 übertrug Herbert Simon Prinzipien aus der Design-Praxis in die Managementlehre.

Der wissenschaftlich gut erforschte Ansatz ist in der Praxis sehr populär geworden und gilt heute in der Entwicklung von Innovationen vielen als State of the Art (Vetterli et al. 2012, S. 23). Die Anwendung des Design Thinking beschränkt sich dabei keineswegs auf den Bereich des Entrepreneurships. Vielmehr werden Methoden aus dem Design zur Lösung von Problemen jeglicher Art eingesetzt,

---

[43] Baker et al. (2003, S. 264–266) führen hier das Beispiel an, dass Teilnehmer einer Wanderung durch den Wald mit geplanter Übernachtung schon vorher planen können, abends ein Lagerfeuer zu machen und dafür das zu nehmen, was sich vor Ort finden lässt.

[44] Improvisiertes Verhalten kann auch die (spontane) Akquisition von Ressourcen zur Lösung eines Problems sein (Baker und Nelson 2005, S. 360–361).

seien sie wirtschaftlicher oder auch anderer Natur, wie z. B. sozialer (Cooper et al. 2010, S. 57–60). Unternehmen nutzen Design Thinking beispielsweise zur Stärkung ihrer Innovationskraft, Kreativität und Wettbewerbsfähigkeit. Wir haben den zentralen Stellenwert, den Innovationen im Kontext des Entrepreneurships haben, bereits mehrfach betont. Es liegt daher nahe, uns mit den Ideen und Vorgehensweisen des Design Thinking zur Entwicklung von Innovationen auseinanderzusetzen, um sie auf unser Thema anzuwenden.

7.5.7.1 Die Nutzer ins Zentrum stellen

Dem Design Thinking liegt der Gedanke zugrunde, dass das **„Entwerfen" eine eigenständige Art der Wissensproduktion** ist (Simon 1996). Plattner et al. (2009, S. 59) übersetzen Design Thinking als „erfinderisches Denken".[45] Damit treffen sie den Kern der Idee recht gut. Design Thinking meint das bewusste, absichtsvolle und planmäßige Gestalten von Systemen, Objekten, Strukturen und/oder Produkten in einem Prozess, in den so viele Stakeholder wie möglich eingebunden sind. Stakeholder sind hier vor allem Nutzer des Endproduktes. Sie nehmen im Design Thinking eine zentrale Rolle ein.

Mit dem Begriff Design Thinking wird eine Vielzahl von Assoziationen verbunden, wie Abb. 7.14 zeigt.

Aus den in der Literatur und Praxis gemeinhin zu findenden Zuschreibungen an den Begriff extrahieren Thienen et al. (2011, S. 83) folgende Gemeinsamkeiten:

- Das Ziel ist die Innovation und
- die Befriedigung der Bedürfnisse der Nutzer durch
- qualitative Verbesserungen, die vorzugsweise durch
- multidisziplinäre Teams entwickelt werden, welche
- die originäre Aufgabe bzw. Herausforderung überdenken bzw. überarbeiten (Reframing).

Dies beinhaltet, die Bedürfnisse der Nutzer immer besser verstehen zu wollen. Dazu wird im Prozess immer wieder versucht, Empathie für sie aufzubauen, in ihre Welt einzutauchen und so ein tiefes Verständnis für ihre Bedürfnisse, Vorlieben und Probleme zu erlangen. Die Nutzer sind der Ausgangspunkt für alle Überlegungen. Außerdem erfordert das Reframing, eine Vielfalt von Lösungsmöglichkeiten

---

[45] Die folgenden Ausführungen zum Design Thinking basieren wesentlich auf Plattner et al. (2009). Auf detaillierte Einzelbelege aus diesem Werk wird daher weitgehend verzichtet und dem interessierten Leser ein Blick in das Original empfohlen.

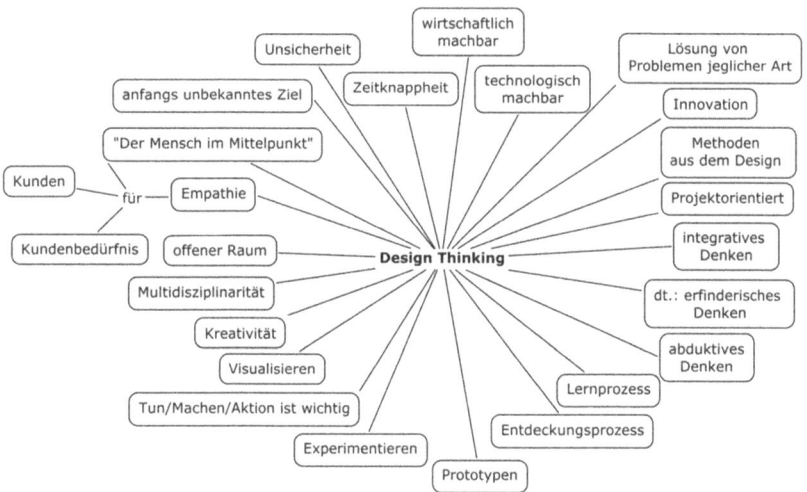

Abb. 7.14 Begriffsassoziationen zu Design Thinking (Quelle: Lahn 2015, S. 208)

in Betracht zu ziehen, darunter gern auch höchst ungewöhnliche und zunächst sehr abwegig erscheinende Ideen. Zentrale Fragestellungen sind demnach:

- Wen betrifft das Problem?
- An welchem Bedürfnis des Nutzers wird angesetzt?
- Was ist der Kontext?

Praktisch gelingt dies durch Gespräche mit den Nutzern und die Beobachtung ihres Verhaltens. Letzteres ist häufig entscheidend, da Nutzer sich Innovationen vielfach nicht vorstellen können oder sich in der Praxis anders verhalten, als sie in Befragungen äußern (Brown 2008). Exemplarisch steht hierfür das berühmte Zitat von Henry Ford:

If I had asked people what they wanted, they would have answered faster horses![46]

Im Design Thinking wird in multidisziplinären Teams gearbeitet. Dabei werden möglichst Personen aus verschiedenen Bereichen, Disziplinen und Kulturen mit ihren individuellen, unterschiedlichen Hintergründen an einen Tisch gebracht. Sie

---

[46] Übersetzen lässt sich diese Aussage wie folgt: „Hätte ich die Menschen gefragt, was sie wollen, hätten sie mir geantwortet: schnellere Pferde!" [Eigene Übersetzung].

sollen sich, indem sie von- und miteinander lernen und sich gegenseitig geistig provozieren, wechselseitig befruchten und einander auf Ideen bringen (Hoffmann 2012, S. 78). Zudem wird natürlich mit potenziellen Nutzern und Beteiligten aus verschiedenen Bereichen kollaboriert. Die Neugier und der Wille, von anderen, scheinbar mit dem eigenen Feld nicht zusammenhängenden Disziplinen zu lernen, prägen die interdisziplinäre Zusammenarbeit, führen zu außergewöhnlichen, neuen Ideen und bilden die Grundlage für die Entwicklung von Innovationen. Wichtig ist dabei eine positive Kommunikationskultur zwischen den Teammitgliedern, der im Design Thinking ein hoher Stellenwert zugemessen wird (Leifer 2012, S. 8).

Auf der Basis dieser Bestimmung des Konzepts Design Thinking gehen die folgenden Abschnitte näher auf die methodischen Elemente ein. Dabei unterscheiden wir zwischen dem Prozess selbst sowie der Kultur, in der er stattfindet und die ihn prägt.

7.5.7.2 In Schleifen vorwärtskommen: der Prozess des Design Thinking

Der Design-Thinking-Prozess zeichnet sich durch viele Iterationsschleifen, d. h. das stetige Wiederholen und Zurückgehen innerhalb des Prozesses, aus. In der Praxis hat sich eine bestimmte Abfolge von Verfahrensschritten als zweckmäßig für die Entwicklung von Innovationen erwiesen. Im Wesentlichen handelt es sich dabei um drei Phasen: Inspiration, Ideation[47] und Umsetzung. Diese Phasen finden sich auch in der Abb. 7.15, welche den Prozess zeigt, den die HPI School of Design Thinking in Potsdam nutzt. Mit den geschwungenen Verbindungen zwischen den einzelnen Elementen soll der iterative Charakter des Prozesses betont werden. Iterationen finden während des gesamten Design-Thinking-Prozesses statt.

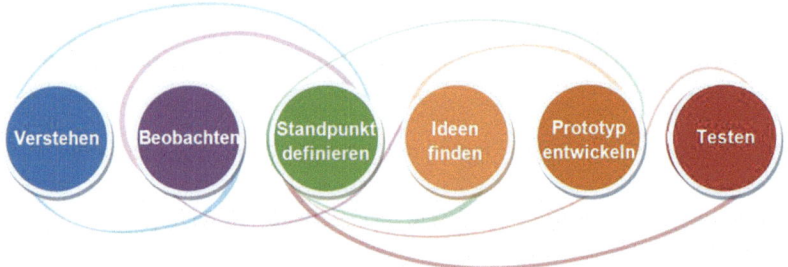

Abb. 7.15 Design-Thinking-Prozess der HPI School of Design Thinking (Quelle: Plattner et al. 2009, S. 114)

---

[47] Ideation wird häufig auch als Brainstorming bezeichnet.

Bevor wir genauer auf die einzelnen Prozessphasen eingehen, wollen wir – neben der Iteration – noch weitere übergreifende Elemente kurz vorstellen. Eines ist das Lernen durch Versuch und Irrtum und/oder aufgrund eines Fehlers. Beides hat einen hohen Stellenwert im Design Thinking und wird häufig mit der Phrase „früh und oft scheitern" beschrieben (Plattner et al. 2009, S. 127). „Scheitern" ist im Design Thinking ein positiv belegter Begriff. Gescheiterte Versuche oder Experimente bringen neben dem, was originär herausgefunden werden sollte, immer wieder weitere, unerwartete Erkenntnisse mit sich, die bei der Realisierung der nächsten Schritte helfen können. Scheitern kann also zu wertvollen Entdeckungen führen, weshalb das Design Thinking ihm gegenüber eine positive Haltung einnimmt.

Eine tragende Rolle spielen außerdem Maßnahmen zur Stimulierung der Kreativität. Hierzu gehören das Visualisieren von Gedanken, das Ideen sichtbar macht, offene Räume, Brainstorming sowie die oben bereits erwähnten, multidisziplinären Teams.

In Anlehnung an Abb. 7.15 werden im Folgenden die einzelnen Verfahrensschritte erklärt.

Der Prozess selbst unterteilt sich in zwei Phasen: **Reframing** und **Solving**. Zum Reframing zählen die Prozessschritte Verstehen, Beobachten und, als Synthese daraus, die Definition des Standpunkts. Sie gehören zum Inputteil des Design-Thinking-Prozesses. Die Solving- bzw. Outputphase beinhaltet die Schritte Ideen finden, Prototyp entwickeln und Testen. In ihr stehen die Gestaltung des Neuen sowie das Prüfen und Testen der Ideen im Mittelpunkt.

In der Reframing-Phase kommt es darauf an, sich ein genaues Bild vom Nutzer und dem Kontext, in dem sich der Nutzen entfalten soll, zu verschaffen. Die aktuelle Realität der Nutzer und ihres Umfeldes wird untersucht, um die derzeit vorhandenen Probleme zu erfassen und die Bedürfnisse, an denen angesetzt werden soll, zu identifizieren. Ziel ist es, eine gleiche Wissensbasis und ein gemeinsames Verständnis aller Teammitglieder herzustellen.

Zum Zwecke des Verstehens erfolgt eine Ist-Analyse, für die harte Zahlen, Daten und Fakten gesammelt werden. Durch Beobachten sollen „weiche" Faktoren aufgedeckt werden, die nirgends dokumentiert sind. Eine Kombination aus aufmerksamer Beobachtung, Dialog und Interaktion mit den betroffenen Menschen hilft, Empathie für die Nutzer zu entwickeln, und trägt zum Problemverständnis bei.

In der Synthese wird die Gesamtheit der gewonnenen Informationen sichtbar gemacht. Das Sortieren und Hinterfragen der Verhaltensweisen soll die tatsächlichen, also auch die unbewussten bzw. unartikulierten Nutzerbedürfnisse ans Tageslicht bringen. Dabei kann sich der Standpunkt und Blickwinkel auf das Problem noch einmal deutlich ändern.[48] Im Englischen wird hierfür der Begriff des *reframing* benutzt, der sich nur schwer ins Deutsche übersetzen lässt.[49] Dabei wird bisheriges Wissen entweder erhärtet oder verändert.[50] Rein praktisch werden in dieser Phase häufig qualitative Verfahren angewendet. Werkzeuge dazu bzw. Anwendungsformen sind die Erstellung von Nutzergruppen-profilen, wie die Empathiekarte, die Kundenreise (Customer Journey), Mindmapping und/oder die Analyse der Wertschöpfungskette.[51]

Erst, wenn das Problem verstanden bzw. das Nutzerbedürfnis identifiziert wurde, beginnt die Ideenfindungsphase. In ihr geht es darum, sich mögliche Problemlösungen vorzustellen. Ziel ist es in einem ersten Schritt, möglichst viele Ideen für die Lösung des Problems zu sammeln. Quantität zählt anfangs mehr als Qualität. Häufig wird dies durch ein Brainstorming umgesetzt. Metaphern und Analogien können weitere Denkanstöße bieten (Liedtka und Ogilvie 2011, S. 99). Gerade das Brainstorming in multidisziplinären Teams ermöglicht oft, Ideen zu generieren, die weit abseits des Mainstreams liegen (Thienen et al. 2011, S. 83).

Danach geht es darum, die Ideen zu bewerten und weiterzuentwickeln. Hier spielt die Rückkopplung zu den vorangegangenen Verfahrensschritten eine wichtige Rolle. Relevant ist dabei die Frage, ob die Idee zu den Beobachtungen und der Synthese sowie zu dem identifizierten Nutzerbedürfnis passt (Grots und Creuznacher 2012, S. 15–19). In der Regel wird dann zunächst eine Idee für die Proto-

---

[48] Um verständlicher zu machen, was damit gemeint ist, erinnern wir an das Zitat von Henry Ford: *„If I had asked people what they wanted, they would have answered faster horses!"* Hätte Ford eine solche Frage tatsächlich gestellt, ebendiese Antwort bekommen und die Aussage nicht hinterfragt, hätte er vielleicht in großem Stil Araberhengste gezüchtet. Tatsächlich erkannte er aber in dem unartikulierten Wunsch der Zeitgenossen nach „schnelleren Pferden" das unbewusste Bedürfnis, schneller von einem Ort zum anderen zu kommen. Dieses Nutzerbedürfnis galt es zu befriedigen, was aber eben nicht unbedingt durch schnellere Pferde geschehen musste.

[49] Reframing kann in verschiedener Weise ins Deutsche übersetzt werden: „neu rahmen"; „neu fassen"; „in einen neuen Zusammenhang stellen" und/oder „(ein Problem) neu denken" [eigene Übersetzung]. Letzteres ist zwar am weitesten von der wörtlichen Übersetzung entfernt, kommt aber inhaltlich der eigentlichen Bedeutung des Begriffes in unserem Kontext am nächsten.

[50] Sinngemäß passen hierzu Ansätze, wie sie auch von Faltin (2008) vorgestellt wurden, so beispielsweise der Vorschlag, die eigenen Sichtachsen zu verschieben und die Problematik aus einem anderen Blickwinkel zu betrachten bzw. die Funktion herauszuarbeiten im Sinne des Mottos „Funktion statt Konvention".

[51] Eine ausführliche Aufstellung und Beschreibung der prominentesten Werkzeuge für alle Phasen des Design-Thinking-Prozesses findet sich bei Liedtka und Ogilvie (2011).

typentwicklung ausgewählt. Die Auswahl folgt keinem bestimmten, vorgegebenen Muster. Vielmehr geht es darum, schnell ins Handeln zu kommen und Erfahrungen mit der Idee zu machen.

Die Auswahl eines Vorschlages bedeutet nicht zwangsläufig eine Abwertung alternativer Ideen. Letztere werden nicht explizit verworfen. Es wird aus pragmatischen Erwägungen heraus lediglich auf einen späteren Zeitpunkt verschoben, sie weiterzuverfolgen. Denn es ist in der Regel nur schwer möglich bzw. wenig effektiv, an mehreren Ideen gleichzeitig zu arbeiten. An die erste erprobte Idee wird aber nicht der Anspruch erhoben, dass es sich bei ihr um die beste handeln müsse oder dass sie sich später erfolgreich realisieren ließe. Es geht vor allem darum, mit der ersten Idee Erfahrungen zu sammeln und daraus für den weiteren Prozess zu lernen.

Deshalb ist die Testphase eng mit der Prototypentwicklung verbunden. Der Prototyp selbst ist der erste Lösungsansatz für die Befriedigung des Nutzerbedürfnisses (Liedtka und Ogilvie 2011, S. 129). Auch hier ist es nicht wichtig, dass der Prozess oder das Produkt bereits ausgefeilt wäre. Der Prototyp dient vor allem als Mittel für den Dialog mit den Nutzern. Die haptische und visuelle Umsetzung erleichtert die Kommunikation, fördert ein gemeinsames Verständnis und vermittelt Außenstehenden ein konkretes Bild (Doll und Neyer 2009, S. 238–239). Der Prototyp ermöglicht es so, die Idee zu erleben und mit mehr als nur dem rational-logischen Verstand zu erfassen.

Prototypen können Videos, Pilotprodukte, Skizzen auf Papier, Modelle aus Knete und Holz, Rollenspiele, Präsentationen und Computersimulationen sein. Ziel ihrer Entwicklung ist das schnelle Lernen. Rudimentäre Prototypen haben sich gerade am Anfang des Prozesses als vorteilhaft erwiesen, da sie Nutzer oftmals animieren, konstruktives Feedback zu geben. Aus dem Feedback können sich wiederum weitere Iterationsschleifen und Veränderungen an den Prototypen ergeben. Dieser zirkuläre, iterative Prozess führt zu verbesserten Prototypen, aber auch zum Verwerfen von Lösungsideen und zur Weiterentwicklung neuer bzw. anderer Ideen auf dem Wege zu einer kreativen Problemlösung. Eine am Anfang vage Vorstellung wird so im Zeitverlauf konkretisiert und realisierbar.

7.5.7.3 Design Thinking: Kultur und Geisteshaltung

Vielfach wird betont, dass für einen wirkungsvollen Einsatz der Methoden des Design Thinking mehr als das bloße Durchlaufen der Prozessschritte nötig ist: Es bedarf einer **Kultur** des Design Thinking. Die folgenden Eigenschaften begründen nach Grots und Creuznacher (2012, S. 19–20) den eigentlichen Wert des Design Thinking und beschreiben die damit verbundene Denkweise und Philosophie:

- **Holistisch**: Sowohl bezüglich der Problemstellung als auch hinsichtlich der Lösungsansätze spielt die ganzheitliche Betrachtung eine wesentliche Rolle. Ähnlich wie beim systemischen Denken wird der Reichtum an Wissen aus dem Verständnis der Zusammenhänge generiert. Detailliert werden die einzelnen Teile, zugleich aber auch das große Ganze in seiner Gesamtheit wahrgenommen und zwischen diesen Polen nach Inspirationen für mögliche Lösungen gesucht.
- **Offen**: Design Thinking zeigt sich offen für andere Ansätze sowie für die Erweiterung, Ergänzung und Anpassung des Prozesses. Wesentliche Bestandteile der Methode sind Experimentieren, schnelles Ausprobieren sowie die Erlaubnis, Fehler zu machen und daraus zu lernen. Diese Herangehensweisen zeugen von einem souveränen Umgang mit Unsicherheit.
- **Empathisch**: Empathie bedeutet, sich in andere Menschen hineinversetzen zu können. Ein umfassendes Verständnis für das Problem und den Nutzer ist wichtig, um die Wünsche, Hoffnungen und Ängste der Menschen aufzunehmen und Situationen mit ihren Ursache-Wirkungs-Beziehungen nachzuvollziehen.
- **Intuitiv**: Neben der Arbeit mit „harten" Faktoren wird großer Wert darauf gelegt, auch „weiche" Faktoren einzubeziehen. Die intuitive Reflexion der Aufgabenstellung durch das Zusammenfügen des Verstandenen mit dem Erlebten sowie die Verbindung von harten mit weichen Faktoren bewirken den eigentlichen Lerneffekt und Erkenntnisgewinn im Design Thinking.
- **Optimistisch**: Probleme werden als Chancen wahrgenommen. Sie animieren dazu, Veränderungen einzuleiten, mit dem Ziel, die Lebensqualität der Nutzer zu steigern.

Im Wesentlichen geht es im Design Thinking also darum, eine nutzerfreundliche Lösung zu finden. Basis dafür ist eine positive Grundhaltung. Mit dem Prototyping wird getestet, inwieweit die erdachte Lösung realisiert werden kann und von den Nutzern angenommen wird. Wissen entsteht durch Handeln, mit dem Ziel, die bestehende Situation in eine gewünschte abzuwandeln (Noweski et al. 2012, S. 80). Insbesondere in der Vorgründungsphase kann Design Thinking bei der Ideengenerierung und Geschäftsmodellentwicklung interessante Impulse liefern und den kreativen Teil im Entrepreneurship stimulieren.

Design Thinking unterscheidet sich durch die Anwendung von Prozess- und Denkstrukturen, die Designern zugeschrieben werden, von der eher linearen Managementlogik zur Lösung eines Problems, auf der auch der Businessplan basiert. Während in der linearen Managementlogik versucht wird, objektive und rationale Risikoeinschätzungen und Entscheidungen auf Basis von Prognosen zu fällen, werden im Design Thinking Problemstellungen aus verschiedenen Blickwinkeln betrachtet. Für den Entrepreneur liegt die besondere Eignung von Design Thinking in der praktisch orientierten Herangehensweise, dem breiten Portfolio an Instrumenten und der frühen Einbindung von Nutzern bzw. (potenziellen) Kunden. Dadurch ergibt sich die Möglichkeit, eine Problemlösung bis hin zum Geschäftsmodell in iterativen Schritten zu entwickeln und dabei vielleicht sogar schon erste Kunden zu gewinnen.

7.6   In der Vielfalt liegt die Kraft: mehr Mut zu entrepreneurieller Heterogenität

Zu Beginn dieses Kapitels haben wir gezeigt, dass sich im entrepreneuriellen Prozess ein kreativer und ein wissenschaftlich-analytischer Akt verbinden. Der analytische Akt dient zur Organisation und Koordination des Vorhabens und wird mit dem Businessplan als Instrument gut abgedeckt. Der kreative Teil basiert auf der Fantasie und den dynamisch-schöpferischen Fähigkeiten des Entrepreneurs. Hier stößt der Businessplan an seine Grenzen.

Die hier beschriebenen Denkansätze zeigen die Vielfalt neuer Perspektiven und Ideen, die die wissenschaftliche Forschung in den letzten Jahren entwickelt hat. Sie dienen dazu, den Ablauf entrepreneurieller Prozesse und die Entwicklung von Innovationen zu erklären und zugleich Möglichkeiten aufzuzeigen, sie zu fördern. Dabei betonen sie den kreativen Teil im Entrepreneurship und schenken dem Entrepreneur als treibender Kraft im Prozess stärkere Beachtung. Die moderne Forschung bemüht sich insbesondere darum, Lösungen für Probleme in Umfeldern anzubieten, in denen Unsicherheit über zukünftige Ereignisse und Entwicklungen herrscht. Sie beschreitet neue Wege, die sie vom administrativen Charakter der klassischen Betriebswirtschaftslehre wegführen und den Schwerpunkt auf die Entwicklung tragfähiger, innovativer Geschäftsmodelle legen.

Obwohl sie weitgehend unabhängig voneinander entstanden sind, weisen die dargestellten Denkansätze einige Gemeinsamkeiten auf. Tabelle 7.1 gibt einen Überblick hierzu.

Mit dieser Übersicht im Hinterkopf wollen wir die Kernaspekte der einzelnen Ansätze noch einmal kurz zusammenfassen. Dabei werden wichtige Unterschiede zum Businessplan und dem strategischen Planungsansatz allgemein aufgegriffen sowie erkennbare Gemeinsamkeiten mit anderen Denkansätzen aufgezeigt.

Der Businessplan-Ansatz ist als Instrument vor allem im Gründungsprozess nützlich. Im Rahmen seiner Anwendung wird vor Beginn eines Vorhabens ein Ziel definiert. Daraufhin wird analysiert, welche Ressourcen und einzelnen Schritte zur Zielerreichung notwendig sind, um in der Folge durch planvolles, organisatorisches Handeln die Lücke zwischen Ist- und Soll-Zustand zu schließen. Dazu

Tab. 7.1 Gemeinsamkeiten zwischen den vorgestellten Denkansätzen. (Quelle: Lahn (2015, S. 227))

	Konventioneller Business-plan-Ansatz	Discovery Driven Planning	Business Model Canvas	Konzept-kreative Gründungen	Blue Ocean Strategy	Effec-tuation	Bricolage	Design Thinking
1. Ressourcen unter der Kontrolle des Entrepreneurs als Ausgangsbasis				(x)		X	X	
2. Ressourcenknappheit beflügelt die Kreativität						X	X	(x)
3. Ressourcenbeschränkungen durch Handeln überwinden				(x)		X	X	X
4. Handlungsorientierung zur Erkenntnisgewinnung		X				X	(x)	X
5. Prototyping und Entwicklung eines *proof of concept*		X		X		X		X
6. Experimentieren, Thesen prüfen		X		X		X	X	X
7. Unvorhergesehenes einbeziehen		(x)				X		X
8. Kognitiv adaptieren		X		X	X	X	X	X
9. Fehler sind Lernerkenntnisse		X				X		X
10. Iterationen		(x)	X			X		X
11. Stakeholder und Kunden in den Entwicklungsprozess einbeziehen			(x)	X		X	X	X
12. Kundennutzen im Fokus			X	X	X	(x)	(x)	X

Tab. 7.1 (Fortsetzung)

	Konventioneller Businessplan-Ansatz	Discovery Driven Planning	Business Model Canvas	Konzeptkreative Gründungen	Blue Ocean Strategy	Effectuation	Bricolage	Design Thinking
13. Der Mensch und seine Kreativität ist treibende Kraft im Prozess (people dependent)				X	X	X	X	X
14. Bootstrapping/Begrenzung auf hinnehmbaren Verlust		X	(x)	X		X	X	(x)
15. Unternehmensgründung ist eine Form der Umsetzung			(x)	X		X	X	X
16. Unsicheres, dynamisches Umfeld		X			X	X	(x)	X
17. Planen und Antizipieren zukünftiger Entwicklungen	X	X		X				
18. Konventionen brechen				X	X		X	(x)
19. Neue Sichtweisen einnehmen				X	X			X

basiert der Businessplan wesentlich auf Prognosen. Er entfaltet seine Stärken daher in stabilen Umfeldern und kann in diesen im Rahmen des wirtschaftlich-analytischen Aktes gute Dienste leisten. Er bietet dem Entrepreneur allerdings nur begrenzt Hilfestellung bei der Entwicklung innovativer Geschäftsmodelle.

Andere Ansätze sind wesentlich besser geeignet, den kreativen Akt im entrepreneuriellen Prozess zu unterstützen. Sie bieten Herangehensweisen und Werkzeuge für das Handeln unter unsicheren bzw. sich dynamisch verändernden Rahmenbedingungen und ermöglichen die Entwicklung innovativer Geschäftsmodelle auch außerhalb derzeit bekannter Branchen und Märkte. Sie propagieren unkonventionelles Denken, das Einnehmen neuer Sichtweisen und eine opportune, pragmatische Herangehensweise. Sie machen die vorhandenen Mittel zum Ausgangspunkt für aktives Handeln, mit dem Ziel, neue Erkenntnisse und Informationen zu gewinnen, um so das Geschäftsmodell Schritt für Schritt weiterzuentwickeln. Spezielle Techniken, wie das Experimentieren, die Begrenzung des Mitteleinsatzes auf den hinnehmbaren Verlust, Bootstrapping oder das Steuern ohne bzw. mit überschaubaren Vorhersagen, helfen dabei, das Risiko für den Entrepreneur und die weiteren Stakeholder zu begrenzen.[52]

Dabei setzen einige der besprochenen Denkansätze zeitlich wesentlich früher im Gründungsprozess an als der Businessplan-Ansatz und machen deutlich, dass tragfähige Geschäftsmodelle sich nicht einfach von einem auf den anderen Tag am Markt etablieren, sondern in einem Entwicklungsprozess Schritt für Schritt entstehen (Mullins und Komisar 2009, S. 3). Abbildung 7.16 verdeutlicht, dass diese Ansätze ihre Stärken in unterschiedlichen Phasen des entrepreneuriellen Prozesses entwickeln und diesen in seiner Gesamtheit abdecken, während der Businessplan nur in der Gründungsphase eine Unterstützung ist.

Die kreativeren Ansätze der Entrepreneurship-Forschung betonen außerdem die große Wichtigkeit von Experimenten, Interaktionen mit Kunden und Iterationsschleifen. Häufig wird das ganze Potenzial eines Geschäftsmodells erst im Laufe dieser Entwicklung wirklich erkannt. Vor allem in der Gründungsphase basiert viel auf Annahmen, bekannt ist nur wenig. Experimente dienen dazu, schnell und mit möglichst wenig Ressourcenaufwand Annahmen über Kundenbedürfnisse zu testen, und bringen dem Entrepreneur im Ergebnis neue Erkenntnisse, aus denen er lernen und mit denen er weiterarbeiten kann (van de Ven und Polley 1992). Die alternativen Ansätze der modernen Forschung helfen so, das Risiko zu reduzieren, etwas zu produzieren oder anzubieten, das letztlich niemand kaufen möchte. Entre-

---

[52] Populäre Entrepreneurship-Bücher, wie *The startup owner's manual* (Blank und Dorf 2012), *Lean Startup* (Ries 2011), *Running Lean* (Maurya 2012) oder *Getting to Plan B* (Mullins und Komisar 2009), greifen inhaltlich viele Dinge auf, die ebenfalls in den hier ausgewählten und beschriebenen Ansätzen berücksichtigt werden.

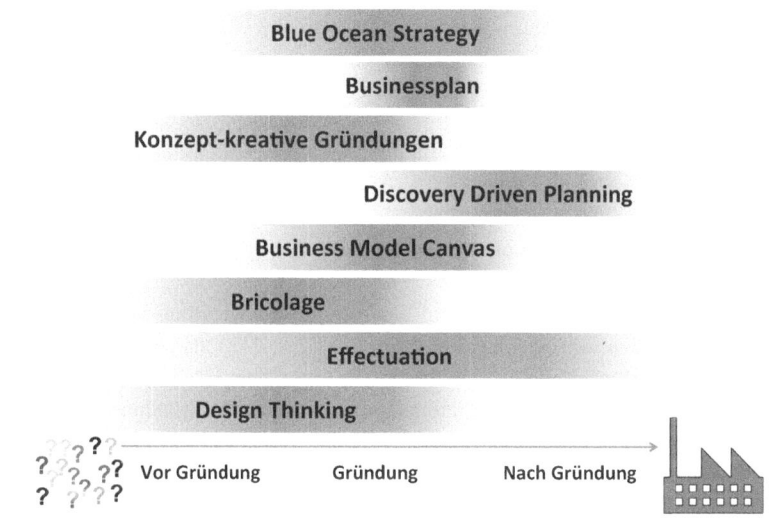

Abb. 7.16 Entrepreneurship-Ansätze im Gründungsprozess (Quelle: eigene Darstellung)

preneure, die frühzeitig anfangen, Dinge im Kleinen auszuprobieren und in Interaktion mit Stakeholdern und Kunden zu treten, überwinden Barrieren auf dem Weg
zu einem erfolgreichen Geschäftsmodell schneller. Denn letztlich sind zahlende
Kunden und nicht die Finanzierung durch Investoren die beste Bestätigung der
Tragfähigkeit eines Geschäftsmodells (Mullins 2010, S. 218).

Zu den neueren Ansätzen der Forschung zählt zunächst die Business Model
Canvas von Osterwalder und Pigneur 2011. Sie unterstützt als praxisorientiertes
Werkzeug die Entwicklung von Geschäftsmodellen. Inhaltlich lehnt sie sich an
den Businessplan-Ansatz an, konzentriert sich jedoch im Gegensatz dazu auf die
wesentlichen, erfolgskritischen Bestandteile des Geschäftsmodells und begrenzt
dessen bildliche Darstellung auf eine DIN-A4-Seite. So wird für den Betrachter
schneller deutlich und nachvollziehbar, wie die Prozesse ineinander greifen und zusammenhängen. Auf diese Weise fördert die Business Model Canvas das Bewusstsein für Prozessabhängigkeiten und Auswirkungen von Veränderungen in einem
Baustein auf andere Bereiche. Dadurch wird es einfacher, über das Geschäftsmodell zu diskutieren und es bei Bedarf neu zu modellieren. Durch die Anwendung
von Iterationsschleifen werden Anpassungen des Geschäftsmodells zum selbstver-
ständlichen Teil des Prozesses und die schrittweise Modellierung von Geschäftsmodellen wird ermöglicht. Damit baut die Business Model Canvas eine Brücke
zwischen dem Businessplan-Ansatz und neueren, kreativeren Denkansätzen der

Entrepreneurship-Forschung, wie Design Thinking und Blue Ocean Strategy. Wie diese betont sie den Kundennutzen als Basis aller Überlegungen.

Auch das Discovery Driven Planning orientiert sich auf den ersten Blick noch stark an der Herangehensweise des Businessplan-Ansatzes. Doch es geht insofern darüber hinaus, als die sukzessive Aufnahme und Verarbeitung neuer Informationen im Verlauf des Gründungsprozesses zu bewussten, gewünschten Anpassungen des Plans führen (sollen). Herangehensweisen des Discovery Driven Planning lassen sich auch im Design Thinking, Effectuation und in populären Entrepreneurship-Büchern wiederfinden.

Konzept-kreative Gründungen sind ein Weg zur Entwicklung von Geschäftsmodellinnovationen, die Fueglistaller et al. (2012, S. 212) als „Königsdisziplin" im Entrepreneurship bezeichnet. Während die eigentliche Idee im Businessplan eher am Rande eine Rolle spielt, betonen Konzept-kreative Gründungen generell die Bedeutung und Wichtigkeit der Idee sowie die Tatsache, dass in ihrer Entwicklung die eigentliche (Denk-)Arbeit und Leistung des Entrepreneurs liegt. Diese zentrale Überlegung lässt sich als Rahmen um viele andere Ansätze ziehen. Konzept-kreative Gründungen sind nicht nur eine häufig unterschätzte Alternative zu Gründungen auf der Basis von hochtechnologischen Erfindungen, sondern sind im Vergleich häufig deutlich weniger risikoreich. Durch die Idee der Komponentengründung reduzieren sich zudem die Anforderungen an die betriebswirtschaftlichen Kompetenzen der Entrepreneure. Betriebswirtschaftliche, administrative Tätigkeiten werden hier nicht mehr als Kern des Entrepreneurships betrachtet, wodurch dieses auch für Interessierte ohne betriebswirtschaftlichen Abschluss zu einer Option wird.

Die Blue Ocean Strategy lenkt den Blick auf die Chancen, die sich durch Nutzeninnovationen außerhalb bestehender bzw. bekannter Wettbewerbssituationen eröffnen. Während bei Konzept-kreativen Gründungen der Fokus auf Kreativität lag, richtet er sich hier insbesondere auf völlig neue, bisher nicht vorhandene Märkte. Der Ansatz zeigt Wege auf, wie neue Märkte geschaffen werden können, und stellt einige praxistaugliche Werkzeuge und Methoden zur Verfügung, mit denen systematisch darauf hingearbeitet werden kann.

Effectuation ist eine auch unter Unsicherheit gut anwendbare Entscheidungslogik zur Erschaffung neuer Produkte, Märkte und Dienstleistungen. Sie deckt sowohl den kreativen als auch den analytisch orientierten Teil des entrepreneuriellen Prozesses ab. Sie weist Parallelen zum Design Thinking auf, beispielsweise durch die Betonung, die auf dem Experimentieren, der Erschließung von Partnerschaften und dem Lernen aus Fehlern liegt. Effectuation steht im starken Kontrast zur Businessplan-Logik, hier als Causation bezeichnet, und grenzt sich in zentralen Punkten deutlich davon ab. Insbesondere verzichtet Effectuation auf Vorhersagen über die Zukunft und zeigt stattdessen eine alternative Herangehensweise für die Entwicklung von Geschäftsmodellen in dynamischen und mit Unsicherheit behafteten Umfeldern auf. Ob Effectuation oder Causation angebracht ist, hängt vom Kontext ab. In der Praxis werden beide häufig parallel angewendet. Effectuation und Blue Ocean Strategy berühren sich insofern, als beide Ansätze Wettbewerbern wenig Beachtung schenken und Möglichkeiten aufzeigen, wie Entrepreneure ohne Vorhersagen steuern können, wenn sie sich mit neuen Produkten in unsicheren, unbekannten und neu zu schaffenden Marktumfeldern bewegen wollen.

In dieser Beziehung den Gedanken von Effectuation nahestehend, macht Bricolage im Gegensatz zum Businessplan-Ansatz nicht das **Ziel** zum Ausgangspunkt für die entrepreneurielle Aktivität, sondern die **Ressourcen**, die dem Entrepreneur zur Verfügung stehen. Diese führt er durch kreative Improvisation einem neuen Zweck zu. Ohne ausgefeilte Werkzeuge für diesen Prozess zu bieten, schärft der Ansatz das Bewusstsein für alternative Möglichkeiten, mit einem fehlenden Zugriff auf Ressourcen umzugehen.

Design Thinking wurde zwar nicht speziell für den Entrepreneurship-Kontext entwickelt, ist jedoch bestens geeignet, um auch in diesem Bereich die Entwicklung von nutzerorientierten Innovationen voranzutreiben. Unter Design Thinking selbst wird eine breite Vielfalt an Methoden und Werkzeugen zusammengefasst, die dazu dienen sollen, kreative Lösungen für bestehende Probleme zu entwickeln. In dem dazu verfolgten iterativen Prozess steht der Kundennutzen immer im Vordergrund. Charakteristisch für den Ansatz ist, dass multidisziplinäre Teams zusammenarbeiten und dabei versuchen, sich durch ihre unterschiedlichen Erfahrungen und Herangehensweisen bei der Lösungsfindung zu befruchten. Ein wichtiges Element ist die Erstellung von Prototypen, die den Dialog mit den Nutzern vereinfachen und weitere Erkenntnisse im Prozess bringen sollen. Im Rahmen des Entrepreneurships scheint Design Thinking vor allem für die Vorgründungsphase und Ideenentwicklung bis hin zu einem *proof of concept* geeignet.

Für die Praxis betonen wir an dieser Stelle noch einmal, dass keiner der hier vorgestellten Ansätze als übergeordnet bzw. einem anderen überlegen angesehen werden sollte. Die Anwendung der jeweiligen Verhaltens- und Herangehensweisen ist weitgehend durch den individuellen Kontext und die Problemstellungen bestimmt, welchen sich der Entrepreneur gegenübersieht. Häufig kommt eine Mischung zum Einsatz.[53] Diese Erkenntnis sollte sich auch in der Gestaltung zukünftiger Gründungsfördermaßnahmen wiederfinden. Dieser Gedanke führt uns zu

---

[53] So zeigt Fisher (2012) in seiner Anwendung von Causation, Effectuation und Bricolage auf sechs Fallstudien, dass alle drei Ansätze von Entrepreneuren in der Praxis angewendet werden. Effectuation und Bricolage überwiegen jedoch in ihrer Anwendung gegenüber dem Businessplan-Ansatz.

der letzten Frage, mit der wir uns in diesem Buch beschäftigen wollen: Wie könnte eine Gründungsförderung aussehen, die der Heterogenität und Vielfalt des Gründungsgeschehens und der entrepreneuriellen Prozesse gerecht wird?

Literatur

Ambrosch, Marcus. 2013. Was ist Effectuation? http://www.u-geist.at/was-ist-effectuation/. Zugegriffen: 16. Sept. 2013.

Baker, Ted, und Howard E. Aldrich. 2000. *Bricolage and resource-seeking. Improvisational responses to dependence in entrepreneurial firms.* Chapel Hill: University of North Carolina (Working paper).

Baker, Ted, und Reed E. Nelson. 2005. Creating something from nothing: Resource construction through entrepreneurial Bricolage. *Administrative Science Quarterly* 50 (3): 329–366.

Baker, Ted, Anne S. Miner, und Dale T. Eesley. 2003. Improvising firms: Bricolage, account giving and improvisational competencies in the founding process. Special issue on technology entrepreneurship and contact information for corresponding authors. *Research Policy* 32 (2): 255–276.

Barry, Daved. 2011. Art and entrepreneurship, apart and together. In *Art entrepreneurship,* Hrsg. Ivo Zander und Mikael Scherdin, 154–168. Cheltenham: Edward Elgar.

Biermann, Kai. 2011, 20. Mai. Amazon verkauft nun überwiegend E-Books. *ZEIT ONLINE.*

Blank, Steve. 2013. Why the lean start-up changes everything. *Harvard Business Review* 91 (5): 63–72.

Blank, Steve, und Bob Dorf. 2012. *The startup owner's manual. The step-by-step guide for building a great company.* 1. Aufl. Pescadero: K & S Ranch Publ.

Blue Ocean Strategy. http://www.blueoceanstrategy.com/. Zugegriffen: 25. Sept. 2013.

Brown, Tim. 2008. Design thinking. *Harvard Business Review* 6:84–92.

Cooper, Rachel, Sabine Junginger, und Thomas Lockwood. 2010. Design thinking and design management: A research and practice perspective. In *Design thinking. Integrating innovation, customer experience and brand value,* Hrsg. Thomas Lockwood, 57–63. New York: Allworth Press.

Corbett, Andrew C., und Jerome A. Katz. 2012. Introduction: The action of entrepreneurs. In *Entrepreneurial action.* Bd. 14., 1. Aufl., Hrsg. Andrew C. Corbett und Jerome A. Katz, ix. Bingley: Emerald.

Doll, Bernhardt, und Anne-Katrin Neyer. 2009. Gründungsförderung nach dem „learning by doing"-Prinzip. Prototyping zur Unterstützung sozialer Interaktionsprozesse bei Gründerteams. In *Gründungsberatung. Beiträge aus Forschung und Praxis,* Hrsg. Klaus Anderseck und Sascha A. Peters, 223–247. Stuttgart: ibidem.

Drucker, Peter F. 1998. Die große Macht kleiner Ideen. In *Entrepreneurship. Wie aus Ideen Unternehmen werden,* Hrsg. Günter Faltin, Sven Ripsas, und Jürgen Zimmer, 59–75. München: C.H. Beck.

Eppler, Martin J., und Friederike Hoffmann. 2012. Design Thinking im Management. Zur Einführung in die Vielfalt einer Methode. *Organisationsentwicklung: Zeitschrift für Unternehmensentwicklung und Change Management* 31 (2): 4–7.

Faltin, Günter. 2008. *Kopf schlägt Kapital. Die ganz andere Art, ein Unternehmen zu gründen.* 1. Aufl. München: Carl Hanser.

Faltin, Günter. 2015. *Wir sind das Kapital. Erkenne den Entrepreneur in Dir; Aufbruch in eine intelligentere Ökonomie.* 1. Aufl. Hamburg: Murmann.

Faltin, Günter, und Sven Ripsas. 2011. *Das Gestalten von Geschäftsmodellen als Kern des Entrepreneurship.* Working Paper No. 61. Hochschule für Wirtschaft und Recht Berlin, Berlin. IMB Institute of Management Berlin.

Faschingbauer, Michael. 2010. *Effectuation. Wie erfolgreiche Unternehmen denken, entscheiden und handeln.* Stuttgart: Schäffer-Poeschel.

Fisher, Greg. 2012. Effectuation, Causation, and Bricolage: A behavioral comparison of emerging theories in entrepreneurship research. *Entrepreneurship Theory and Practice* 36 (5): 1019–1051.

Frese, Michael. 2011. Entrepreneurial actions. An action theory approach. In *Social psychology and organizatons//Social psychology and organizations,* Hrsg. David de Cremer, 87–118. New York: Routledge.

Fueglistaller, Urs, Christoph A. Müller, und Thierry Volery. 2012. *Entrepreneurship. Modelle, Umsetzung, Perspektiven; mit Fallbeispielen aus Deutschland, Österreich und der Schweiz.* 3. Aufl. Wiesbaden: Gabler.

Fürstenberg, Jeanette zu. 2012. *Die Wechselwirkung zwischen unternehmerischer Innovation und Kunst. Eine wissenschaftliche Untersuchung in der Renaissance und am Beispiel der Medici.* Wiesbaden: Gabler.

Grots, Alexander, und Isabel Creuznacher. 2012. Design Thinking – Prozess oder Kultur? Drei Fallbeispiele einer (Veränderungs-)Methode. *Organisationsentwicklung: Zeitschrift für Unternehmensentwicklung und Change Management* 31 (2): 14–21.

Hisrich, Robert D., Michael P. Peters, und Dean A. Shepherd. 2010. *Entrepreneurship.* 8. Aufl. New York: McGraw-Hill Irwin.

Hoffmann, Friederike. 2012. Gemeinsam gestalten. Bericht zur Deutschen Design Thinking Community Konferenz BETTER BETA 2011. *Organisationsentwicklung: Zeitschrift für Unternehmensentwicklung und Change Management* 31 (2): 77–79.

Hormozi, Amir M., Gail S. Sutton, Robert D. McMinn, und Wendy Lucio. 2002. Business plans for new or small businesses: Paving the path to success. *Management Decision* 40 (8): 755–763.

Huovinen, Jari, und Sanna Tihula. 2008. Entrepreneurial learning in the context of portfolio entrepreneurship. *International Journal of Entrepreneurial Behaviour & Research* 14 (3): 152–171.

Hüther, Gerald, und Bernd Schmid. 2010. Der Innovationsgeist fällt nicht vom Himmel. Kreativität in Menschen und Organisationen aus neurobiologischer und systemischer Sicht. In *Die Organisation in Supervision und Coaching,* Hrsg. Astrid Schreyögg und Christoph Schmidt-Lellek, 126–144. Wiesbaden: VS Verlag für Sozialwissenschaften.

Kim, W. Chan, und Renée Mauborgne. 2005. *Blue ocean strategy. How to create uncontested market space and make the competition irrelevant* Boston: Harvard Business School Press.

Lahn, Stefanie. 2015. *Der Businessplan in Theorie und Praxis. Überlegungen zu einem zentralen Instrument der deutschen Gründungsförderung.* Wiesbaden: Springer Gabler.

Leifer, Larry. 2012. „Rede nicht, zeig's mir!". Über Design Thinking, Bad Guys, Experimente, Jagd und organisationalen Wandel Über Design Thinking, Bad Guys, Ex Jagd und organisationalen Wandel. *Organisationsentwicklung: Zeitschrift für Unternehmensentwicklung und Change Management* 31 (2): 8–13.

Lévi-Strauss, Claude. 1968. *Das wilde Denken*. Berlin: Suhrkamp.

Liedtka, Jeanne, und Tim Ogilvie. 2011. *Designing for growth. A design thinking tool kit for managers*. New York: Columbia Business School Pub.

Makridakis, Spyros, Robin M. Hogarth, und Anil Gaba. 2009. Forecasting and uncertainty in the economic and business world. Special section: Decision making and planning under low levels of predictability. *International Journal of Forecasting* 25 (4): 794–812.

Maurya, Ash. 2012. *Running lean. Iterate from plan A to a plan that works*. 2. Aufl. Sebastopol: O'Reilly.

McGrath, Rita Gunther, und Ian C. MacMillan. 1995. Discovery driven planning. *Havard Business Review* 73 (4): 44–54.

Meisiek, Stefan, und Stefan Haefliger. 2011. Inviting the unexpected: Entrepreneurship and the arts. In *Art entrepreneurship*, Hrsg. Ivo Zander und Mikael Scherdin, 78–97. Cheltenham: Edward Elgar.

Mullins, John W. 2010. *The new business road test. What entrepreneurs and executives should do before writing a business plan*. 3rd. Harlow: Financial Times Prentice Hall.

Mullins, John W., und Randy Komisar. 2009. *Getting to plan B. Breaking through to a better business model*. Boston: Harvard Business Press.

Neck, Heidi M., und Patricia G. Greene. 2011. Entrepreneurship education: Known worlds and new frontiers. *Journal of Small Business Management* 49 (1): 55–70.

Noweski, Christine, Andrea Scheer, Büttner, Nadja, Julia Thienen, Johannes Erdmann, und Christoph Meinel. 2012. Towards a paradigm shift in education practice: Developing twenty-first century skills with design thinking. In *Design thinking research*, Hrsg. Hasso Plattner, Christoph Meinel, und Larry Leifer, 71–94. Heidelberg: Springer Berlin Heidelberg (Understanding Innovation).

Osterwalder, Alexander, und Yves Pigneur. 2011. *Business model generation. Ein Handbuch für Visionäre, Spielveränderer und Herausforderer*. Frankfurt a. M.: Campus.

Pauli, Gunter A. 2010. *The blue economy. 10 years, 100 innovations, 100 million jobs*. Taos: Paradigm Publications.

Pesch, Stefanie. 2005. *Wirtschaftliche Wirkungen von öffentlichen Förderprogrammen für Existenz- und Unternehmensgründungen in Deutschland*. Lohmar: Eul. (FGF-Entrepreneurship-Research-Monographien, 51).

Phillips, N., und P. Tracey. 2007. Opportunity recognition, entrepreneurial capabilities and bricolage: Connecting institutional theory and entrepreneurship in strategic organization. *Strategic Organization* 5 (3): 313–320.

Plattner, Hasso, Christoph Meinel, und Ulrich Weinberg. 2009. *Design Thinking. Innovation lernen, Ideenwelten öffnen*. München: mi.

Read, Stuart, Saras Sarasvathy, Nick Dew, Robert Wiltbank, Anne-Valérie Ohlsson. 2011. *Effectual entrepreneurship*. Abingdon Oxon: Routledge.

Rehfeld, Dieter. 2012. Auf dem Weg zur integrierten Wirtschaftsförderung. Neue Themen und Herausforderungen. Institut Arbeit und Technik. Gelsenkirchen, Bocholt, Recklinghausen, Bochum (Forschung Aktuell 2012-09, 2012-09).

Ries, Eric. 2011. *The lean startup*. 1. Aufl. New York: Crown Business.

Sarasvathy, Saras D. 2001a. Causation and effectuation: Toward a theoretical shift from economic inevitability to entrepreneurial contingency. *Academy of Management Review* 26 (2): 243–263.

Sarasvathy, Saras D. 2001b. *What makes entrepreneurs entrepreneurial?* Seattle: University of Washington.

Sarasvathy, Saras D. 2008. *Effectuation. Elements of entrepreneurial expertise.* Cheltenham: Elgar.

Schumpeter, Joseph. 1993. *Theorie der wirtschaftlichen Entwicklung. Eine Untersuchung über Unternehmergewinn, Kapital, Kredit, Zins und den Konjunkturzyklus.* 8. Aufl., unveränd. Nachdr. d. 1934 erschienenen. 4. Aufl. Berlin: Duncker & Humblot.

Schumpeter, Joseph. 1998. Freude am Gestalten. Auszug aus dem Buch „Theorie der wirtschaftlichen Entwicklung – eine Untersuchung über Unternehmergewinn, Kapital, Kredit, Zins und den Konjunkturzyklus" 8. unveränderter Nachdruck der 1934 erschienenen In *Entrepreneurship. Wie aus Ideen Unternehmen werden.* 4. Aufl., Berlin 1993, 129–139, Hrsg. Günter Faltin, Sven Ripsas, und Jürgen Zimmer, 21–28. München: C.H. Beck.

Senyard, Julienne, Per Davidsson, Paul Steffens. 2010. Venture creation and resource processes: using Bricolage sustainability ventures. In Janice Langan-Fox Hrsg. Proceedings of the 7th AGSE International Entrepreneurship Research Exchange. 7th AGSE International Entrepreneurship Research Exchange. Queensland. Swinburne University of Technology, University of the Sunshine Coast, 637–648.

Simon, Herbert A. 1996. *The sciences of the artificial.* 3. Aufl. Cambridge: MIT Press.

Stähler, Patrick. 2002. *Geschäftsmodelle in der digitalen Ökonomie. Merkmale, Strategien und Auswirkungen.* 2. Aufl. Lohmar: Josef Eul (7).

Stähler, Patrick. 2012, 22. Okt. *Tool-Box für Entrepreneure. Stiftung Entrepreneurship.* Entrepreneurship Summit 2012. Berlin.

Stähler, Patrick. 2013. Business model canvas. Business model innovation. http://blog.business-model-innovation.com/category/business-model-canvas/. zuletzt aktualisiert am 18.07.2013. Zugegriffen: 23. Sept. 2013.

Sundelin, Anders. 2010. The evolution of the business model concept. http://www.affarsmodeller.se/Business-Model-Timeline.gif. zuletzt aktualisiert am 05.09.2010. Zugegriffen: 24. Sept. 2013.

Taleb, Nassim Nicholas. 2013. *Antifragilität. Anleitung für eine Welt, die wir nicht verstehen. Aus dem Englischen von Susanne Held.* München: Albrecht Knaus.

Thienen, Julia von, Christine Noweski, Christoph Meinel, und Ingo Rauth. 2011. The co-evolution of theory and practice in design thinking – or – „Mind the Oddness Trap!". In *Design thinking. Understand – improve – apply,* Hrsg. Christoph Meinel und Larry Leifer, 81–100. Berlin: Springer.

van de Ven, Andrew H., und Douglas Polley. 1992. Learning while innovating. *Organization Science* 3 (1): 92–116.

Vetterli, Christophe, Falk Uebernickel, und Walter Brenner. 2012. Initialzündung durch Embedded Design Thinking – Ein Fallbeispiel aus der Finanzindustrie. … und wie dadurch ein Wandel in der Innnovationskultur einer IT-Abteilung eingeleitet wurde. *Organisationsentwicklung: Zeitschrift für Unternehmensentwicklung und Change Management* 31 (2): 22–31.

Die Entrepreneure in den Blick nehmen!

8

Zusammenfassung

In diesem abschließenden Kapitel liefern wir eine „Diagnose" der Auswirkungen des Mythos Businessplan auf den Zustand der deutschen Gründungsförderung – und machen Vorschläge zu deren Weiterentwicklung. Dazu gehört auch die Forderung, die Gründungsförderung nicht mehr lediglich als Anhängsel der KMU-Förderung zu begreifen, sondern eine ganzheitliche *Entrepreneurship Policy* zu entwickeln. Schließlich kommt es aber vor allem darauf an, den einzelnen Entrepreneur in seiner jeweiligen Situation in geeigneter Weise zu unterstützen. Es bedarf dazu einer „Anamnese" der potenziellen Gründer, sobald diese mit den Akteuren der institutionellen Gründungsförderung in Kontakt kommen. Auf dieser Basis müssen ihnen die für sie jeweils passenden Instrumente – ob Businessplan-Erstellung, Fördermittel, Akquiseunterstützung oder Methoden der Entrepreneurship-Forschung – an die Hand gegeben werden, um ihnen beim nächsten Schritt ihres individuellen entrepreneuriellen Prozesses bestmöglich zu helfen. So können unerschlossene Potenziale im Gründungsgeschehen endlich ausgeschöpft werden.

Zum Schluss unserer Betrachtung wollen wir darüber sprechen, welche Auswirkungen der Mythos Businessplan auf den Zustand der deutschen Gründungsförderung bis heute hat und wie eine zielorientierte und effektive Gründungsförderung unserer Meinung nach aussehen könnte. Wir beginnen mit einer „Diagnose" der deutschen Gründungsförderung, die auf den zentralen Beobachtungen und Erkenntnissen dieses Buches basiert. Aus ihr leiten wir einen „therapeutischen Ansatz" ab, der beschreibt, in welche Richtung das bestehende Angebot dringend weiterzuentwickeln wäre. Die aktuelle Entrepreneurship-Forschung bietet zu diesem Zweck eine Vielzahl von Ansatzpunkten, von denen wir einige ansprechen werden.

© Springer Fachmedien Wiesbaden 2016
S. Kunze, A. Offermanns, *Mythos Businessplan,*
DOI 10.1007/978-3-658-09911-4_8

Wir wollen aber am Ende dieses Buches einen weiteren Aspekt betonen, der unserer Meinung nach entscheidend ist: Im Zentrum der Aktivität der deutschen Gründungsförderung darf kein einzelnes Instrument stehen, weder der Businessplan noch die Business Model Canvas, nicht die Idee der Konzept-kreativen Gründung oder der Effectuation-Ansatz und auch nicht das Design Thinking. Genauso wenig dürfte der Mythos Businessplan durch einen neuen „Mythos Geschäftsmodell" ersetzt werden. Die Überbetonung eines Instruments durch die eines anderen zu ersetzen, würde auch am Kern der neueren Entrepreneurship-Forschung vorbeigehen. Der entscheidende Schluss, der aus ihr für die Neuausrichtung der deutschen Gründungsförderung gezogen werden muss, ist ein ganz anderer:

▶ **Ins Zentrum ihrer Angebote und Prozesse muss der einzelne Mensch rücken, das unternehmerisch handelnde Individuum, das hinter dem entrepreneuriellen Prozess steht, ihn antreibt und bestimmt: der Entrepreneur, der Gründer.**

Nur aus seinem Blickwinkel heraus kann entschieden werden, welches Instrument das im jeweiligen Fall am besten geeignete ist, um ein erfolgreiches Geschäftsmodell zu entwickeln und daraus ein erfolgreiches Unternehmen zu machen. **Was wir also fordern, ist eine Wende der Gründungsförderung hin zur konsequenten Orientierung an den Bedürfnissen ihrer Nutzer.** Der folgende Abschnitt erhebt den diesbezüglichen Ist-Zustand.

8.1 „Diagnose" der deutschen Gründungsförderung

Fassen wir die Implikationen unserer Untersuchungen in Bezug auf den gegenwärtigen Zustand der deutschen Gründungsförderung zusammen, so ergibt sich folgendes Bild:

- Die deutsche Gründungsförderung konzentriert sich aktuell fast ausschließlich auf die Vermittlung betriebswirtschaftlichen Wissens und verfolgt lediglich einen Ansatz, den der strategischen Planung.
- Im Zentrum ihrer Prozesse, Abläufe und Beratungsbemühungen steht ein einziges Instrument – der Businessplan, der als *One-size-fits-all*-Lösung verkauft wird.
- Um dieses Instrument herum hat die Businessplan-Industrie einen Mythos gestrickt, der sich im Vergleich mit der Realität als unhaltbar erwiesen hat. Gleichwohl ist ihre Lobbyarbeit so gut, dass sie die Ausrichtung der deutschen Gründungsförderung bis heute bestimmt.

- Im Glauben an den Mythos Businessplan weist die Beratungspraxis der Gründungsförderung erhebliche Lücken auf. Sie ist bestenfalls für die Unterstützung
  imitativer Gründungen in stabilen Umfeldern gut aufgestellt.
- Für den Umgang mit Umfeldern, deren Rahmenbedingungen von Unsicherheit
  geprägt sind, hat die deutsche Gründungsförderung gegenwärtig kaum geeignete Mittel und Methoden in ihrem Portfolio. Gerade diese Umfelder sind aber für
  die Entwicklung und Umsetzung innovativer Geschäftsmodelle entscheidend.
  Aktuell kann die deutsche Gründungsförderung daher innovative Gründer nicht
  angemessen unterstützen.
- Durch die übermäßige Betonung von Daten und „Fakten" in Form von Prognosen im Businessplan ist die Person des Gründers als entscheidende Triebkraft
  des entrepreneuriellen Prozesses, aber auch als Individuum mit jeweils einzig-
  artigen Fähigkeiten, Erfahrungen und Bedürfnissen, fast völlig aus dem Blick
  geraten.
- Die Dominanz des Businessplans, der wesentlich die Planung der organisatorischen Umsetzung des Gründungsprozesses zum Ziel hat, rückt die frühe
  Phase des entrepreneuriellen Prozesses, die Vorgründungsphase, in der Praxis
  der deutschen Gründungsförderung fast vollständig in den Hintergrund. Diese
  Phase ist aber insbesondere für die Entwicklung von innovativen Geschäftsmodellen entscheidend.
- Die Bedeutung, die dem Businessplan in den Abläufen der deutschen Gründungsförderung zukommt, benachteiligt innovative Gründer zusätzlich, da dieses Instrument für ihre Situation prinzipiell nicht geeignet ist, sie aber gleichwohl gezwungen sind, unverhältnismäßig umfangreiche Ressourcen für seine
  Erstellung einzusetzen.

▶   **Die Konzentration auf den Businessplan führt also zu erheblichen
     blinden Flecken in der Praxis der deutschen Gründungsförderung,
     unter denen die entscheidenden die Vorgründungsphase, die Ent-
     wicklung des Geschäftsmodells, die Förderung innovativer Grün-
     dungen sowie die Person des Gründers sind.**

Damit steht die tatsächliche Praxis der deutschen Gründungsförderung zumindest
teilweise im Widerspruch zu ihren eigentlichen Zielen und ihrer volkswirtschaftlichen und politischen Aufgabe, da gerade der Bereich, der am meisten dazu beitragen könnte, volkswirtschaftliches Wachstum und Beschäftigung zu fördern, von
ihr strukturell benachteiligt wird (siehe auch Abb. 8.1).

Diese Feststellungen können weder für die Politik und die institutionellen Akteure innerhalb der deutschen Gründungsförderung noch für Gründer oder gar diejenigen Menschen in Deutschland befriedigend sein, die daran interessiert wären,

Abb. 8.1 Die blinden Flecken in der Gründungsförderung (Quelle: eigene Darstellung)

selbst Entrepreneur zu werden. Auf der Basis unserer Betrachtungen muss die Diagnose gestellt werden, dass die deutsche Gründungsförderung ihr Potenzial nicht annähernd ausschöpft, sondern lediglich einen Bruchteil dessen erreicht, was sie erreichen könnte. Wie kann diesem Zustand aber abgeholfen werden?

8.2   Vielfalt ist die beste Medizin

Die blinden Flecken der Gründungsförderung resultieren wesentlich aus ihrer einseitigen Fixierung auf ein einzelnes Instrument. Sie hat sozusagen einen „steifen Nacken" entwickelt, indem sie nur noch in **eine** Richtung geblickt hat. Der von uns vorgenommene Vergleich des Mythos Businessplan mit der Realität sollte dazu geführt haben, dass sich die bei den verantwortlichen Akteuren bestehenden „Verspannungen" gelöst haben. Die Ausweitung des Blickwinkels durch die Darstellung einiger Denkansätze der Entrepreneurship-Forschung und das Drehen des Kopfes in Richtung der verschiedenen „blinden Flecken" stellten den nächsten Schritt der Therapie dar: Bewegung. Die Rückkehr der Symptome können nun allerdings nur die Akteure der Gründungsförderung selbst verhindern, indem sie in Bewegung kommen und in Bewegung bleiben. Wie dies geschehen kann, dazu wollen wir in diesem Abschnitt einige Vorschläge machen. **Grundsätzlich muss zunächst die Bedeutung des Businessplans relativiert, der Mythos zu Grabe getragen werden.** Es muss in Zukunft noch viel deutlicher ins Bewusstsein gerückt und kommuniziert werden, dass Businesspläne keine Endergebnisse, sondern bestenfalls Zwischenergebnisse zu bestimmten Zeitpunkten und unter bestimmten Rahmenbedingungen darstellen. Im Prozessverlauf wird sich die Umfeldsituation aber mit sehr großer Wahrscheinlichkeit ändern, sodass der Businessplan den neuen Bedingungen angepasst werden müsste, wenn auf seine Verwendung dann noch Wert gelegt wird. Dies bedeutet aber auch, dass Abweichungen von den Planungen auch von den Akteuren der Gründungsförderung nicht als „Fehlentwicklung" oder gar „Scheitern" behandelt werden dürfen, mit denen Sanktionen einhergehen sollten, sondern als normaler Teil des Prozesses betrachtet werden müssen. Der Businessplan muss vielmehr als lernendes und Lernprozesse unterstützendes Instrument begriffen werden, das nur eine Orientierungshilfe für den Unternehmensgründer **und** die verantwortlichen Akteure der Gründungsförderung sein kann – und das sollte auch so kommuniziert werden.

Die Akteure der Gründungsförderung müssen sich außerdem dringend von dem Gedanken verabschieden, mit dem Businessplan eine *One-size-fits-all*-Lösung zur Hand zu haben, die allen Gründern gleichermaßen nützlich wäre. Stattdessen müssen sie sich stärker ins Bewusstsein rufen, dass das Gründungsgeschehen äußerst heterogen ist. Es gibt nicht die eine, typische Unternehmungsgründung, sondern wir haben es mit einer Vielfalt individueller entrepreneurieller Prozesse zu tun. Dies anzuerkennen müsste zugleich bedeuten, die bisherige Fixierung auf ein einzelnes, alles dominierendes Instrument – den Businessplan – und auf einen spezifischen Ansatz – den strategischen Planungsansatz – aufzugeben.

▶ **Aus der Vielfalt der entrepreneuriellen Prozesse ergibt sich eine Vielfalt unterschiedlicher Bedürfnisse seitens der Nutzer, auf die mit der entsprechenden Vielfalt von Ansätzen und Instrumenten reagiert werden muss.**

Die Entrepreneurship-Forschung bietet viele Ansätze, sich für innovative und wertschaffende Gründungsvorhaben mehr zu öffnen und den Entrepreneuren für ihre Bedürfnisse geeignete Unterstützungsangebote zu machen, anstatt sie durch den Zwang zur Verwendung eines ungeeigneten Instruments womöglich zu behindern. Die Notwendigkeit der Vielfalt besteht auch hinsichtlich der zeitlichen Ansatzpunkte der Gründungsförderung. Um innovative Unternehmensgründungen zu fördern, darf sie nicht erst in der Gründungsphase in den entrepreneuriellen Prozess eingreifen wollen, wie sie es durch ihre Fixierung auf den Businessplan tut. Denn die Leistung des Entrepreneurs beginnt viel früher, nämlich in der Vorgründungsphase, in der er oder sie ein nachhaltiges, skalierbares und am Markt erfolgreiches Geschäftsmodell entwickelt. Für diesen Zweck bieten die vorgestellten Ansätze mit ihren praxisorientierten Theorien, Methoden und Werkzeugen geeignete Mittel.

Der Businessplan darf künftig im Zugang zu finanzieller Förderung daher nicht mehr als alleiniger Gatekeeper fungieren. Andere Instrumente sollten als Türöffner gleichwertig neben ihn gestellt und alternative Vergabeprozesse entwickelt werden. Wir haben gezeigt, dass die Bedeutung des Businessplans im Prozess der Kreditvergabe der Banken auch deshalb so groß ist, weil die Zusage staatlicher Förderungen an den Businessplan geknüpft ist. **Insofern wäre eine schnelle Korrektur der von uns beanstandeten Fehlentwicklungen leicht möglich, wenn der Staat die von ihm vergebenen Förderungen an andere Mittel bzw. Instrumente binden würde.** Dies allein würde den einseitigen Fokus auf den Businessplan beheben und die Prozesse der Gründungsförderung für mehr Vielfalt und eine größere Nutzerorientierung öffnen.

Auch in den Beratungsmaßnahmen der Gründungsförderer muss die vorrangige Bedeutung, die betriebswirtschaftliche Aspekte in ihrer Praxis gegenwärtig haben, durch eine größere Vielfalt ersetzt werden, die den individuellen Bedürfnissen der potenziellen Gründer und Entrepreneure sowie ihrer jeweiligen Situation gerecht wird. Es bedarf einer Änderung des Bewusstseins und der Förderung von Entrepreneurship durch eine Wendung hin zu mehr Kreativität. Dies ist keine leere Sprechblase und auch keine esoterische Utopie: Zahlreiche Studien belegen, dass Kreativität lehr- und erlernbar ist.[1] Ansätze wie Design Thinking, Bricolage, Effectuation und Blue Ocean Strategy stellen nicht nur den theoretischen Rahmen dafür zur Verfügung, sondern auch einige konkrete Werkzeuge, die zur Entfaltung von Kreativität genutzt werden können. Im Gegensatz zur Entscheidungslogik in der Managementlehre, in der es in der Regel um die Entscheidung zwischen zwei oder mehr bekannten Alternativen geht, ermöglichen solche kreativeren Ansätze die Kombination und Schaffung von **neuen** Alternativen. Mit ihnen werden deshalb mehr Ideen produziert als mit den klassischen, strategischen Planungsmethoden (Dew et al. 2011, S. 246). Diese Erkenntnisse sollten in die Gründungsförderung einbezogen und zum Gegenstand ihrer Beratungspraxis werden.

Daneben können die vorgestellten Denkansätze auch den Umgang mit dem Businessplan selbst befruchten, beispielsweise indem sie zu einer an den Bedürf-

---

[1] Dies belegen z. B. Studien, wie die von Royalty et al. (2012), Eppler (2012), Noyes und Brush (2012), Hüther und Osmetz (2009), Fixson und Rao (2011) und Noweski et al. (2012).

nissen der Nutzer orientierten Umgangsweise damit auffordern. „Businessplan light" oder „Downsizing" können in diesem Zusammenhang als Stichwörter dienen. Für viele imitative Gründungen, auch wenn sie kein Fremdkapital benötigen, kann es durchaus nützlich sein, Elemente des Businessplans als Orientierungshilfe oder Checkliste zu verwenden. Dazu ist es aber nicht notwendig, jeden einzelnen Punkt eines Standard-Businessplans auch wirklich auszuarbeiten. Einfache, pragmatische und an der Praxis der Unternehmensgründer orientierte Modelle im Umgang mit dem Businessplan könnten für viele Gründer nützlich sein, ohne ihre Ressourcen sinnlos überzustrapazieren. Aus dem Ansatz des Discovery Driven Planning könnte beispielsweise der Gedanke übernommen werden, nicht vom maximal zu erwartenden Gewinn, sondern vom notwendigen Umsatz auszugehen. Fragen wie etwa „Wie viel muss ich verkaufen, um die Miete etc. zu zahlen?" würden bei einer schnellen Einschätzung der Realisierbarkeit eines Vorhabens helfen. Auch andere der vorgestellten Überlegungen ließen sich vergleichsweise unkompliziert in die Praxis der Gründungsberatung integrieren. Dazu zählt unter anderem die Beschränkung auf den hinnehmbaren Verlust im Sinne der Effectuation-Logik, die ebenfalls in Verbindung mit Elementen aus der Businessplan-Logik eingesetzt werden könnte. Ein solcher Ansatz macht das Scheitern selbst zwar nicht unwahrscheinlicher, kann jedoch die **Kosten** des Scheiterns deutlich reduzieren.

Die Unterstützung von Zwischenschritten auf dem Weg zur Gründung, wie beispielsweise die Entwicklung von ersten, rudimentären Prototypen, würde es den Gründern ermöglichen, bei geringem Risiko auszuprobieren, wie tragfähig ihr Geschäftsmodell bereits ist. Dies ließe sich damit verknüpfen, finanzielle Fördermittel jeweils nach Erreichung bestimmter Meilensteine bereitzustellen, wie es auch im Discovery Driven Planning angeregt wird. Durch ihre Aktivitäten im Bereich der Mikrofinanzierung in Entwicklungsländern hat die KfW als Förderbank des Bundes bereits Erfahrungen mit Methoden der Stufenkreditvergabe. Entsprechende Vorgehensweisen könnten auf das deutsche Fördersystem übertragen werden. Dies wäre auch ein Schritt zu einer verstärkten Handlungsorientierung, wie sie von der Forschung immer wieder angeregt wird (Kraaijenbrink 2012). Insgesamt ermöglicht der von uns eingeforderte Perspektivenwechsel auf das Gründungsgeschehen, der Heterogenität der entrepreneuriellen Prozesse mit einer erheblich größeren Bandbreite an Methoden, Ideen und Werkzeugen zu begegnen (siehe auch Abb. 8.2).

Bisher verstehen die Akteure der Gründungsförderung Unternehmensgründungen leider immer noch zu sehr als sequenziellen Prozess, in dem auf den Plan die Umsetzung folgt. Dies wird erkennbar an ihren Richtlinien, die in der Regel eine Antragstellung vor Vorhabensbeginn vorschreiben. Auch diese Logik sollte durchbrochen werden. Denn in der Realität erfolgen Planung und Umsetzung häufig parallel. Oft entwickeln sich neue Marktchancen sogar erst aus dem Handeln selbst.

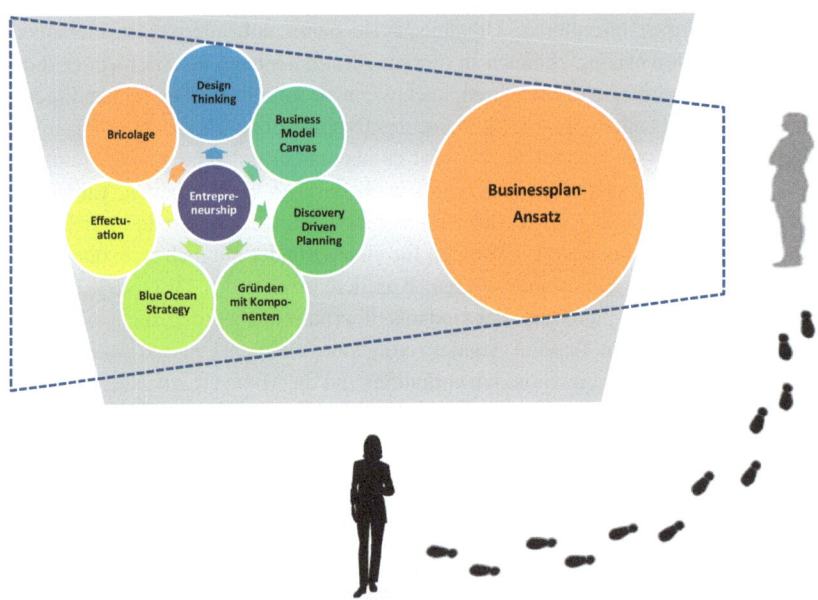

Abb. 8.2 Neue Perspektiven für mehr Vielfalt (Quelle: eigene Darstellung)

Sie sind nicht nur im Äußeren vorhanden, wo der Entrepreneur sie dann entdeckt, sondern können auch im Prozess entstehen. Ihre Entdeckung ist dem Handeln bzw. der Umsetzung also nicht zwangsläufig vorangestellt. Auf diese Erkenntnis angemessen zu reagieren, erforderte allerdings ein umfassendes Umdenken in der Gründungsförderung. So könnte beispielsweise durch die Anwendung des Effectuation-Ansatzes erheblich prozessorientierter gearbeitet werden. Dies würde allerdings bedeuten, dass externe Stakeholder stärker in den Gründungsprozess einbezogen würden, was die Rolle der Gründungsförderung signifikant ausweiten und verändern würde. Sie würde dadurch zumindest partiell vom reinen Ressourcenbereitsteller zur Mitentwicklerin von Marktchancen.

Auch jenseits solch tief greifender Veränderungen bedarf die deutsche Gründungsförderung eines neuen Selbstverständnisses, will sie die bisher brachliegenden Potenziale zur Entfaltung von Entrepreneurship erschließen. Bereits seit den 1980er-Jahren herrscht Konsens darüber, dass kleine Unternehmen nicht etwa lediglich kleine Varianten großer Unternehmen sind und dass KMU anderer Instrumente und Methoden bedürfen als große Unternehmen. Erstaunlicherweise liegt der deutschen Gründungsförderung aber offenbar noch immer der Gedanke zugrunde, dass Unternehmensgründungen nur eine Unterart von KMU seien. Dabei stellen Gründer, Entrepreneure und neu gegründete Unternehmen eine spezielle Gruppe dar, die sich spezifischen Herausforderungen und Problemen gegenübersieht und spezielle Methoden und Instrumente benötigt, um sie zu bewältigen. So spielt beim Entrepreneurship die Entwicklung der Idee bzw. des Geschäftsmodells eine entscheidende Rolle. Das ist bei etablierten Unternehmen bzw. KMU deutlich weniger der Fall. Bei ihnen mag es tatsächlich zunehmend um das Management und die Organisation des Unternehmens gehen, um Aspekte, bei denen Methoden der strategischen Planung hilfreich sein können. Denn für sie stellen sich andere Fragen, wie die nach einer möglichen Expansion, Internationalisierung, nach der eigenen Resilienz oder Ähnlichem. Die Fragen, die für Entrepreneure erfolgskritisch sind, sind für sie in der Regel bereits weitgehend geklärt. Erinnern wir uns noch einmal an den zentralen Unterschied:

> [W]hile existing companies **execute** business models, start ups **look** for one. (Blank 2013, S. 5)

Aus diesem Grund bedürfen beide Gruppen unterschiedlicher Behandlung, Beratung und Förderung. Diese Feststellung führt uns noch einmal in den Bereich der theoretischen Auseinandersetzung mit dem Gründungsgeschehen bzw. der Förderpolitik, bevor wir uns den konkreten Implikationen für die Arbeit mit gründungsinteressierten Entrepreneuren zuwenden.

8.3 Unternehmen oder Entrepreneure fördern?

Bereits im Jahr 2005 haben Lundström und Stevenson die Unterscheidung zwischen *„SME Policy"*, einer Wirtschaftspolitik und -förderung für KMU, und der *„Entrepreneurship Policy"*, einer Wirtschaftspolitik und förderung für (potenzielle) Unternehmensgründer/Entrepreneure, eingeführt. Als wichtige Unterscheidungsmerkmale zwischen beiden Varianten dienen folgende Kriterien:

1. *Entrepreneurship Policy* **setzt den Fokus auf den individuellen Gründer.** Bei der *SME Policy* bzw. der KMU-Förderung steht hingegen das Unternehmen im Mittelpunkt.
2. *Entrepreneurship Policy* richtet sich an den Bedürfnissen des Entrepreneurs aus und **konzentriert sich auf die frühen Phasen des entrepreneuriellen Prozesses,**[2] von der Sensibilisierung für das Thema (*Awareness*) über konkretere Gründungsabsichten bis hin zur Vorgründungs- und frühen Gründungsphase. KMU-Förderung zielt im Kern darauf ab, existierende KMUs zu unterstützen,

---

[2] Lundström und Stevenson (2005) unterteilen den entrepreneuriellen Prozess in fünf Phasen: 1) Sensibilisierung für das Thema; 2) Vorgründungsphase; 3) Gründungsphase; 4) Nachgründungsphase (bis ca. drei Jahre nach der Gründung); 5) Etablierung bzw. Ausweitung.

und setzt dazu frühestens in der Gründungsphase an, überwiegend jedoch sogar erst, nachdem die ersten empfindlichen Phasen nach Gründung durchgestanden sind und das Unternehmen sich langsam am Markt etabliert.

3. *Entrepreneurship Policy* nutzt eher „weiche" Maßnahmen wie Mentoring oder Berufsförderung, während KMU-Förderung eher „harte" Maßnahmen wie finanzielle Förderungen im Blick hat.

4. *Entrepreneurship Policy* bedarf einer großen Menge an institutionellen Partnern, um ein unterstützendes Umfeld aufzubauen (z. B. Lehrer, Medien, Ministerien), während KMU-Förderung auch durch eine geringe Anzahl an ökonomischen Institutionen (Wirtschaftsfördereinrichtungen, Finanzintermediäre) implementiert werden kann.

Aufmerksame Leser dieses Buches werden allein aus dieser Gegenüberstellung erkennen, dass die deutsche Gründungsförderung Deutschland deutlich von den Prinzipien der KMU-Förderung geprägt ist. Im Prinzip wurde und wird die gut ausgebaute deutsche Mittelstandsförderung (KMU-Förderung) für die Zwecke der Gründungsförderung lediglich um einzelne, spezielle Maßnahmen und Entrepreneurship-Programme ergänzt. Es handelt sich letztlich um einen Flickenteppich einzelner Fördermaßnahmen mit zum Teil sehr spezifischen Förderprogrammen, die überwiegend eine marginale Bedeutung haben. Spezielle Fördermaßen gibt es vor allem für Nischen, zu denen die Förderung technologieorientierter Gründungen oder Maßnahmen für bestimmte Bevölkerungsgruppen zählen. Eine umfassende, in ihren Facetten aufeinander abgestimmte Entrepreneurship-Förderstrategie lässt sich jedoch nicht erkennen.

Zwischen der KMU-Förderung (*SME Policy*) und der *Entrepreneurship Policy* gibt es durchaus Schnittstellen, wie eine Grafik von Lundström und Stevenson (2005) veranschaulicht (siehe Abb. 8.3).

Aus der Grafik geht zugleich hervor, dass eine gute *Entrepreneurship Policy* Auswirkungen auf den Bereich der KMU-Förderung haben kann, beispielsweise indem sie zum Entstehen neuer KMU führt. Geschieht dies, kann die KMU-Förderung auf der Arbeit der *Entrepreneurship Policy* aufbauen und dabei helfen, die entstandenen Unternehmen abzusichern und sie bei ihrer Etablierung und ggf. bei der Expansion zu unterstützen. Mit einer signifikanten Rückwirkung auch noch so guter KMU-Förderung auf die verstärkte Entfaltung von Entrepreneurship ist allerdings kaum zu rechnen. Beide Bereiche überschneiden sich zwar im zeitlichen Umfeld der Gründungsphase, haben ihre jeweiligen Schwerpunkte jedoch sowohl in verschiedenen Phasen des entrepreneuriellen Prozesses als auch in unterschiedlichen Problemstellungen. *Entrepreneurship Policy* und KMU-Förderung stehen

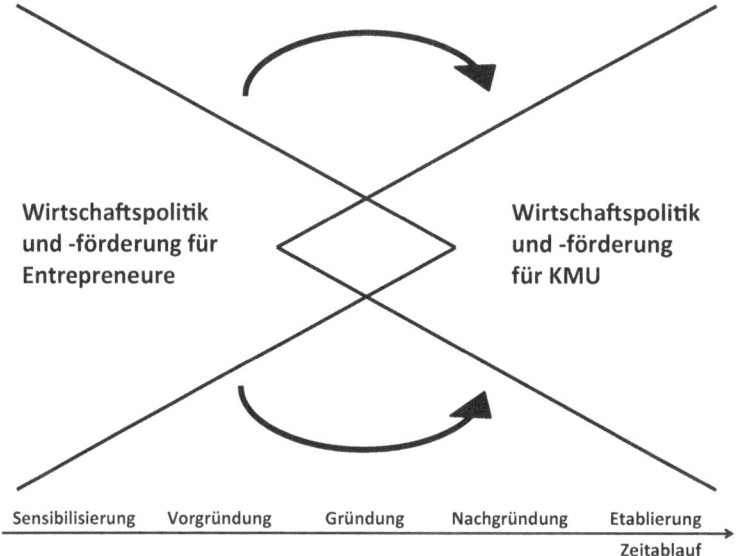

**Wirtschaftspolitik
und -förderung für
Entrepreneure**

**Wirtschaftspolitik
und -förderung
für KMU**

Sensibilisierung   Vorgründung   Gründung   Nachgründung   Etablierung
Zeitablauf

Abb. 8.3 Unterscheidung zwischen KMU- und Entrepreneurship-Förderung (Quelle: Lundström und Stevenson 2005, S. 55; eigene Übersetzung)

also einerseits in einer Wechselbeziehung, zugleich unterscheiden sie sich aber andererseits deutlich voneinander.

Wir sind deshalb der Ansicht, dass die Gründungsförderung in Deutschland nicht mehr lediglich als Wurmfortsatz der KMU-Förderung begriffen oder behandelt werden darf. Der nächste, notwendige Schritt ihrer Entwicklung wäre der Ausbau hin zu einer tatsächlichen *Entrepreneurship Policy*. Dafür bedarf es wiederum eines Umdenkens. Eine effektive *Entrepreneurship Policy* müsste nämlich viel früher im entrepreneuriellen Prozess ansetzen, als es die deutsche Gründungsförderung gegenwärtig tut, und stärker die Person in den Blick nehmen. Lundström und Stevenson (2005) unterscheiden in diesem Zusammenhang vier Formen von *Entrepreneurship Policy Regimes*:

• *Entrepreneurship-extension Policy*, also die Erweiterung der vorhandenen Mittelstandsförderung um einzelne Entrepreneurship-Programme;
• *New Firm Creation Policy*, mit der durch die Abschaffung verwaltungsbedingter und regulativer Barrieren Kosten- und Zeitaufwand bei Unternehmensgründung reduziert werden sollen;

- *Niche Entrepreneurship Policy*, die sich auf Nischen, wie bestimmte Branchen oder gesellschaftliche Gruppen, konzentriert; und schließlich die
- *Holistic Entrepreneurship Policy*.[3]

Wie weiter oben angedeutet, weist die deutsche Gründungsförderung vor allem Elemente der *Entrepreneurship-extension Policy* und der *Niche Entrepreneurship Policy* auf. Sie beschränkt sich also auf einige punktuelle Maßnahmen. Mit der *Holistic Entrepreneurship Policy* wird im Gegensatz dazu ein **ganzheitlicher** Ansatz beschrieben. Er soll (gesellschaftliche) Rahmenbedingungen schaffen, die der Entfaltung von Entrepreneurship förderlich sind, um so letztlich den Umfang an entrepreneuriellen Aktivitäten zu steigern. Eine von diesem Ansatz geprägte Gründungsförderung müsste den gesamten entrepreneuriellen Prozess abdecken: von der Sensibilisierung und damit verbundenen Willensbildung (*Awareness*) über die Vorgründungs-, Gründungs-, Nachgründungs- bis zur frühen Etablierungs- und Wachstumsphase. Basierend auf Lundström und Stevenson (2005, S. 45–47) könnte eine ideale Gründungsförderung wie folgt beschrieben werden:

- Sie ist ausgerichtet auf (potenzielle) Gründer in der Vorgründungs-, Gründungs- und Nachgründungsphase des entrepreneuriellen Prozesses.
- Sie beinhaltet Maßnahmen, die darauf abzielen, die Motivation, Möglichkeiten und Fähigkeiten (potenzieller) Gründer positiv zu beeinflussen.
- Sie verfolgt das übergeordnete Ziel, mehr Menschen zu ermutigen, Entrepreneurship als eine Karriereoption für sich wahrzunehmen, und aus ihnen erfolgreiche Entrepreneure zu machen.

Um dies zu erreichen, vereint die *Holistic Entrepreneurship Policy* die anderen genannten Strategien in sich, bezieht darüber hinaus aber weitere Politikbereiche mit ein, wie z. B. das Bildungssystem. Dies gibt uns einen Anlass, den Blick über die institutionelle Förderpolitik im engeren Sinn hinaus auszuweiten. So wird im Rahmen einer ganzheitlichen *Entrepreneurship Policy* beispielsweise auch das Geschehen an den deutschen Hochschulen relevant. An diesen wird sowohl in der Forschung als auch in der Lehre noch immer der Schwerpunkt auf die wissenschaftlich-analytischen Teile des entrepreneuriellen Prozesses gelegt. Wir haben aber gesehen, **dass der entrepreneurielle Prozess aus einem Wechselspiel zwischen kreativen und wissenschaftlich-analytischen Elementen besteht.** Der kreative Akt als zentraler Bestandteil der Tätigkeit des Entrepreneurs wird jedoch

---

[3] Für mehr Informationen über die Entrepreneurship-Policy-Regimes wird an dieser Stelle auf Lundström und Stevenson (2005) verwiesen.

auch an den Hochschulen bisher vernachlässigt (Kulicke 2012, S. 136). Für eine
Wende hin zur *Holistic Entrepreneurship Policy* bedarf es also der Antwort auf die
Frage, wie kreative Elemente in die Gründungsausbildung eingebunden werden
können, sodass Entrepreneurship lehr- und lernbar wird. Hierin liegt eine Aufgabe
für Akteure, die als Wissenschaftler mit dem Gründungsgeschehen in Deutschland
beschäftigt sind. Eine Stärkung der kreativen Elemente in der Lehre und dem öffentlichen Bild, das von Unternehmensgründern und Entrepreneurship gezeichnet
wird, könnte einen Beitrag dazu leisten, mehr Menschen zu veranlassen, sich selbst
als potenzielle Entrepreneure wahrzunehmen.

Ein Beispiel dafür, wie Entrepreurship schon im Bereich der schulischen Bildung als Option vermittelt werden kann, bietet der Verein Futurepreneur e.V.[4] Vier
ursprünglich in Schweden entwickelte Programme, die sich vor allem an Schüler
richten, geben jungen Menschen die Gelegenheit zu erleben, wie viel unternehmerische Kreativität in ihnen steckt, und zu erfahren, was es bedeutet, Unternehmer
zu sein. Sie entwickeln in Zeiträumen von zwei Tagen bis sechs Wochen eigene
Ideen bzw. Geschäftsmodelle und setzen sie auch um. Die Erfahrung, dass ihre
Idee trägt und sie andere Menschen als Käufer gewinnen können, soll ihnen nicht
nur Erfolg und Bestätigung vermitteln, sondern auch die Schwelle für künftige
entrepreneurielle Aktivitäten senken. Ihr Unternehmergeist wird entzündet und
Ängste vor möglichem Scheitern abgebaut. Ohne sie mit trockener Betriebswirtschaftslehre zu langweilen oder gar abzuschrecken, wird „Unternehmer werden",
Entrepreneurship, durch das eigene Erleben als mögliche Alternative für die spätere berufliche Laufbahn in ihrem Denken verankert. In den Worten der *Entrepreneurship Policy*: Sie werden für das Thema sensibilisiert und entwickeln eine
Awareness für die Möglichkeit, selbst Entrepreneurship zu entfalten. Solche und
ähnliche Projekte könnten auf alle Schulen und/oder Universitäten ausgeweitet
werden, um ein gesellschaftliches Bewusstsein und Klima zu schaffen, in dem Entrepreneurship immer besser gedeihen kann.

Einen anderen Ansatz, um die Entfaltung von Entrepreneurship zu ermöglichen, bieten neue Projekte wie *millionways*.[5] Getragen von einer Stiftung will dieses Projekt Menschen motivieren, „ihre bislang verborgenen Talente zu nutzen",
und sie dann mit anderen Menschen vernetzen, „die dieselben Ziele haben, aber
andere Talente". Die damit verbundene Hoffnung ist, dass daraus soziale Projekte
oder Unternehmen entstehen, die das Projekt wiederum mit „Marketing, Vertriebs-
wegen und Finanzen" fördern will. Generieren diese Unternehmen Gewinne, sollen Teile davon an *millionways* zurückfließen, um später neue Projekte zu fördern.

---

[4] Siehe auch: www.futurepreneur.de.

[5] Siehe auch: www.millionways.org.

Es kann natürlich kaum die Aufgabe der Gründungsförderung sein, alle möglichen Angebote dieser oder ähnlicher Art selbst zu machen. Gleichwohl ist es tragisch, dass die institutionellen Akteure in diesen Bereichen offenbar weit am Rand stehen und das Feld lieber weitgehend Idealisten und ehrenamtlich Aktiven zu überlassen scheinen. Mindestens eine koordinierende oder vernetzende Rolle sollte Gegenstand der Selbstdefinition der Gründungsförderung werden. Darüber hinaus müsste sie natürlich auch versuchen, solche Projekte zu initiieren und zu unterstützen. Und nicht zuletzt müssten sich die Akteure der Gründungsförderung dann natürlich als „Lotsen" für die potenziellen Entrepreneure verstehen und ihnen dabei helfen, zielsicher ihren Weg durch die Vielfalt der Angebote zu finden. Dies wären wichtige Schritte auf dem Weg hin zu einer im Sinne von Lundström und Stevenson (2005) **ganzheitlichen** *Entrepreneurship Policy*, die Menschen im größerem Ausmaß als bisher dazu ermutigen könnte, sich als Entrepreneure zu begreifen und aktiv zu werden.

Aber was dann? Wie dann mit gründungsinteressierten Individuen umgehen, wenn sie bei dem einen oder anderen Akteur der institutionellen Gründungsförderung erscheinen, um sich beraten zu lassen? Mit dieser, wiederum ganz praktischen Frage wollen wir uns zum Abschluss beschäftigen.

8.4 Am Anfang aller Förderung: die „Anamnese"

Dem Entrepreneur kommt als maßgeblichem Akteur und Treiber im entrepreneuriellen Prozess eine zentrale Bedeutung zu. Sein Wirken ist häufig entscheidend für den Erfolg der Gründung. Daher müssten die Situation und das Verhalten der jeweiligen Person grundsätzlich im Mittelpunkt der Gründungsberatung stehen. Eine zielgerichtete Gründungsförderung müsste sich an den Bedürfnissen der (potenziellen) Entrepreneure ausrichten. Sie muss sich immer die Frage stellen: Wie können wir in Anbetracht der Heterogenität des Gründungsgeschehens Entrepreneure so fördern, dass durch sie „bessere" – sprich: innovativere, marktbeständigere, erfolgreichere, krisenfestere, stärker wachsende – Unternehmen geschaffen werden können?

Der enge Zusammenhang, den diese Frage zwischen Unternehmen und Entrepreneur herstellt, ist von erheblicher Bedeutung, denn in den frühen Phasen eines Unternehmens verlaufen die Grenzen zwischen beiden meist fließend. Insofern wäre eine Form der Förderung angebracht, die sich weniger auf das Unternehmen als vielmehr auf die dahinter stehende Person konzentriert. Das impliziert eine verstärkte Förderung der Fähigkeiten und Fertigkeiten von Personen, also Investitionen in deren Ausbildung, während die schlichte Bereitstellung von Ressourcen aus diesem Blickwinkel an Bedeutung verliert. Obwohl die finanzielle Förderung in bestimmten Phasen des entrepreneuriellen Prozesses durchaus wichtig werden kann, wird sie aus diesem Blickwinkel zu einer abgeleiteten, nachrangigen Möglichkeit. Zentral ist stattdessen, die (potenziellen) Entrepreneure in ihrer aktuellen Situation bei ihrem jeweiligen nächsten Prozessschritt zu unterstützen. Dies kann im einen Fall bedeuten, ihnen bei der Einwerbung von Mitteln zu helfen, im anderen, ihnen die Teilnahme an einem Ideenentwicklungs-Workshop zu ermöglichen, oder auch, sie in Kontakt mit Gründungsberatern bzw. Coaches zu bringen, die ihnen bei Fragen der Umsetzung ihres Geschäftsmodells zur Seite stehen oder sie bei der Akquise unterstützen.

Um (künftige) Entrepreneure allerdings entsprechend fördern und ihnen die auf sie und ihre Situation passenden Angebote machen zu können, muss man zuerst herausfinden, mit wem man es zu tun hat. Wann immer ein potenzieller Entrepreneur sich an Akteure der Gründerungsförderung wendet, sollte daher zunächst einmal eine genaue „Anamnese" erfolgen. Sie sollte Fragen wie die folgenden zum Gegenstand haben:

- *Was motiviert ihn zur Gründung?*
- *Welche Vorerfahrungen hat der potenzielle Gründer mit Entrepreneurship?*
- *Auf welche Fähigkeiten und Ressourcen kann er zurückgreifen, welche Ausbildung, welche beruflichen Erfahrungen hat er?*
- *Was für ein Mensch ist er?*
- *Was hilft ihm persönlich?*
- *Wo sieht er seine Stärken bzw. Schwächen?*
- *In welchem Stadium des entrepreneuriellen Prozesses befindet er sich?*
- *Hat er bereits eine Idee und feilt an deren Umsetzung?*
- *Oder ist die Motivation zum Gründen vorhanden, aber es fehlt noch an einer Idee?*
- *Falls vorhanden, in welchem Entwicklungsstadium ist die Idee?*
- *Ist sie bisher lediglich ein „Einfall", der weiter bearbeitet, zu einem Geschäftsmodell ausgebaut und in der Praxis getestet werden müsste?*
- *Oder gibt es bereits erste Erfahrungen mit der Idee, womöglich gar einen proof of concept, einen Prototyp etc.?*
- *Gibt es vielleicht sogar schon erste Kaufzusagen oder gar Umsätze?*
- *Besteht noch Anpassungs- bzw. Weiterentwicklungsbedarf bei der Idee oder ist sie bereits so ausgereift, dass es weitestgehend um die Umsetzung geht?*
- *Handelt es sich eher um eine innovative oder eine imitative Gründung?*
- *Was fehlt dem Gründer noch an Kompetenz/Ressourcen zur erfolgreichen Umsetzung?*

- *Besteht Bedarf an Fremdkapital oder nicht?*
- *Bedarf es dafür der finanziellen Förderung oder kann das Kapital auch anderweitig eingeworben werden (Freunde/Verwandte/Crowd)?*
- *Soll die Gründung im Haupt- oder Nebenerwerb erfolgen?*
- *Wie hoch ist der für den Gründer hinnehmbare Verlust? Was ist er bereit zu riskieren?*
- *Was ist für den Gründer der Exitpunkt bzw. die Exitstrategie?*
- *Welche Zwischenschritte könnten vereinbart werden, um das Risiko des jeweils nächsten Schrittes möglichst gering zu halten?*
- *Was soll der nächste Schritt sein?*
- *Welche konkrete Hilfestellung erwartet der Gründer von uns?*
- *etc.*

Allein die intensive Auseinandersetzung mit diesen und ähnlichen Fragen würde helfen, sich von der Fixierung auf den Businessplan zu lösen. Viele der Antworten könnten später auch für die Erstellung eines Businessplans relevant werden; wichtiger ist aber, **dass sie** zu diesem Zeitpunkt **bei der Entscheidung helfen, ob die Erstellung eines Businessplans überhaupt sinnvoll bzw. notwendig ist.** Würde eine solche Anamnese gründlich durchgeführt, könnte viel individueller und zielgerichteter auf die potenziellen Entrepreneure eingegangen werden. Menschen, die motiviert sind, Entrepreneure zu werden, aber noch keine zündende Idee haben, könnten mit Gleichgesinnten in einem Wochenend-Workshop in Kontakt gebracht werden, in dem beispielsweise mit dem Effectuation-Ansatz gearbeitet wird: Wer bin ich, was kann ich, wen kenne ich? Sie könnten dann im daran anschließenden Prozess, in dem sie gemeinsam mit ihrem Netzwerk weiter an der Frage arbeiten, in welche Richtung es gehen soll, von geeigneten Gründungsberatern unterstützt werden. Und wenn es ihnen an einem Netzwerk mangelt, könnte zusammen versucht werden, geeignete Kontakte herzustellen.

Generell gibt es aktuell nur wenige Angebote im Bereich Ideengenerierung und Ideenentwicklung – vor allem kaum öffentlich geförderte. Es fehlt bisher an geschützten Angeboten zur Entwicklung von Ideen. Private Initiativen wie Startup Weekend[6] oder Idea Camp[7] geben hierfür gute Beispiele. Sie verdienen sogar Geld dabei, was zeigt, dass es auch für Akteure, die bisher Teil der Businessplan-Industrie sind, noch blaue Ozeane gäbe, die ihnen Marktchancen und vor allem den Kunden einen Nutzen bieten. Angebote dieser Art wären geeignet, Gleichgesinnten einen Raum zur Verfügung zu stellen, in dem sie in einer Balance zwischen theoretischem Input, wie z. B. Kreativitätstechniken, und im Anschluss folgender

---

[6] Siehe auch: www.startupweekend.org.
[7] Siehe auch: www.ideacamp.de.

praktischer Anwendung Ideen entwickeln und weiterentwickeln können. Idealerweise wird nach so einem Wochenend-Workshop ein Unternehmen gegründet. Solche „Räume" anzubieten, sollte allerdings auch der Gründungsförderung möglich sein. Die Kosten dafür sind überschaubar und das Kosten-Nutzen-Verhältnis wahrscheinlich deutlich höher als in Maßnahmen zur Erstellung von Businessplänen, deren Effekt nach kurzer Zeit wieder verpufft. Wichtig wäre vor allem, dass Seminare solcher Art die Entrepreneure und deren Ideen ins Zentrum rücken.

Gründer mit einer konkreten Idee, die sich allerdings noch im Anfangsstadium befindet, könnten außerdem durch geeignete Maßnahmen beispielsweise des Design Thinking oder des Discovery Driven Planning bei der Konkretisierung oder beim Testen der Idee unterstützt werden. Wer bereits über einen ersten *proof of concept* verfügt, dem könnten „klassische" Gründungsförderhilfen wie Finanzierung oder Ähnliches zur Verfügung gestellt werden. Die Gründungsberatung könnte auch dabei behilflich sein, Sparringspartner oder Mitgründer zu finden, oder Kontakte zu geeigneten Komponentenanbietern herstellen, z. B. für die Buchhaltung oder Steuerberatung. Ebenso nützlich könnten gezielte Coachingmaßnahmen sein, zu Themen wie Akquisition, Mitarbeiterführung etc.

Dabei müsste jeweils berücksichtigt werden, was dem individuellen Entrepreneur tatsächlich nützen könnte: Nicht jeder ist ein Zahlenmensch, nicht jeder ist kreativ. Einige Entrepreneure tun sicher besser daran, für betriebswirtschaftliche Fragen Kompetenz von außen einzukaufen. Für andere ist es gerade wichtig, sich in diesem Bereich fortzubilden, weil sie dadurch Sicherheit im eigenen Handeln gewinnen. Bei wiederum anderen mag es wichtig sein, vor allem ihrer kreativen Seite Raum zu verschaffen und diese zu fördern, sei es, weil sie dadurch die notwendige Flexibilität im Umgang mit sich verändernden Situation erlangen, oder auch „nur", weil sie ansonsten den Spaß und die Freude am unternehmerischen Tun verlieren würden.

Hinsichtlich aller Fragen dieser Art gälte es, sich streng an den Bedürfnissen der Nutzer zu orientieren und entsprechend zu agieren. Imitative Gründer, die kein Fremdkapital benötigen, sind in einer Maßnahme, an deren Ende nur die Erstellung eines Businessplans stehen soll, schlicht falsch.[8] Innovative Gründer sind in der Regel mit anderen Formen und Methoden der Planung besser bedient und sollten bei Bedarf auf entsprechende Fortbildungen zurückgreifen können. Vielleicht kann es für sie sinnvoll sein, Unterstützung bei der möglichst zeitsparenden Erstellung eines Businessplans zu erhalten, wenn sie Bedarf an Fremdkapital haben. Alternativ könnte der Gründungsberater ihnen aber auch helfen, indem er diese Entre-

---

[8] Es mag aber durchaus sinnvoll sein, ihnen mithilfe der Business Model Canvas bei der Einschätzung ihrer Marktsituation zu helfen.

preneure in Kontakt mit Risikokapitalgebern bringt oder sie an Dritte vermittelt, die ihnen bei der Gestaltung einer Crowdfunding-Kampagne helfen.

Diese Beispiele sollen ausreichen, um zu verdeutlichen, woran uns gelegen ist: Die Gründungsförderung muss ihre Aktivitäten von den Bedürfnissen derjenigen her organisieren, denen sie Nutzen bringen soll – den (potenziellen) Gründern, dem einzelnen Entrepreneur. Nur so kann sie die Potenziale entfalten, um ihre eigenen Ziele, Wachstum und Beschäftigung, bestmöglich zu erreichen. Dazu muss sie ihren Werkzeugkasten erweitern, indem sie Methoden und Instrumente der neueren Entrepreneurship-Forschung miteinbezieht. **Doch auch dann darf kein Instrument im Mittelpunkt ihrer Angebote und Prozesse stehen, sondern der erste Blick muss dem Menschen, dem individuellen Nutzer gelten.** Diese müssen zunächst durch eine ausführliche Anamnese in ihren Eigenheiten, Ideen, Fähigkeiten und Bedürfnissen, als Persönlichkeit und Entrepreneur erkannt werden. Erst dann kann die Gründungsförderung ihren Werkzeugkasten öffnen und mit den Entrepreneuren gemeinsam eine Entscheidung darüber treffen, was ihnen am besten hilft und wie sie von der Gründungsförderung am besten unterstützt werden können. Kommt dann ein Gründer, der noch eine Finanzierung braucht, um sein Geschäft ausweiten zu können o. Ä., dann ist das passende Instrument für seine Situation womöglich sogar tatsächlich ein Businessplan und/oder ein entsprechendes Coaching. Diese Wahl basierte dann allerdings nicht mehr auf einem unhaltbaren Mythos, sondern auf einer durch eine ausführliche Analyse der individuellen Umstände begründeten Entscheidung.

8.5 Hinterm Horizont geht's weiter – die blauen Ozeane der Gründungsförderung

Am Ende dieses Buches bietet sich die Überlegung an, Methoden wie Design Thinking auch auf die (Weiter-)Entwicklung der Gründungsförderung selbst anzuwenden. Das Ziel wäre dabei, **über einen stärkeren Fokus auf den Kundennutzen zu einer Förderung zu gelangen, die dem Entrepreneur als Kunden wirklich nützt und von ihm akzeptiert wird.** Letztlich ist, wie sich in den letzten Jahren gezeigt hat, auch das Umfeld der Gründungsförderung einigermaßen unsicher. Scheinbare Gesetzmäßigkeiten, die lange in Stein gemeißelt schienen, gelten offenbar nicht mehr uneingeschränkt.[9] Ein iteratives, tastendes Vorgehen nach dem

---

[9] So wurde z. B. lange angenommen, dass Unternehmen bei ihrer Standortwahl einen preiswerten Standort einem hochpreisigen vorziehen. Clusterbildungen in hochpreisigen Metropolregionen und Studien wie die von Döring und Aigner (2010) und Florida (2004) weisen jedoch auf andere Entscheidungskriterien bei der Standortwahl von Unternehmen hin.

Effectuation-Ansatz oder die Anwendung der strategischen Nutzenkurve und des Vier-Aktionen-Formats aus der Blue Ocean Strategy könnten zu völlig neuen Lösungsansätzen für die Gründungsförderung führen.

Dies könnte auch bedeuten, dass die Businessplan-Industrie ihre Fokussierung auf ein einziges, in der Reichweite seiner Wirkung einigermaßen beschränktes Instrument aufgibt und sich neue Geschäftsfelder erschließt. Im Ergebnis könnte dies zu erheblichen Nutzeninnovationen für ihre Kunden führen. Am Ende stünde die Re-Organisation einer ganzen Branche und ihre Weiterentwicklung in Richtung einer echten Entrepreneurship-Industrie, die sich an den Bedürfnissen der Entrepreneure orientiert und **dadurch** zu mehr Innovation, Wachstum und Beschäftigung führt.

Dazu müssten die Akteure lediglich den Mut aufbringen, Kurs auf die blauen Ozeane der Gründungsförderung zu nehmen.

Literatur

Blank, Steve. 2013. Why the lean start-up changes everything. *Harvard Business Review* 91 (5): 63–72.

Dew, Nicholas, Stuart Read, Saras D. Sarasvathy, und Robert Wiltbank. 2011. On the entrepreneurial genesis of new markets: effectual transformations versus causal search and selection. *Journal of Evolutionary Economics* 21 (2): 231–253.

Döring, Thomas, und Birgit Aigner. 2010 Standortwettbewerb, unternehmerische Standortentscheidungen und lokale Wirtschaftsförderung. Zum Stand der theoretischen und empirischen Forschung aus ökonomischer Sicht. In *Aktuelle Herausforderungen in der Wirtschaftsförderung. Chancen und Perspektiven in einer sich wandelnden Welt,* Hrsg. Korn Thorsten, 13–50. 1. Aufl. Lohmar: Eul.

Eppler, Martin J. 2012. Wege zur Idee. *Organisationsentwicklung: Zeitschrift für Unternehmensentwicklung und Change Management* 31 (2): 36–37.

Fixson, Sebastian K., und Jay Rao. 2011. Creation logic in innovation: From action learning to expertise. In *The new entrepreneurial leader: Developing leaders who create social, environmental, and economic value in an unknowable world,* Hrsg. D. Greenberg, K. McKone-Sweet, und H. J. Wilson, 43–61. San Francisco: Berrett-Koehler Publishers.

Florida, Richard L. 2004. *The rise of the creative class and how it's transforming work, leisure, community and everyday life.* 1. Aufl. New York: Basic Books.

Hüther, Gerald, und Dirk Osmetz. 2009. Andere motivieren zu wollen, ist hirntechnischer Unsinn. Interview. *Zeitschrift Führung + Organisation* 78 (3): 159–161.

Kraaijenbrink, Jeroen. 2012. The nature of the entrepreneurial process: Causation, effectuation, and pragmatism. In *New technology-based firms in the new millennium. Strategic and educational options,* Hrsg. Peter van der Sijde, Ray Oakey, Aard Groen, und Gary Cook, 187–199. Bingley: Emerald Group Publishing Limited.

Kulicke, Marianne. 2012. *Nachhaltigkeit der EXIST-Förderung. Gründungsunterstützung an Hochschulen, die zwischen 1998 und 2011 gefördert wurden; Bericht der wissenschaftlichen Begleitforschung zu „EXIST - Existenzgründungen aus der Wissenschaft".* Stuttgart: Fraunhofer.

Lundström, Anders, und Lois Stevenson. 2005. *Entrepreneurship policy. Theory and practice.* New York: Springer.

Noweski, Christine, Andrea Scheer, Nadja Büttner, Julia Thienen, Johannes Erdmann, und Christoph Meinel. 2012. Towards a paradigm shift in education practice: Developing twenty-first century skills with design thinking. In *Design thinking research. Understanding innovation.* Hrsg. Hasso Plattner, Christoph Meinel, und Larry Leifer, 71–94. Berlin: Springer.

Noyes, Erik, und Candida Brush. 2012. Teaching entrepreneurial action: Application of creative logic. In *Entrepreneurial action, Bd. 14,* Hrsg. Andrew C. Corbett und Jerome A. Katz, 1. Aufl. 253–280. Bingley: Emerald.

Royalty, Adam, Lindsay Oishi, und Bernard Roth. 2012. „I use it every day": Pathways to adaptive innovation after graduate study in design thinking. In *Design thinking research. Understanding innovation.* Hrsg. Hasso Plattner, Christoph Meinel, und Larry Leifer, 95–105. Berlin: Springer.

The manufacturer's authorised representative in the EU is Springer

Nature Customer Service Centre GmbH, Europaplatz 3, 69115 Heidelberg,

Germany. If you have any concerns regarding our products, please

contact ProductSafety@springernature.com

Printed and bound by CPI Group (UK) Ltd, Croydon, CR0 4YY

27/04/2026

02097560-0002